suhrkamp taschenbuch 4333

Wir machen Musik ist die szenenreiche Geschichte einer éducation musicale. Gisela von Wysocki erzählt von der Reise eines Kindes aus musikalischem Haus, einer von der Welt der Musik verzauberten »Alice im Wunderland«.
Der Vater, ein Pionier der frühen Schellackkultur, holt in den zwanziger und dreißiger Jahren die Tanz- und Varietéorchester Berlins ins ODEON-Aufnahmestudio. Später, in der Nachkriegszeit, bringt er jeden Abend aus der Stadt eine neue schwarze Scheibe mit, aus der zum Schrecken der Tochter laute Musik ertönt. Der Vater erscheint ihr als Zauberer, der Opernsänger, Pianisten und ganze Orchester in das winzige Format der Schallplatte zwängen kann. Nichts interessiert die Tochter mehr, als herauszufinden, was es mit Vaters Welt der Musik auf sich hat. Deshalb nimmt sie Klavierunterricht, studiert Couplets und kleine Tänze ein und versucht sich als Kinderstar, scheitert aber auf skurrile Weise mit jedem dieser Versuche. Sie muss sich also etwas anderes einfallen lassen …
Gisela von Wysocki, geboren in Berlin, Essayistin, Theater- und Hörspielautorin, Literaturkritikerin. Ihre Buchveröffentlichungen – Die Fröste der Freiheit; Weiblichkeit und Modernität. *Über Virginia Woolf*; Fremde Bühnen. *Mitteilungen über das menschliche Gesicht* – wurden mit zahlreichen Preisen ausgezeichnet. Ihre Bühnenstücke – Abendlandleben; Schauspieler Tänzer Sängerin u. a. – entwarfen neuartige szenische Vorlagen für das Theater. Sie lebt in Berlin.

Gisela von Wysocki
Wir machen Musik
Geschichte
einer Suggestion

Suhrkamp

Umschlagfoto:
Marc Chaumeil/fedephoto.com
La petite fille à l'octobasse de J-B Vuillaume, Paris.
Musée de la musique-Cité de la musique.

suhrkamp taschenbuch 4333
Erste Auflage 2012
© Suhrkamp Verlag Berlin 2010
Alle Rechte vorbehalten, insbesondere das
der Übersetzung, des öffentlichen Vortrags sowie der Übertragung
durch Rundfunk und Fernsehen, auch einzelner Teile.
Kein Teil des Werkes darf in irgendeiner Form
(durch Fotografie, Mikrofilm oder andere Verfahren)
ohne schriftliche Genehmigung des Verlages reproduziert
oder unter Verwendung elektronischer Systeme
verarbeitet, vervielfältigt oder verbreitet werden.
Druck: Druckhaus Nomos, Sinzheim
Umschlag: Göllner, Michels, Zegarzewski
Printed in Germany
ISBN 978-3-518-46333-8

1 2 3 4 5 6 – 17 16 15 14 13 12

Wir machen Musik

»Wenn du das Grammophon verkaufst und
ein Pferd für das Geld kaufst, kannst du dir in vierzehn
Tagen ein neues Grammophon anschaffen.«
»Vierzehn Tage ohne Grammophon! Das halte ich nicht aus.«

Marguerite Duras, *Heiße Küste*

Aus einem Guss

Manchmal waren es Hühnereier, manchmal auch verängstigte Küken, die er aus dem Anzugärmel hervorzog. Nie wäre ich auf den Gedanken gekommen, sie könnten etwas mit dem Hühnerstall hinten im Garten zu tun haben. Der Vater klappte sein Jackettrevers hoch und zeigte mir eine Blume. Hier ist sie gewachsen, gab er mir zu verstehen, hier, unter diesem Stoff, vom Samen bis hin zur Blüte. Aus Taschentüchern und Zeitungspapier formte er alle möglichen Gegenstände, Herrscherkronen, Kuchenstücke, und aus dem Schatten an der Wand wurden sprechende Tiere. Er konnte viel und wechselte von einem Vater in den anderen; halb Mensch, halb Huhn, halb König, halb Konditor.
Aber das waren Kleinigkeiten, verglichen mit den schwarzen Scheiben. Lautlose Bewohner der Fußböden, lagen sie unter Tischen und Stühlen in Stößen herum; Berge, Türme. Aber nur scheinbar lautlos, nur scheinbar zum Schweigen gebracht. In ihnen kreisten Takte und Töne, Rhythmen und Notenköpfe. Ganze Orchester hatten sich in den gleichförmigen Rillen des Materials niedergelassen. Ouvertüren, Stimmen, Schlaginstrumente.
So regelmäßig wie die Mutter morgens mit einem Topf und einem Mulltuch in der Hand zum Stall geht und dort aus dem rosafarbenen Euter der Ziege dünne Strahlen von Milch herauspresst, so regelmäßig bringt der Vater eine neue, seiner dunklen Ledertasche entnommene Scheibe nach Haus. Sie wird auf einen Teller gelegt, der sich in Bewegung setzt, und die Musik beginnt. Ich darf auf keinen Fall das Auf und Ab der von einem Drehwurm befallenen schwarzen Scheibe aus den Augen lassen. Noch weniger aber den Vater, wenn

ich herausfinden will, was hier vor sich geht. Ganze Musikkapellen muss er zusammengequetscht und eng ineinandergeschoben haben, wie hätte er sonst die schwarzen Scheiben aus ihnen machen können. Nur so, schwarz und kreisrund, kann er sie platzsparend in die Tasche stecken und abends nach Hause bringen. Ungeklärt bleibt dagegen die Frage, wie er die Musiker dazu gebracht hat, sich mit ihrem Schicksal einverstanden zu erklären, das nichts anderes für sie vorgesehen hat, als für eine Aktentasche transportfähig gemacht zu werden. Hatte er Gewalt anwenden müssen, oder war die Umwandlung in das flache, glänzende Ding freiwillig vor sich gegangen?

Dem Vater dabei zuzusehen, wie bei ihm die Stiefmütterchen und Narzissen, ganz anders als üblich, nicht aus der Erde, sondern aus seinem Anzugstoff herauswachsen, ist ereignisreich. Mehr noch, wie er es fertigbringt, dass unser Leben sich zwischen Stapeln von schwarzen Scheiben abspielt, die Musik machen können. Aber in das Gefühl, wie aufregend dieses Leben ist, spielt ein ahnungsvoller Schrecken hinein, der mir sagt, dass ein Vater, der imstande war, alle möglichen Dinge aus dem Nichts herbeizuschaffen, sie mit der gleichen Fertigkeit genauso wieder von der Bildfläche verschwinden lassen konnte. Und nicht nur die Dinge, auch die Menschen. Auch mich. Jedenfalls würde ich nicht zulassen, dass er mich jemals in eine handliche Scheibe verbiegt oder in ein Kreise beschreibendes, schwarz glänzendes Wesen verwandelt; ich nahm mir fest vor, die Augen offen zu halten.

Ein Wesen wie aus einem Guss, das schwer in der Hand lag und leicht in Stücke sprang, wenn die Hand es fallen ließ. Aber weder durch sein Glänzen noch durch seine polierte Oberfläche sollte man sich täuschen lassen. Schon ein Fingernagel konnte Furchtbares anrichten. Dann knisterte und knackte es, wenn sich die Nadel in das Störfeld der Risse vertiefte. Sie sprang aus der Rille, flog über die Musik hinweg, fing sich irgendwo wieder ein oder trudelte direkt zum Etikett hin und blieb stehen.

Er gab sich Mühe und versuchte zu vereinfachen, in anschaulichen Bildern zu sprechen. Seine Hände betteten Wörter, die Tonarm oder Schwingung heißen, in Linien und Kreise ein, suchten nach der Möglichkeit, die Vorgänge mit Gesten zu untermalen. Die Beschreibungen klangen kühn, dann wieder kleinkariert. Ich konzentrierte mich darauf, das Kühne vom Kleinkarierten zu unterscheiden, seine Ausführungen würden nichts, aber auch gar nichts an dem grundsätzlichen Dilemma ändern. Das kohlschwarze Ding, sein unentwegtes Kreisen und die ruhelos schaukelnde Nadel einerseits, andererseits der Gesang, das Klavierspiel, Bläserklang und Opernchor. Wie konnten sie je etwas miteinander zu tun haben?

Ein Wort hob sich vertrauenerweckend von der Geistersprache der Erklärungsversuche ab. Wenn ich die Schallplatte auf diesen Teller hier lege, erläuterte der Vater, und der Teller anfängt, sich zu drehen, siehst du, wie er sich dreht, dann tastet die Nadel die Rillen ab. Eine nach der anderen. Er zeigte auf die Nadel, während eine Violine eine Folge herzzerreißender Töne hören ließ. Mit dem Teller könnte möglicherweise etwas zu machen sein, der Teller war sicheres Revier. Dann aber schaute ich mir den schlangenförmig sich windenden, silbernen Arm an, der sich auf den Teller draufgesetzt hatte. Er lief in eine spitze Nadel aus, die sich in der schwarzen, sich unter ihr bewegenden Scheibe festgebissen hatte. In der Umgebung dermaßen undurchsichtiger Vorgänge nahm auch der Teller etwas Fragwürdiges an. Glitt zurück in das vom Vater besetzte Gebiet, zurück in die von ihm beherrschte Zone.

Still wie die Nacht

Von weitem sehen sie aus wie Flundern, schöne, organisch geregelte Formen. Hände, weiß und groß und kompakt. Kaum haben sie sich der Tastatur genähert, fangen sie auch schon an, in deren ebenmäßige Oberfläche hineinzugreifen wie in ein nachgiebiges Federbett. Die Mutter steht neben dem Flügel und wartet ab, gleich wird sie singen. Ich halte mich im Hintergrund des Zimmers auf, von einem Sessel halb verdeckt, kann ich sie genau vor mir sehen. Sie sollen nicht wissen, dass ich da bin, nur so kann ich sicher sein, dass sie sich unbeobachtet fühlen. Unbeobachtet und frei, um mir zu zeigen, wie sie wirklich sind.
Vor der hellen Wand zeichnen sich ihre Umrisse ab wie Statuen, die ich auf Bildern gesehen habe. Statuen, selbst dann noch, wenn sie sich bewegen. Die eine hat damit begonnen, mit den Armen zu rudern und mit den Fingern die weißen, die schwarzen Tasten niederzudrücken, die andere hält ein Notenblatt in der Hand und hat mit ihrem Gesang begonnen. Es ist immer das gleiche Lied und heißt *Still wie die Nacht, tief wie das Meer, soll deine Liebe sein.*
Der Vater schaut nicht auf seine Finger, während sie sich in die Tasten vertiefen. Die Finger laufen von selbst, es ist sein Gesicht, das an einem Spiel teilnimmt und sich von oben bis unten mit einem Ausdruck der Beherrschung ausgerüstet hat, es nimmt sich zusammen. Man kann es an seiner Unbewegtheit, die nachgemacht aussieht, erkennen, die Unbewegtheit macht dicht, macht sich aus dem Staub vor der Düsternis des Liedes, sie muss dem Vater ein Gräuel sein. Musik, die ihm gefällt, klingt anders, sie bleibt nicht so schwer, nicht so ausdauernd wie diese hier auf den Tönen sitzen, macht sich nicht in

den Klängen breit wie in dunklen Kuhlen. Gut, dass er das Gesicht der Mutter, die seitlich hinter ihm steht, nicht sehen kann, es kommt mir so vor, als wollte es alles, was es gibt, auf einmal zum Ausdruck bringen: Glück und Unglück, Himmel und Erde. Gerade hatte er am Abendbrottisch von einer Darbietung in der »Scala« vor vielen Jahren erzählt, bei der das Verschwinden und Wiederauftauchen von Streichholzschachteln eine Rolle gespielt hat. Es ist der Mutter deutlich anzusehen, dass das, was ihr vor Augen steht, in keiner kleinen Schachtel Platz hat.

Sie traute ihrer Stimme etwas zu, ich glaube zu wissen, wenn ich später an diese Szene zurückdachte, dass sie den eigenen Mann gerne hätte sagen hören, daraus lässt sich etwas machen, eine Gilda, eine Norma, eine Eleonore.

Davon ist aber auch an diesem Abend nicht die Rede, denn der Vater lässt unerschütterlich die ergreifende Höhenlage, in der die Stimme die Liebe einbettet in Kraftwerke der Natur, »heiß wie der Stahl und fest wie der Stein soll deine Liebe sein«, an sich vorbeiziehen. Ich bewundere die Mutter für ihren Mut. Sie scheint sich keine Gedanken darüber zu machen, dass der Mann sein Klavierspiel kurz entschlossen beenden, aus seiner Jackentasche einen Zauberstab ziehen und sie in den fernsten Winkel des Mondes befördern könnte.

Kühn durchpflügt ihre Stimme das Wohnzimmer, verschlingt seine wesenlosen Konturen, die dummen Möbel, die elenden Gardinen, die bedeutungslosen Vasen und das Zigarettenetui. Majestätisch wälzen sich die Wörter an Tisch und Stuhl vorbei und löschen die Erinnerung an deren vertraute Gebrauchsweisen aus. Eine schöne Stimme, aber in den Ohren des Vaters muss sie wie eine Glocke klingen, die sich in einen Hühnerstall verirrt hat. Die Feierlichkeit einer Orgel ist der Mutter in die Kehle gefahren. *Wenn du mich liebst, so, wie ich dich, will ich dein eigen sein*, singt sie mit niederschmetternder Folgerichtigkeit. Ich denke, dass die Schreckenskammern der Geschlechter hier zum ersten Mal ihre Visitenkarten präsentierten, mit unleserlichen Zeichen beschriftet. Mann und Frau grüßten schon mal in ihren absonderlichen Werdegängen zu mir herüber.

Mitten im Lied bricht das Spiel plötzlich ab, was damit zusammenhängen mag, dass das bebende Vibrato der sich hochschraubenden Stimme kurz davor ist, in ein Schluchzen überzugehen. So weit darf es auf keinen Fall kommen, muss sich der Vater gedacht haben, denn er setzt nun zu einer nicht enden wollenden, zum Fürchten lautlos gehaltenen Erklärung an. Überrascht von der unerwarteten Störung, kann sich der in der Luft stehengebliebene Gesang nur schwer entschließen, sich von seinem innigen Klang zu verabschieden, bricht dann aber mit einem knarzig klingenden Laut kläglich in sich zusammen. Der Ton sei entweder zu tief oder zu hoch angesetzt. Er habe im Brustkorb nicht an der richtigen Stelle gesessen und sei darüber hinaus von den Stimmbändern auf eine unangemessene Weise zu Gehör gebracht worden. Das Liedtempo sei schwunglos und schleppend, die Stimme verbrauche zu viel Kraft und würde daher in den hohen Lagen zu wimmern anfangen.

Die Mutter singt jetzt tränenerstickt, das passt zu der Orgel in ihrem Hals. Die Liebe, die hier besungen wurde, ist jedenfalls weder still noch tief, nur beklemmend. Es handelt sich um eine unbehagliche, eine wütende Liebe. Ich schwöre mir in diesem Augenblick, dass mich ihre Tücken nicht ungewappnet finden sollen. Einmal angenommen, du hättest recht, sagt die Mutter, die ihren Gesang erneut hat abbrechen müssen, weil ihre Stimme nur noch erstickte Laute von sich gibt, dann liegt der Grund dafür ganz allein bei dir. Es liegt an deinem Spiel, du spielst nicht, du drückst Tasten herunter.

Das hatte mit den Flundern zu tun. Flundern liegen flach auf und kennen nur ein begrenztes Auf und Ab der Bewegungen, verfügen nur über sparsame Möglichkeiten der Entfaltung. In diesem Punkt muss man der Mutter recht geben. So, wie der Vater das Klavier behandelt, hat sein Spiel die Neigung, etwas Gleichlautendes anzunehmen. Etwas Flottes und Tiefenloses, ungeeignet dafür, einer Frau den Boden zu bereiten, die es in meinen Augen darauf anlegt, mit ihrem Gesang die Wände unseres Wohnzimmers zu sprengen. Ein Taschentuch wird benötigt. Der Vater hat sich seinen Abend anders vorgestellt.

In welche Richtung sein Wunsch gegangen ist, führt er durch eine trällernde Kaskade von Tönen vor, die er über die Klaviatur jagt. Botschaften aus einer anderen Welt, der Unterhaltungskünstler-Welt, die rebellierend Einspruch gegen das Drama des Liedes und der ins Nebenzimmer abgetauchten Mutter erhebt. Ihr kann die hüpfende Tongirlande nicht entgangen sein. Der Vater mag ihr in diesem Moment wie ein fühlloser Fels vorkommen, wenn auch ein Klavier spielender. Amüsierst du dich gut, nachdem du mich so furchtbar gekränkt hast, höre ich sie fragen. Das Taschentuch in ihrer rechten Hand ist klein zusammengefaltet, ein nasses Klümpchen.

Der Vater lässt lautstark den Klavierdeckel fallen, diese Ehe ist nun schon der dritte Versuch, wieder hat er sich für eine Frau entschieden, die noch auf keinem Pferderücken eine Pirouette gedreht hat, die weder als Tierstimmenimitatorin hervorgetreten ist noch, je auf einem Hochseil balancierend und ohne sich ein einziges Mal dabei zu unterbrechen, eine Arie aus *Madame Butterfly* zum Besten gegeben hätte. Wahrscheinlich ist die Varietéuntauglichkeit seiner Frauen ein mitlaufender, feiner Webfehler sämtlicher Verheiratungen gewesen; so gesehen, haftete jeder seiner Ehen der Charakter einer Vernunftehe an.

Ich beschließe an diesem Abend, sollte es irgendwie machbar sein, zur Liebe auf Abstand zu gehen. Der Gedanke, einmal selber an einem Flügel zu lehnen, in Meerestiefen starrend, war beängstigend. Die Männer waren dazu verdammt, den widerwilligen Liedbegleiter zu geben, die Frauen mussten sich als Vortragssängerinnen betätigen, die vor Wut ihre Darbietung unterbrachen und sich unverstanden fühlten.

Schauder und Schauspiel

Das ganze Theater mit dem Unkalkulierbaren fing mit der Pferdebahn an. Da ging es los; der Zirkus mit der Schallplatte, meine Kindheit mit ihrem ganzen Trara oder, wie der Vater es ausgedrückt hätte, das Leben mit seinem Pipapo. Die Pferdebahn, die er als Sechsjähriger vom Fenster aus beobachtete, brachte das Virus mit und sprang ihn an: das Virus mit Namen »Faszinosum«. Es wird lange dauern, und mehr als ein ganzes Jahrhundert wird mich von der Pferdewagengeschichte trennen, bis ich schließlich dahinterkomme, dass sie für alles das verantwortlich ist.
Mehrmals täglich wurde die auf Schienen laufende Bahn von einem Pferd am Haus vorbeigezogen. Die hügelige Straße in der westpreußischen Kleinstadt erlaubte dem Pferd zwei Gangarten. Hatte es den Wagen aufwärtszuziehen, über den Berg hinweg, dann musste es sich anstrengen. Beim Abwärtslaufen machte sich seine Arbeit von selbst. Im Winter, wenn die Straßen glatt waren und das Pferd zu schnell oder seiner Natur nach zu unbekümmert drauflosgelaufen war, kam es vor, dass seine Beine einknickten, die Gelenke nachgaben und es zu Boden stürzte. Wenig später erschien dann ein behelmter Schutzmann auf der Bildfläche, streckte seine Hand aus und richtete etwas Dunkles und Eckiges, das man vom Fenster aus nicht genau erkennen konnte, auf das hingestürzte Pferd. Es hatte die Eigenschaft, das Pferd in einer letzten Bewegung zusammensinken und reglos werden zu lassen. Dann wurde das Tier auf einen Wagen geladen und abtransportiert.
Warum läuft es nicht weiter, warum bleibt das Pferd liegen?, fragte der Junge, und die Mutter erklärte es ihm: Es liegt be-

quem auf einem Wagen und braucht sich nicht mehr anzustrengen, man bringt es direkt in den Pferdehimmel. Der Junge, der Georg heißt, wird über diese Worte nachgedacht und sich vorgestellt haben, wie das Pferd das tägliche planmäßige Auf und Ab der Pferdebahn, die immergleiche Silhouette des Kutschers, die schemenhaft sichtbar werdenden Köpfe und Oberkörper der Fahrgäste vom Himmel aus beobachtet.

Dann, eines Tages, das Dach des Wagens schiebt sich gerade über den Berg, und wie immer taucht zuerst das Verdeck auf, dann die Vorderansicht in ihrer gesamten Höhe und Breite, bemerkte er, dass das Wichtigste dieser gesamten Unternehmung gar nicht da war: es fehlte das Pferd. Der Wagen bewegte sich ganz von allein in zügiger Fahrt am Fenster vorbei, ein Mann stand im vorderen Teil des Gefährts unter einem kleinen Dach und betätigte eine Glocke. Er sah zufrieden aus, als Gebieter einer Geisterbahn stand ihm das auch zu, wird sich der Junge gedacht haben. Das Pferd war zum ersten Mal nicht mit dabei, das stand fest, und doch hatte dieser Umstand die rasche Fahrt des Wagens nicht im Mindesten beeinträchtigen können. Hier musste etwas geschehen sein, das alle Märchenerzählungen, alle hinter Wandvorhängen verborgenen Geheimnisse bei weitem übertraf. Die Erklärung der Eltern, die Bahn würde von nun an ohne das Pferd auskommen und mit Hilfe der Elektrizität vorwärtsbewegt werden, hatte wenig Eindruck auf ihn gemacht; er würde weiter Ausschau halten nach dem Pferd. Ich glaube nicht, dass es das Pferd war, auf das er wartete; eher darauf, dass wieder Dinge passieren könnten, mit denen nie und nimmer zu rechnen gewesen war. Warten auf ein ähnliches Ereignis wie die Fahrt der Pferdebahn ohne Pferd. Warten auf den Kipppunkt von Sinn und Sicherheit. Auf den ungemilderten Zusammenprall von Schauder und Schauspiel.

Ausgeschickt, von wo?

Sicher ist nur, dass das Kind am Arm der Musik, »auf den Flügeln des Gesanges«, in die Welt der Erwachsenen hineinwächst. Ein suggestiver Gesang mit vielen Gesichtern. Kaum greifbare, kurz nur aufblitzende Gesichter: der suchende Blick springt immer wieder von ihnen ab. Sucht nach neuen Einstiegsstellen, um der Verzauberung nahe zu sein. Um sie zum Vorschein zu bringen. So wie das Kind davon erzählt, in Etappen einer *éducation musicale*, in Abrissen, die kaum etwas anderes sehen als die Musik, hat es seine Kindheit wie ein verschnürtes Paket vor sich hingestellt und mit einer Magnetnadel nach Feldern gesucht und nach Böden, die eine Geschichte, *seine* Geschichte enthalten könnten. Ganz im Sinne von Djuna Barnes, die meinte, wie seltsam es doch sei, dass einem das Leben erst dann so richtig gehört, wenn man es erfindet.

Von Anfang an drehte es sich um die unbekannte Herkunft von allem und jedem. Wenn eine schwarze Scheibe Musikstücke von sich geben konnte, dann war auch den Himbeersträuchern im Garten, den Vögeln und den Menschen und der ganzen Welt alles nur Erdenkliche zuzutrauen. Sie versteiften sich geradezu in ihrer Unbekanntheit, die aus ihnen herausfuhr wie die Zunge des Chamäleons. Eine Zunge, die alles, was sich in ihrer Nähe zeigte, an sich riss, auch mich, Bewohnerin eines Echoraums, der mit Fragen und Fragwürdigkeiten dicht bestückt war.

Ungewisse Verhältnisse fressen sich in eine Kindheit hinein; ein Erbe, das resistent gegenüber sämtlichen späteren Erklärungsversuchen ist. Es bringt den chronisch werdenden Verdacht mit, dass Fragen grundsätzlich niemals die richtige

Antwort finden, niemals zu einem Ergebnis führen. So verwandeln sich Dinge unter der Hand in *Phänomene*, werden zu Erscheinungen, die mit dem Anspruch auftreten, unter ihrem Bann stehen zu sollen.

Eines dieser Phänomene ist das Gerät im Wohnzimmer. Es sieht harmlos aus, rechteckig übersichtlich, dabei hat es jeden Ton, den es von sich gibt, ähnlich wie die vor sich hintrudelnde Scheibe, mit Rätseln vollgepackt. Auf Fotos hatte ich die Trichter gesehen, durch die sich die Töne hindurchzwängen mussten. Die hinter ihnen liegende Reise konnte man sich nicht mühselig genug vorstellen. Wahrscheinlich hatten sie sich zunächst klein gemacht und dann in einen rabenschwarzen, reglosen Stoff einpacken lassen; sich schließlich unter eine Nadel gebeugt und auf Tasten, Knöpfe und Hebel gewartet. Ausgeschickt, von wo? Bestimmt, für wen? Geschaffen, wofür?

Wenn der Vater abends aus der Stadt zurückkehrte, erzählte er von Firmenchefs, von einem Büro, einer Sekretärin. Sogar von einer Fabrik war die Rede, ich hielt seine Mitteilungen für Ablenkungsmanöver und glaubte ihm kein Wort. Sie waren einzig und allein dazu da, seine eigentliche Beschäftigung zu vertuschen. Ich denke, dass er in Wirklichkeit die von ihm gemachte Musik so lange bearbeitet und durchgeknetet, sie zusammengepresst, sie geformt und gebogen hat, bis sie in die runde Scheibe und in die Ledertasche hineinpasst. Um sie schließlich kleinzukriegen, musste er sie in die Schwärze der Scheibe hineingestopft, geradezu hineingerammt haben. Eine Sekretärin mit Diktatblock war bei diesen Verrichtungen bestimmt nicht dabei gewesen. Ganz allein hatte der Vater die Musik geformt und wie einen Kuchenboden gebacken. Kein essbarer, sondern ein hörbarer Kuchen.

Ich hätte die Frage übergehen können, woher die Töne kamen. So wie vieles, das ich mir schwer erklären konnte. Zum

Beispiel warum sich die Menschen in verschiedenen Sprachen ausdrückten. Warum die kleinen Jungen in ihren nassen Badehosen untenherum anders aussahen als ich. Wie es kam, dass sich nur die Mutter, nicht aber der Vater die Lippen rot anmalte. Warum es abends draußen dunkel wurde, morgens dagegen wie immer war. Das waren Fragen, die warten oder vergessen werden konnten. Diese eine Ungewissheit aber, die Sache mit der schwarzen, funkelnden Scheibe, die allein erlaubte es nicht, auf die lange Bank geschoben zu werden. Dabei durfte ich unter keinen Umständen durchblicken lassen, wie ahnungslos ich war: von der Figur des unwissenden Kindes ging eine undeutliche Gefahr aus, das unwissende Kind konnte ganz schnell im Jackettärmel verschwinden oder plötzlich, schneeweiß leuchtend, nur noch an der Wand zu sehen sein.

Mehrmals in der Woche nach dem Abendessen will der Vater seine Musik mit mir abhören, seine Einladung hat etwas Intimes und Verschwörerisches an sich. Die Musik, die er mitgebracht hat, ist nur für ihn und mich bestimmt, es ist unsere Musik: ich bin zu einer Eingeweihten ernannt worden. Dafür wird von mir erwartet, dass ich es, ohne mit der Wimper zu zucken, mit der Welt der Töne aufnehmen kann. Ernste Musik hat ihre besonderen Tücken. Mit ihrem schweren Gang, ihrem oft bis hin zum Stillstand verlangsamten, dabei fast unhörbar werdenden Klang, der sich nur tropfenweise, als könne er sein eigenes Gewicht nicht tragen, dazu entschließt, endlich von sich hören zu lassen, erfüllt sie das Zimmer mit Höhlungen und Löchern, mit Mulden und Vertiefungen, es wird größer und größer, es weitet sich mit jedem Ton und steigert damit das Ausmaß der Ferne, in die ich mit dem Vater vorgestoßen bin, ins Unerträgliche. Deshalb hängt ein gelungener Abend vor allem davon ab, dass die Musik, die wir miteinander hören, leicht und vergnüglich ist. Dass es sich um eine Musik handelt, über die wir beide lachen können; zum Beispiel um das Lied *Wieso ist der Walter so klug für sein Alter.* Es gelingt mir dann mit Hilfe von verschiedenartigen Vorkehrungen, meiner Scheu ein unverräterisches Gesicht zu geben; durch lautes Mitsummen etwa oder durch kleine, taktgenaue Bewegungen, abgestimmt auf den hüpfenden Rhythmus der Refrainzeile. Dann sitzt mir der Vater als untätiger, das heißt gefahrloser Magier gegenüber und ist nur ein Zuhörer.

Als ideal erweist sich ein Zarah-Leander-Lied mit dem Titel *Heut abend lad ich mir die Liebe ein*, wir lächeln uns einverständig zu; das ist doch gar nicht denkbar, meint das Lächeln. Man kann sich doch die Liebe nicht wie einen Bekannten zum Abendessen einladen. Alles Mögliche, nur ganz bestimmt nicht die Liebe. Aber gerade darin liegt ja der Witz, das ist die Pointe, wie der Vater so was nennt. Und wir beide wissen es. Die Liebe kommt oder kommt nicht, dafür ist allein das Schicksal zuständig. In keinem anderen Punkt waren sich die Erwachsenen so einig wie in diesem. Der Gedanke, die Liebe könnte abends um acht mit einem Blumenstrauß vor der Türe stehen, hatte etwas Erfreuliches an sich. In solchen Augenblicken war ich mir sicher, dass der Vater nicht im Traum daran dachte, mich in seiner Tasche verschwinden zu lassen oder in ein Frühstücksei zu verwandeln.

Schlingernder Kurs

Bei uns leben Leute im Haus, die sich davon ernähren, dass sie unerhörte Geschichten erlebt haben, unvergessliche Gesichter besitzen und immer wieder andere Menschen aus sich machen können. Sie werden als Filmschauspieler bezeichnet. Der Film, die Schau, der Spieler, das Wort dünstet den Geruch von Einbildung und Betrug aus, trotz allem mischen sie in unserem Leben wie nahe Verwandte mit. Es liegen genaue Informationen über ihre beruflichen Erfolge, Besitzverhältnisse, Eheschließungen und Scheidungen vor, die sich in Form einer Familiensaga redselig bei uns austoben.
Demnach haben wir Prinzen, Abenteurer, Gelegenheitsarbeiter und Detektive in der Verwandtschaft und sogar einen Indienreisenden. Lauter Ernstfälle, kein Detail wird ausgelassen. Von dem Indienreisenden etwa berichtet die Mutter, er habe während seines Kampfes gegen einen Tiger gleichzeitig einen unerwartet auftauchenden Rivalen aus dem Weg geräumt. An dieser Stelle greift der Vater mit dem kurzen Hinweis ein, bedauerlicherweise habe sich dabei ein schlecht sitzendes Toupet bemerkbar gemacht, das ein zweites Mal in dem Moment unangenehm ins Auge gefallen sei, als er die umkämpfte Frau endlich in den Armen hält.
Der Schaukelkurs der Ebenen spuckt Wahrnehmungen aus, die sich zu bizarren Bildern verdichten; irgendetwas stimmt mit dieser Familie nicht. Es muss sich um weit entfernte Verwandte handeln. Ich glaube, nicht einmal die Eltern kennen ihren Aufenthaltsort. Aber sobald einer der beiden mit einer neuen Geschichte beginnt, hören meine Zweifel schlagartig auf. Es wird von Schuld und Unglück und Verbrechen der Angehörigen berichtet, es ist unerhört, mit welchen Schick-

salen sie zu kämpfen haben. Im Sog der Erzählungen darf ich mich bis in Rufweite zu ihnen vorwagen.

Mich interessieren besonders die Irrwege der Verwandten, sie sind abscheulich, aber eindrucksvoll. Eine Reihe von ihnen sind Trinker und Halsabschneider, sogar Mörder sind darunter. Einige sind nachts in Wohnungen und Häuser eingebrochen, haben Schmuck gestohlen, ihren besten Freund ans Messer geliefert oder Frauen in ihre Gewalt gebracht. Andere haben sich unrechtmäßig ein Vermögen zugelegt oder sich selbstlos geopfert für nichts und wieder nichts. Manche von uns sind in Schnee und Eis, im Feuer oder im Kugelhagel umgekommen. Charaktere und Handlungsweisen werden im immer gleichen Ton eines berauschten Erzählens abgeklopft und eingehender Betrachtung unterzogen. Namen und Titel, Biographisches, Persönliches, spukhaft in der Luft Liegendes oder sonst wie in Erfahrung Gebrachtes halten die Erzählung in Gang, fügen ihr immer neue Handlungsstränge hinzu; es klingt nach aufregendem Leben auf schlingerndem Kurs.

Die berühmten Verwandten glänzen abrufbar vor sich hin. Ach, ich kann sie nicht leiden, sagt die Mutter über eine offensichtlich unwillkommene Verwandte mit Namen Käthe Haack, sie hat ein Gesicht wie eine preußische Internatsvorsteherin. Man schaut sie an und hat ein schlechtes Gewissen, eine schreckliche Person. Mir gefällt, dass eine Frau mit einem derartigen Aussehen keine Sympathiewerte bei der Mutter besitzt. Einige von den Familienmitgliedern bekommen regelmäßig ihr Fett weg. Marika Rökk hat engstehende Augen, keine perfekte Schönheit, mehr gibt es über sie nicht zu sagen. Lya de Putti ist an einem Hühnerknochen erstickt, ihr gelten mitfühlende Worte, man hätte sie gerne länger bei sich gehabt. Ich stelle mir vor, wie der Knochen in ihrem Mund verschwindet, sich dann den Weg zur Kehle bahnt und schließlich eine Geschichte formt, die der unglückseligen Esserin nachfolgt bis in unsere Pappelallee in Osthavelland. Willy Fritsch ist der gute Junge und Lausbub, dessen Charme es ihm erlaubt, krumme Dinger zu drehen. Heinrich George, großartig, aber »verschwitzt«, heißt es. Lilian Harvey, begabt, kaum aber eine Frau, sondern Elfe. Rätsel gibt dagegen eine eher feinnervige Angehörige mit Namen Lil Dagover auf, die sich als Verfechterin der Todesstrafe zu erkennen gibt. Sie verkörpert im Familienverbund die Abtrünnige, man muss sie ziehen lassen. Eine geliebte, teure Verwandte ist Elisabeth Bergner, das Kind. Ein zerstörerisches, ein Schicksal spielendes Kind. Das herrlichste Geschöpf unter der Sonne, sagt die Mutter, aber imstande zu töten. Unbeabsichtigt dazu imstande, fügt sie nachdrücklich hinzu. Ein ewiges Sorgenkind, wenn auch ein begnadetes. Geduldig nehmen es die Angehörigen hin, eine so entscheidende Rolle bei uns zu spielen. Sie halten still, sie schweigen, sie tun ihr Bestes.

Ein Zwiespältiger aus der österreichischen Linie der Familie heißt Willi Forst. Von Haus aus Lebemann, mit dem man es sich aber nicht zu leicht machen darf. Ihm traut man Größeres zu und weist auf ihn als Pianospieler hin, der den Passagieren eines sinkenden Ozeanriesen prophetisch ein Lied auf ihren Weg in die Fluten mitgibt: *Es wird ein Wein sein, und wir wern nimmer sein.* Dabei sind seine von weißen Gamaschen bedeckten Schuhe schon von den eintretenden Meereswellen überspült. Ich frage mich, ob es in meinem Leben jemals derart eindrucksvolle, unauslöschliche Szenen geben kann. Eines ist sicher, auch der Vater hat für jede Situation das entsprechende Pianolied zur Hand. Auch ihm gehen die Lieder nicht aus, weder als die Lichtfinder der FLAK vom Himmel herunterstrahlen noch als die russischen Panzer am Gartentor vorbeirollen.

Einige von ihnen, das sind die Schlimmen, haben sich »politisch« etwas zuschulden kommen lassen. Davon ist immer nur in Andeutungen die Rede, dann gerät die Erzählung ins Stocken, so, als würde ihr etwas durch den Kopf gehen. Sie haben Männchen gemacht, sagt der Vater, sein Pokerface macht in diesem Augenblick dicht und sieht aus wie eine geschlossene Tür. Die Tür sagt, bis hierher und nicht weiter. Sie stellt sich dem Geplauder über die Angehörigen in den Weg, das aus dem Takt gerät und abbricht.

Stauraum

Der Ort markierte eine Stelle in Deutschland, die verdichtet dessen Geschichte einfing wie ein Brennspiegel. Das links von uns gelegene Haus wurde von Herrn Safronow, einem russischen Musikverleger, bewohnt, dessen Repertoire aus Kompositionen für das »chromatische« Akkordeon bestand. Tiefschwarz und kleingelockt die Brustbehaarung, mit der er sich im Sommer in seinem Garten zeigte. Ich wartete umsonst darauf, dass er, wenn er in unseren Garten hinübergrüßte, die Bedeckung, die sich über seinen Oberkörper gebreitet hatte, höflich wie einen Hut abnehmen würde. Nach seinem Auszug bewohnte Frau Almoslino das Haus, eine russische Kostümbildnerin, die später in Hollywood für die Fernsehserie *Holocaust* die Kostüme entwarf. Mir klopfte das Herz bis zum Hals, als ich in den späten siebziger Jahren ihren Namen auf dem Fernsehschirm las: unverarbeitet in ihrer Wucht fielen lange unbeachtet gebliebene Bilder über mich her, verwoben mit neuem Wissen. Die blonde, immer eilige Frau, sie hat niemals zurückgegrüßt, ich glaube, ich war zu klein, zu dünn, zu sehr ein Kind aus der deutschen Nachbarschaft, so dachte ich in diesem Moment der Überraschung, und doch hat die Mutter Tee mit ihr getrunken und brachte aus dem hellen Häuschen von nebenan eine kleine Porzellanfigur mit, und ich vergaß, nicht nur an diesem Abend, sondern später auch, sie zu fragen, ob sie bei ihrem Teebesuch davon gesprochen hat, dass der frühere Eigentümer der hübschen Veranda, auf der sie zusammen Tee getrunken hatten, der Reichsminister für Bewaffnung und Munition gewesen war, Fritz Todt, dass also in diesen wenigen Quadratmetern die am weitesten voneinander entfernten

Welten aufeinandergetroffen waren und dass Fritz Todt, der Mann mit dem gespenstischen Namen, der den Luftschutzkeller des Ortes in Auftrag gegeben hatte mit einer aus viel zu dünnen Brettern bestehenden Abdeckung, erfolgreicher mit der Bewachung des Autobahnausbaus und der Erfindung der Planierraupe war, die bei der Entstehung der Schützengräben eingesetzt wurde, ach nein, denke ich, mit solchen Mitteilungen hatte die Tee trinkende Mutter ihre Gastgeberin sicher verschont, die Frau, die einen Namen trug wie eine Melodie, ein Vierklang, der einem im Gedächtnis bleibt. Es wird auch nicht die Rede davon gewesen sein, dass der, der einmal dort durch ihren Garten ging, der Herr Todt, bei einem Flugzeugabsturz starb, nicht zufällig nur wenige Stunden nachdem er Adolf Hitler 1942 seine Überlegung mitgeteilt hatte, dass die militärische Niederlage der Deutschen in seinen Augen nicht abzuwenden war.

Zum Dorf gehörte ein Gehöft mit Park im Besitz einer Adelsfamilie und, nicht mehr als ein paar hundert Meter weit davon entfernt, die von der NSDAP 1935 gegründete Luftkriegsschule. Ein Boden, der eigene Szenarien des Abstrusen ausbrütete, beispielhaft im Hinblick auf die beiden Patronatsherren der Dorfkirche. Sie entstammten der Familie der von Ribbecks und waren Heerführer des Großen Kurfürsten gewesen. Der eine von ihnen, dessen Skulptur auf die Maße einer Grabplatte zurechtgestutzt worden war, hatte, in Stein gehauen, halslos und mit verkürztem Arm in eine Ritterrüstung gezwängt, in einer Nische der Kirche seinen Platz gefunden. Und gerade er, dessen Körperformen passgerecht zum Schrumpfen gebracht wurden, hatte Ende des 17. Jahrhunderts für den Ausbau der Kirche gesorgt und entschieden, dass ihr niedriges Dach aufgestockt wurde. Deutsche Soldaten machten sich im Zweiten Weltkrieg seine Höhenlage zunutze und richteten sich eine mehrfach von den Alliierten unter Feuer genommene Abschussrampe ein. Der andere Patronatsherr, auf der Predella eines Tafelbildes zu sehen, beauftragte den Maler Friedrich Christian Glume d. J., ihn der Nachwelt als dreizehnten Jünger zu präsentieren, genauer gesagt, ihm, statt Jesus Christus, einen Sitz in der Mitte der Abendmahlsrunde zu geben.

Mit ihren Uferböschungen, den Wurzelsträngen der Kiefern im sandigen Boden, den weit ins Wasser hineinführenden Bootsstegen, dem kleinen Park mit Mirabellenbaum zog die von zwei Seen eingefasste Ortschaft im östlichen Havelland die Städter an, dicht an dicht besiedelten die Zugezogenen das kleinformatige Areal: Stauraum und Schauraum in einem. Die Sacrower Allee vor unserem Haus hatte die Eigenschaft eines Laufstegs. Wenn die Schauspielerin Maly Delschaft sich näherte, flüsterte mir die Mutter zu, sie habe zu den Favoritinnen für die Rolle der Nachtclubsängerin im *Blauen Engel* gehört. Diese Mitteilung machte die Frau in den dunkelblauen Trainingshosen umgehend zu einem aus leuchtendem Stanniol geschnittenen Weihnachtsstern, der funkelnd und glitzernd vor unserem Gartentor seinen Auftritt hinlegte. Es blieb mir allerdings versagt, vielleicht weil der strahlende Stanniolstern herrlich genug war, zu den brachliegenden Eigenschaften einer Dame vorzudringen, deren Berufsbezeichnung die Mutter mit einer so besonderen Betonung ausgesprochen hatte. Außerdem war ich mit der Frage beschäftigt, warum ein so aus dem Rahmen fallendes Geschöpf seine Zeit sinnlos damit vergeudete, in unserer Allee eine ausgebeulte Einkaufstasche spazieren zu tragen, die den Eindruck machte, als würde sich nichts, nicht einmal ein paar Mohrrüben oder Zwiebeln in ihr befinden.

Auf der Seepromenade trug die Schauspielerin Ida Wüst, als wäre sie den Drehbüchern ihrer Filme *Venus im Frack* oder *Hauptsache glücklich* entstiegen, waghalsige Hüte durch den Ort. Deutsche Maßlosigkeit, so kommentierte die Mutter eine schwarze Samtkappe, die mit mehreren, hochfahrend zugeschnittenen Lagen dunkelgrüner Gaze ausstaffiert war. Warum es der Schauspielerin zur Aufgabe gemacht werden sollte, im Hinblick auf ihre Hüte Zurückhaltung zu üben, leuchtete nicht ein. Dass die Mutter missgünstig war, schloss ich als Grund für ihre Bemerkung aus. In diesem Fall hätte sie einfach nur gesagt: ein tödlicher Einfall, diese Farbkombination! Eine ganze Weile dachte ich noch an ihre kurz gehaltene Bemerkung, an das Wort von der deutschen Maßlosigkeit. Es gehörte zu jenem Vokabular, das die Eigenschaft besaß, sich im Gedächtnis festzusetzen, als wartete es nur darauf, im richtigen Augenblick an die Oberfläche zu steigen.

Den Bewohner des an den hinteren Teil des Gartens angrenzenden Grundstücks verehrte ich aus der Ferne. Er huschte durch seinen kleinen Garten als ein uns allen unbekanntes Wesen, das sich selten sehen ließ und den Anschein erweckte, unabhängig von Zeit und Ort und jeglichem Bedürfnis nach Nachbarschaft zu sein. Das Lebewesen hieß Herr Yashimoto und hatte es auf der Welt zu einem einzigen, allerdings bemerkenswerten Meisterstück gebracht, zu einer Komposition, die sich *Japanischer Laternentanz* nannte. Der menschenscheue Herr Yashimoto, dessen Züge dafür geschaffen schienen, dass man höflich grüßend an ihm vorbeiging, ohne innezuhalten, ohne ihn anzusprechen, hatte woanders seinen festen Platz gefunden: neben dem Donauwellenwalzer und *You are my Heart's Delight* im Repertoire internationaler Tanzorchester.

Geh ich weg von dem Fleck I

Wahrscheinlich wollte der Vater niemals etwas anderes für mich sein als ein Spaßmacher, aber das ist ihm nicht gelungen. Er brauchte doch bloß die Hand zu heben, die auf einmal nur noch drei Finger hatte, schon war er in meinen Augen ein Wesen, das dem Menschen die Anzahl seiner Finger vorschreiben konnte. So ist es wohl dazu gekommen, dass ich mein Leben nach und nach in eine Art Werkstatt umgebaut habe; in ein Labor, in dem ich mich damit beschäftige, an ein paar Instrumenten herumzuschleifen, von deren Gebrauch ich mir ein etwas komfortableres Verhältnis zu den unbekannten Zusammensetzungen der Dinge erhoffe. Weit bin ich damit nicht gekommen, es fällt mir beispielsweise schwer, Vertrauen darauf zu setzen, die Dinge noch wiederzufinden, wenn ich ihnen den Rücken zugekehrt habe. An der Entscheidung für das Studium der Philosophie, von der ich mir Erklärungen für dieses Phänomen erhoffte, ist eine Liedzeile aus einem Hans-Moser-Film beteiligt gewesen, *Geh ich weg von dem Fleck, ist der Überzieher weg.* Sie beschreibt, was es mit der abendlichen Dunkelheit auf sich hat: der Tag hat sich vom Zimmer abgewendet und es zum Verschwinden gebracht.
Gezaubert und gespielt wurde immer, manchmal gab es auch ein Stückchen Wirklichkeit zu kosten, aber immer in Grenzen. Zum Beispiel beim »Bombenalarm-Spiel«, das die Stoppuhr zum Einsatz brachte. Das Spiel begann mit dem Aufheulen der Alarmsirene, sie machte uns zu Teilnehmern einer Nachtvorstellung. Der Vater klappte die Stoppuhr auf, von nun ab hatten wir noch vier Minuten Zeit. Vier ganze Minuten, um rechtzeitig in den Bunker zu gelangen. Alles lag

bereit, alle Utensilien einer eingespielten Truppe. Die Mutter zog abwechselnd mich und sich selber an. Der Vater stieg mit der Stoppuhr in der Hand in seine Hosen. In der vierten Minute gab er mit Hilfe seiner beiden aneinandergelegten Daumen eine Reihe rhythmischer Pfeiftöne von sich. Das Spiel hatte seinen Höhepunkt erreicht. Die Mutter und ich fuhren im Takt in die Jackenärmel und machten die Schuhbänder zu. Der Vater hob mich auf seinen Arm und lief los. Die Mutter trug eine Tasche, sie enthielt gestempelte Papiere und Geldscheine. Außer Atem kamen wir beim Bunker an, ein mit einer Holzverschalung abgedecktes Erdloch. Es führte weit nach unten zu einer Reihe von roh behauenen Bänken. Warum taten wir uns das an, mitten in der Nacht? Andere Menschen spielten das gleiche Spiel, ich blickte in übermüdete Gesichter, einige Frauen weinten. Es konnte uns nichts passieren, eben hatten wir noch im Takt nach den Mützen gegriffen; es war nur ein Spiel. Der Vater hatte aufgehört zu pfeifen, überhaupt aufgehört, etwas von sich zu geben. Auch das gehörte zum Spiel. In dem dunklen unterirdischen Raum wurde nicht gesprochen.
Im Schweigen war der Vater in seinem ureigensten Element, es bildete einen Ring um ihn. Anders als sonst, wenn er schwieg, dachte ich bei dem »Bombenalarm-Spiel« keine Sekunde daran, dass es eine besondere Form der Benachrichtigung an mich war, die von mir verlangte, entschlüsselt zu werden. Im Dunkeln und Geduckten bildete das Schweigen einen Schutz. Eine strapazierfähige Hülle, die sich vollgesogen hatte mit allen Musikstücken, die der Vater jemals gehört, auf dem Klavier gespielt oder in eine seiner Schallplatten hineingepackt hatte. In Wirklichkeit war dieses von Stimmen und Instrumenten erfüllte Schweigen kein richtiges Schweigen. Es war nur ein vorübergehendes und außerdem örtlich begrenztes Schweigen. Weiter weg war das im Bun-

ker herrschende Schweigegebot ungültig. Außerhalb von ihm konnte man sie überall hören, die *Kaiserwalzer* und die *Frühlingsstimmenwalzer*. Der Vater ließ nicht zu, dass es mit ihnen zu Ende ging.

Glück der Sägespäne

Eine Naturbegabung, ein herumwieselndes Etwas von einem Menschen, das die Manege in seinem Herzen trägt, bevor es zum ersten Mal über ihren sandigen Boden gelaufen ist: Urform eines Schauplatzes, auf dem die Lektüre des Lebens von Entertainern und Equilibristen vorgenommen wird. Der Zirkus, die Schallplatte und Gottes Schöpfung: drei Größen einer Gleichung, die sich im Kopf des Vaters immer näher gekommen sind.
Die damals Zwanzigjährige, eine junge Mutter, gab dem Sohn ein Kinderparadies zu kosten. Sie hat wohl selber noch an die Richtigkeit ihrer Erklärung geglaubt, als sie dem Fünfjährigen mitteilte, dass das von einem Schutzmann auf der Straße erschossene Pferd im Pferdehimmel weiterlebt. Deshalb erreichten ihn ihre Worte vermutlich mit jener Vehemenz, wie sie eine durch und durch vertrauenswürdige Botschaft an sich haben mag. Eine Botschaft, die dazu verhalf, sich die Dinge in einem Zustand der Schwerelosigkeit vorzustellen, und den Blick auf die Gutgelauntheit des Weltgeschehens einschwor. Wenn kein Schlitten für die schneebedeckten Abhänge der Weichsel parat stand, griff er sich die Bratpfanne aus der Küche, trug sie zu den Hängen hinüber, rauschte damit zum Fluss hinunter und wurde von den anderen Kindern als ihr »Benno«, ihr Held gefeiert. Zu Hause hatte die Mutter vergeblich nach der Pfanne gesucht, und als sie schließlich das schneebedeckte Ding in der Hand hielt, lachte sie lieber als zu schimpfen. Wenn ihr Mann, ein Postbeamter, abends nach Hause kam, tat er gut daran, sich in diese fertige Welt der übermütigen Spiele und geheimen Absprachen von Mutter und Sohn willig einzufügen.

Am ersten Tag bereits, wenn, ein Mal im Jahr, die Zirkuswagen eintrafen, fand er sich schon auf dem Zeltplatz ein, half beim Aufbau mit, führte die Ponys herum und schaute den Clowns bei ihren Vorbereitungen zu. Sie hielten ihr Training auf einem nahe gelegenen Wiesenstück ab oder hockten auf der Zugangstreppe zu ihren Wohnwagen, um an ihren Texten zu feilen. Weitgereiste Leute, die auf Händen über Drahtseile liefen. »Benno« gehörte dazu, der Name machte ihn zu einem verantwortungsbewussten Familienangehörigen, der Stoffballen, Stricke, Werkzeuge und Holzpflöcke herumtrug, Leitern aufstellte, Käfige säuberte; der den Handwerkern dabei half, den roten Samtvorhang anzubringen, die Manege mit Sand aufzufüllen und die Stühle für die Orchestermitglieder in Reih und Glied aufzustellen. Die dressierten Hunde sprangen an ihm hoch, und der Bauchredner ließ ihm ausrichten, er würde ihn gern in die Bauchrednerkünste einweihen. Der Zirkusdirektor verbuchte ihn als feste Größe bei dem alljährlichen Zeltaufbau und wies ihm einen reservierten Platz bei den Nachmittagsvorstellungen zu.

Wenn abends der Zirkus lebte und glühte und alle Wimpel und Aufgänge und das Kassenhäuschen an Ort und Stelle waren, hatte er *seinen* Zirkus im Griff und auf Trab gebracht. Hier entschied sich, dass ihm die Luft, die nach Sägespänen und Tierkörpern und abgebrannten Fackeln roch, die liebste der Welt war. Dass die schmetternden Abendfanfaren *seine* Musik und der kleine Wanderzirkus *sein* Imperium waren. Kleine, aber präzise Koordinatensysteme der Orientierung, Witterungsantennen. Der Windeseile-Blick für die Talente der Könner. Augen und Ohren eines Spielmachers.

Urgeräusch

Üblicherweise vererben die Eltern ihren Kindern körperliche Merkmale, Begabungen, sogar Charaktereigenschaften. Was schiebt man nicht alles den Vorfahren in die Schuhe, die Vorliebe für südliche Länder, zwei linke Hände, Höhenangst, Heimtücke, das Harfenspiel.
Mir ist ein Erbstück ganz besonderer Art zugewachsen, in meinem Fall geht es um ein von einer Generation zur anderen vererbtes *Ereignis*. Sogar das Alter stimmt, wir waren Fünfjährige. Gebannt stehen wir vor einem rätselhaften Gerät und möchten auf gut Glück darüber herfallen, hineingreifen. Aber wie fasst man ein Geheimnis an, wie berührt man es und wo? Dennoch, sein Reiz ist viel zu groß, um die Finger davon zu lassen. Beide stehen wir in Wohnzimmern, und die Wohnzimmer sehen aus, wie sie immer ausgesehen haben, es sind selbstverständliche, in unsere Wahrnehmung eingeübte Zimmer. Wie soll sich ausgerechnet hier etwas so Unbegreifliches abspielen?
»Benno«, der Junge, beugt sich fassungslos über einen Phonographen, aus dem sich die Stimmen von Bismarck und Wilhelm II. herauswinden, mitten im westpreußischen Graudenz. Eine Garnisonsstadt, am Fluss der Weichsel gelegen, mit riesigen Speicherhäusern, mit Schloss und Wassertor, zwei Klöstern und einer Festung. Für eine mittelgroße Stadt war das viel; viel Stein, viel rechtwinklig Angelegtes und Ausgebautes. Die Epoche des Phonographen wird einmal den Namen »die gute alte Zeit« tragen. Nach den Turbulenzen der Achtundvierziger-Revolution, den Konkursen und dem Spekulantentum der Gründerzeit wächst der Vater im Kreis von Patrioten auf, die »Kaisers Geburtstag« mit Zap-

fenstreich und Musikkapelle, mit Lichterketten und kaiserlichen Emblemen feiern. Kindheit und Kaiserreich, für ihn beinahe ein Synonym.

In einem Häuschen in Brandenburg blicke ich ein halbes Jahrhundert später auf eine blinkende Nadelspitze, sie kratzt aus einer schwarzen Scheibe ein Lied heraus, *Sing Nachtigall, sing* mit Evelyn Künneke. Die Scheibe, eine beharrlich rotierende Eigentümlichkeit, liegt auf einem heftig wippenden, hin und her torkelnden Teller. Ungerührt bewegt sich die Nadel millimeterweise vorwärts, eine Stahlnadel, sagt der Vater, und dies hier ist der Tonarm, dies die Schalldose.

Zwei Apparaturen, die Töne ausspucken, Schwingungen aussenden konnten. Zwei Fährten, die sich einritzten und in mikrologische Bereiche unserer Existenz vordrangen.

Mit seinem Trichter war der Phonograph in der Lage, wie ein Mund Töne, Silben und Laute, ganze Sätze und Liedanfänge zu schlucken. Dabei konnte er mehr, als nur mitzuhören, er war in der Lage, das Gehörte, das, was man in ihn hineingeschickt hatte, wieder auszuspucken; wenn auch nur in blechern und kehlig klingenden Lauten. Er besaß ein richtiggehendes Gedächtnis. Nach fünf Abspielvorgängen waren seine Walzen verschlissen, sie alterten wie die Menschen und starben; beinahe noch Naturprodukte.

Mit Bismarcks Stimme gab sich das mysteriöse Gerät nicht zufrieden, es schaffte große Sängerinnen heran, Pauline Lucca, Adelina Patti, deren Namen allein schon verrieten, dass sie nicht von dieser, der Graudenzer Welt waren. Jeden Tag stand etwas anderes über den Phonographen im örtlichen Anzeiger. Entweder wurde über die Gottverlassenheit einer Erfindung philosophiert, die es wagte, die menschliche Stimme nachzuahmen. Oder man berichtete vom teuren Gestammel der sprechenden Puppe, in deren Rüschenkleid eiserne

Verstrebungen, Gewindestifte und eine Kurbel so kunstfertig versteckt waren, dass es aussah, als kämen die Töne direkt aus ihrem Leib heraus. Anderntags wurde die Frage nach der Zukunft des Gerätes gestellt, das bescheiden seinen Anfang in der Kombinatorik von Spindel, Walze, Stanniolplatte und Schraubengewinde genommen hatte, dem aber zuzutrauen sei, sich zu etwas Größerem, vielleicht sogar zu einer weltweit bedeutenden Erfindung auszuwachsen.

Die Zeit der einfallsreichen Tüftler brach an, der ausgefuchsten Kenner von Materialeigenschaften, von Schall und Schwingung, von physikalischen, elektrischen, akustischen, technischen Gesetzmäßigkeiten. Die Ära der zwischen Konkurs und Königtum lavierenden Existenzen; der herumbosselnden Praktiker im Umfeld von Batterien, Drähten, Schaltern und Leitungen, die, mit Hilfe von Zinn und Zelluloid, von Paraffinwachs, vulkanisiertem Hartgummi und rußbeschichtetem Glas die Welt im Glanz von galvanisch verstärktem Goldüberzug, von Zink-, Kupfer- und Aluminiumplatten neu zum Erklingen brachten: ein Paralleluniversum aus *Schall* und dem *Rauch* experimentell erzeugter physikalischer Brandherde.

Aus der Walze wurde eine Scheibe, in Graudenz stand bald ein Grammophon im Wohnzimmer, das eine Stahlnadel durch die Rillen der Scheibe zog: nicht mehr stichelnd in die Tiefe gehend wie bisher, sondern horizontal, seitwärts sich vorwärts und vorwärts bewegend. Man begegnet hier einer neuen, »unendlich zarten Stelle der Wirklichkeit«, schreibt Rilke in seinem Erinnerungstext *Urgeräusch*. Unter Anleitung seines Physiklehrers war es ihm und seinen Klassenkameraden gelungen, aus Pappe, Zellophanpapier, aus einer Kleiderbürstenborte und Kerzenwachs den Prototyp eines Phonographen nachzubauen. Vergessen die mühsame Bastelei, vergessen die Unterweisungen des Lehrers, vergessen die

Nachvollziehbarkeit der Konstruktion in dem Augenblick, in dem sie tatsächlich funktionierte. Eine Art von Bewusstseinsstörung knipste das Geklebe und Gemache aus wie nicht gewesen und ließ, so Rilke, das selbstgebastelte Ding zurückfallen auf die Stufe des reinen Wunders.

Fantasy-Welt

Ein Vexierbild spazierte durchs Haus, voller verdeckter Figuren, anziehend, anstrengend, spannungsreich. Ein Suchbild. Die Mutter hatte Sehnsucht nach großen Bällen und kleinen Geheimnissen. Nach schwergewichtigen Schwüren und leichten Kleidern. Nach einem abgründigen Schicksal und nach dem frivolen *look* der Harvey. Nach Obsessionen und inständiger Treue. Nach unbedachten Bewegungen und gediegener Klarheit. Sie hätte gern auf großem Fuß gelebt und dabei Mann, Kind, Haus und Leben ganz in der Nähe, direkt um die Ecke haben mögen.
Sie hasste die Peinlichkeiten körperlicher Vorgänge, wenn sie die Toilette benutzte, drehte sie den Wasserhahn auf, um das plätschernde Geräusch zu übertönen, das sie verursachen könnte. Ich nahm deshalb an, dass es sich beim Pipimachen um eine lächerliche Spezialität von mir handelte, um eine kindliche Schwäche, ein vorübergehendes Unvermögen, das durch Übung in den Griff zu bekommen war.
Sie suchte den Friseur auf, bevor sie mir wegen irgendeiner »Unart« eine Predigt hielt. Dann saß sie vor ihrer Spiegelgarnitur im Schlafzimmer, um sich beim Reden zuzuschauen wie einer Schauspielerin, die eine Szene hinlegt. Hätte sie sich ihr Leben aussuchen können, wäre sie mit einem unendlichen Reigen, mit einer ständig sich erneuernden Abfolge bedeutsamer Begegnungen am glücklichsten gewesen. Ich denke, auf die Frage nach ihrer größten, aber auch gefürchtetsten Sehnsucht hätte es für sie nur eine Antwort gegeben: ich möchte, dass mir der Atem höherer Gewalten ins Gesicht bläst.
Ihre erste Erfahrung mit dem großen Leben, glaubt man ih-

ren Erzählungen, und ich habe keinen Grund, es nicht zu tun, machte sie als Schülerin vor den Berliner Kinoleinwänden; sie boten stumm und bald darauf mit Ton Sog und Sorglosigkeit an. Eines der mütterlichen Forschungsobjekte trug den Namen Elisabeth Bergner. Das ungebärdige, rücksichtslos heitere Kind war dünnhäutig und halsbrecherisch auf des Messers Schneide zu Hause. Nach den Beschreibungen der Mutter besaß es die Eigenschaft, die Sprache des Gefühls direkt, ohne Umweg an die eigenen Augen und Hände, an Kopf und Herz weiterzugeben. Ich gewöhnte mir eine besondere Form des Zuhörens an, wenn die Mutter von ihren Lieblingsfilmen zu erzählen begann. Mitteilungen, die ihre Gewissenhaftigkeit, ihr Verantwortungsgefühl für mich in Mitleidenschaft ziehen konnten, ließ ich, so gut es ging, an mir vorbeiziehen, ich versuchte, mich taub zu stellen, an den Wörtern vorbeizuhören. Feurig und ungezügelt durften andere sein, nicht die Mutter mit ihrer Verpflichtung, eine feste Größe in meinem Leben zu sein.

Ihre Schilderungen ließen immer dann eine gewisse Durchsichtigkeit vermissen, wenn es um das geheimnisvolle, von Männern und Frauen geteilte Dunkel ging. Nur hörbar für mich, setzte eine zweite Stimme in mir ein, ein innerer Kommentarsprecher, der die Beschreibungen einer straffen Zensur unterwarf. Ich hatte ein Ohr dafür, wenn sich die »verbotenen« Momente ankündigten. Ohne zu wissen, was wirklich gemeint war, deckte ich sie in Form eines Gegenzaubers mit eigenen Lesarten zu: sie hatten die Aufgabe, den unwillkommenen Geständnissen in die Parade zu fahren und ihnen eine andere Richtung zu geben. Dabei unterzog ich einzelne Äußerungen einer Vielzahl von Bearbeitungen, ich verkleinerte, schwächte ab oder zog sie ins Lächerliche, und wenn das Mitgeteilte jedes Maß zu überschreiten begann oder ich die Technik des Weghörens versehentlich verspätet zur Anwendung brachte, machte ich mich über ein einzelnes, »gefährliches« Wort her, vertiefte mich in seinen Klang, so lange, bis nur noch ein Buchstabengetön von ihm übrig geblieben war.

Vor allem, wenn die Rede auf einen Schauspieler kam, er hieß Willy Fritsch, musste ich mit meinem Manöver umgehend beginnen. Fritz Lang, sagte die Mutter, der Film hieß *Spione*. In diesem Film sei der Vergötterte in eine so ausweglos erscheinende Situation geraten, dass sie in Ohnmacht gefallen sei und von den Angestellten an die frische Luft getragen werden musste. Akuter Sauerstoffmangel, stellte ein unter den Zuschauern anwesender Arzt fest. Ich hatte vergessen zu atmen, sagte die Mutter zu mir.

Der Gedanke gefiel mir nicht, dass sie um einen Mann gezittert hatte, der nicht der Vater war. Der Verdacht, sie könnte genauso wie er eine unsichtbare, eine verkapselte, aber unentwegt zum Ausbruch bereite Welt und Wirklichkeit in sich tragen, wurde durch den Hinweis erhärtet, Herr Fritsch habe den Anblick eines unrasierten und ungewaschenen Mannes geboten, nicht den eines *Sunnyboy* wie in seinen späteren Filmen. Als Detektiv habe er den ganzen Erdball bereisen müssen, in verschmutzten Verliesen gehaust, wobei er mehr und mehr in einen Zustand der Verwilderung, ja der Heruntergekommenheit hineingeraten sei.

Ich stellte mir den unansehnlichen Abenteurer, mit Schiebermütze, wie die Mutter hervorhob, neben dem sorgfältig gekleideten Vater vor. Dennoch schien sie sich nicht an der Verwahrlosung von Willy Fritsch gestoßen zu haben, im Gegenteil. Möglicherweise war sie erst im Lauf der Jahre dahintergekommen, dass es sinnvoller sein könnte, sich um einen gut gekleideten Mann zu ängstigen und lieber seinetwegen in Ohnmacht zu fallen als wegen eines auf den Hund gekommenen Draufgängers. Aber ich wusste, dass das nicht

stimmte. Ich wusste es deshalb, weil in diesem Fall die üblicherweise wirksamen Verweigerungsmanöver, die ich den Bekenntnissen der Mutter entgegensetze, ihren Dienst versagten. Das Bild eines abgerissenen Kerls hatte spürbar etwas zu bieten. Es wurde mir in diesem Moment klar, dass auch sie, die Mutter, ein nur unvollkommen einsehbares, ein am Vater und mir vorbeilaufendes Leben führte.
Kurz streifte mich der Gedanke, es könnte ein Leben voller *dunkler Punkte* sein. Es lag auf der Lauer und hatte Dynamit geladen. Das Dynamit wartete auf Abruf, um etwas in die Luft zu jagen. Aber was könnte es sein? Die Krawattenbestände des Vaters? Der Esstisch, der in einem gefirnissten Holzhaus stand und glücklicherweise nicht in einem verschmutzten Verlies? Ich versuchte schnell etwas anderes zu denken, rief mir den festen Schritt der Mutter ins Gedächtnis und die *Grundsätzlichkeit*, mit der sie sich zur Geltung brachte und dem Tag ein Gesicht gab.
Sie konnte nicht anders, konnte nicht aufhören und gab mir ein weiteres Beispiel für ihre Verwegenheit, eröffnete einen neuen, beunruhigenden Schauplatz. Es gab da ein Lied, erklärte sie mir, ein Lied, das mich in den Wahnsinn getrieben hat, ein Lied der Lubitsch-Schauspielerin Pola Negri. Die Stimme, sagte sie, zum Fürchten, so tief. Und der Refrain, man kannte sich selbst nicht mehr. »Ich fühl in mir, ich spür in mir das wilde, heiße Blut«. Stundenlang, nein, tagelang die immer gleiche Stimme, die immer gleiche Bewegung hin zum Grammophon, um die Nadel neu anzusetzen. Um den Rausch nicht enden zu lassen. Die Mutter sprach in jenem rückhaltlosen Ton, den sie nur in Verbindung mit Stimmen, mit Filmen und Frauen anschlug und vor dem ich mich fürchtete. Die Negri-Stimme, ein Taumel, die Mutter suchte nach Worten. Eine der fremdartigsten Tonlagen, die man sich vorstellen kann. Sie probierte verschiedene Tonhöhen

aus, ein stupider, gleichzeitig aufrührerischer Singsang war zu hören. Er verfing sich im Gehör wie die Nadel in der Rille. Um von dort aus auf einen Nerv überzuspringen, der sein Leben lang auf diesen Überfall gewartet zu haben schien.
Eine bekannte Spur, es ist ein Märchen, das Märchen vom Geist in der Flasche. Könnte es ein solcher Geist gewesen sein, der sich der Mutter bemächtigt hatte? Kaum aus seinem engen Behältnis befreit, kaum an die frische Luft gesetzt, fing der Flaschengeist an, sich über seinen Befreier herzumachen und ihn zu tyrannisieren. Anders konnte ich mir das Verhalten der Mutter nicht erklären, nicht ihren wieder und wieder aufgenommenen Gang zum Grammophon. Wie eine Aufziehpuppe, sagte sie. Und dass sie an nichts anderes habe denken können als daran, das Lied immer wieder von vorn zu spielen und die dunkle Stimme zu hören.
Sie versuchte, mir die aus vier Tönen gebildete Melodie in ihrer zermürbenden Wirkung begreiflich zu machen. Eine zuerst aufsteigende, dann in Halbtönen abwärts geführte Melodie, ein träges Motiv, das umgehend wiederholt wurde und die Trägheit zur Betäubung steigerte. Es klang unheimlich wie die seufzenden und knirschenden Kiefernzweige im Garten, wenn sich nachts der Wind in ihnen verfing. Sicher war nur, dass sich die Mutter schon wieder zu weit von unserem gemeinsamen Leben entfernt, schon wieder Reißaus genommen und sich irgendwo, an einen nicht näher bestimmbaren Ort abgesetzt hatte. Während sie sang, blickte ich ängstlich auf ihre halbgeschlossenen Augenlider, die schläfrig aussahen. So, als wollten sie gleich auf ein Kissen niedersinken. Die Augen schienen in eine Grube gefallen zu sein, und die Stimme hörte sich an, als käme sie aus dem Rachenraum eines Tieres. Konnte es sich bei dem besungenen »wilden Blut« um Tierblut handeln? War ein Lied in der Lage dazu, Blut auszutauschen, zu vermischen oder neu zu bilden?

In diesem Augenblick hätte ich mich am liebsten auf Zehenspitzen aus dem Zimmer geschlichen, ich versuchte, mir die Mutter von innen vorzustellen. Etwas Unübersichtliches tauchte auf, etwas eng Verschachteltes, in mehreren Lagen dicht Übereinandergestapeltes. Von Schwankungen bedrohte Gleichgewichtsverhältnisse. Mit diesen Schwankungen musste es zu tun haben. Alles das. Die schläfrigen Augenlider, die Knurrlaute. War sie eine Träumerin? Ein Tier? War sie die Mutter? Eine vom Geist in der Flasche bezwungene Mutter?

Immer wieder fiel ihr etwas Neues ein. Einmal war es eine Geschichte, die auf verworrene Weise so tat, als hätten sich die Filme, die sie gesehen hatte, in ihrem eigenen Leben abgespielt. Als hätte sie das, was ihr der Film als eine Geschichte der anderen zeigte, am eigenen Leib erfahren. Der Schulfreundin wurde nämlich der am Abend zuvor gesehene Film als eigenes Traumgeschehen wiedergegeben. Diese nun hatte nicht nur den gleichen Schulweg, sondern war im Kino mit dabei gewesen. Es gehörte aber zum Spiel, diesen Umstand auf keinen Fall zu erwähnen und den Filmstoff als eigenen Traum gelten zu lassen.

Zum Spiel gehörte es auch, dass sich die Geschichte nach wenigen Sätzen bereits so anhörte, als habe die Traum-Erzählerin sie in Wirklichkeit erlebt. Sie kühlte den Fiebernden die heiße Stirn und musste seufzend miterleben, wie Herr Fritsch oder Herr Forst sich an der Seite einer anderen Frau im Grandhotel ein Zimmer nahmen. In schwerem Schuhwerk kämpfte sie sich an der Seite ihrer Lieblinge einer sonnenbeglänzten Bergspitze entgegen, stand Seite an Seite mit ihnen an der Reling eines Ozeandampfers, beugte sich bleichen Gesichts über einen liliengeschmückten Sarg, wirbelte von einer Schaukel zur anderen, ihnen entgegen, unter dem Dach eines Zirkuszeltes.

Ich konnte mir in dieser Zeit meines Lebens nicht vorstellen, dass es Kindheiten gab, die mit einer anderen Art von Eltern zu tun hatten. Die Väter legten Schallplatten auf. Die Mütter waren gebieterisch auftretende Wesen, die ein verheimlichtes zweites Leben führten. Eltern besaßen eigene Manegen, in denen sie ihre Kunststücke zum Besten gaben. Die Kunststücke stellten sich als Lageberichte heraus: Nachrichtenmeldungen aus weit entfernten *fantasy*-Welten. Es waren verwegene Darbietungen, mit denen sie vor ihren Kindern Furore machten. Die Kinder waren damit beschäftigt, ihnen dabei zuzuschauen, und dieser Vorgang trug den Namen Kindheit.

Otshi tshornýe, otshi strastnýe

Die Zeit, Nachkriegszeit war in einem Boden verankert, dessen Nervenstränge nach außen schlugen. Es hatten sich schmerzende Wundkörper gebildet, die in den Tag hineinwuchsen, auf dem Sprung, sich auf eine unübersehbare Weise zur Geltung zu bringen. Der russische Kommandant hatte die Beschlagnahmung des Flügels angeordnet und den Vater gleich mitgenommen, damit er in der Kaserne für die Soldaten Musik machte. Drei Tage später wurden er und der Flügel wieder nach Hause geschickt, halb trug, halb zog und schleifte er das Instrument über Dorfstraßen und Schotteralleen. Dass es schließlich im Wohnzimmer unbeschadet seinen Platz wieder einnehmen konnte, verdankte man der Mithilfe Grigorijs, eines jungen, zur Dicklichkeit neigenden Soldaten, der sich ein Solokonzert mit russischen Liedern verdient hatte und deshalb gebeten wurde, es sich im Wohnzimmer bequem zu machen.

Grigorij brachte zwei Eigenschaften mit, die in den folgenden Wochen unser Leben verändern sollten, seine Liebe zur Musik und das Heimweh nach Russland. In diesem Moment saß er in einem komfortablen Sessel, offensichtlich nur zu bereit, es sich im Feindesland eines deutschen Wohnzimmers gutgehen zu lassen. Hier würde er die Musik seiner Heimat hören. Als der Vater die *Moskauer Nächte* über die Tastatur perlen ließ, hätte unter normalen Bedingungen ein russischer Zuhörer darüber gestaunt, wie stark sich sein Lied, sein Herzton-Lied unter den Händen eines landesfremden Klavierspielers verwandeln und dabei nicht nur den mondbeschienenen Flusslauf der Wolga vollständig zum Verschwinden bringen konnte, sondern auch die philosophische Behauptung des Textes, das Lied sei weder zu hören, noch sei es nicht zu hören, eine Betrachtungsweise, die die Nacht und die Menschen der Stadt in ihrem Zusammenspiel als eine tausendjährige Schicksalsgemeinschaft sehen ließ. Ein Zeitloch, in dem der wissende Zuhörer finden konnte, was so unwirklich war wie das Lied selber: Heimat. Der Vater konnte noch so aufgeräumt, noch so zwanglos am lyrischen Zustand des Liedes vorbeisteuern und aufspielen, als würde er sich eines Schifferklaviers bedienen, man konnte es dem jungen Soldaten dennoch ansehen, wie es ihm unter die Haut ging, ihn sich griff und zu einem fassungslos hörigen, leise und laut die Melodie mitsummenden, singenden Besucher aus einer anderen Welt machte.

Sein Gewehr hatte er am Flügel abgestellt, und bevor der Vater zu dem zigeunerischen Lied *Schwarze Augen* übergegangen war, hatte es mehrere Gleichgewichtsübungen erfolgreich hinter sich gebracht. Wenn aber das rechte Pedal heruntergetreten wurde, das Klavierspiel ins Forte überging und das Instrument heftig mitzuschwingen begann, hielt es sich nur noch mühsam aufrecht. Als das Lied *Otshi tshornýe, otshi strastnýe* gerade seine Sogkraft zu entfalten begann und von Augen redete, geliebten, furchtbaren Augen, die den, der sie anschaut, keine gute Stunde mehr würde erleben lassen, rutschte das Gewehr zur Seite und fiel zu Boden, lautlos beinahe, aufgefangen von der für seine Verhältnisse befremdlichen Umgebung eines weichen Teppichs.

Ich hatte meinem Posten im Nebenzimmer bezogen, dessen verglaste Schiebetür wie immer offen stand, und betrachtete das langgestreckt und unbeweglich daliegende Ding, dessen Bedeutung mir bekannt war. Das Ding sah aus, als hätten sich ganze Völkerschaften mit der Frage befasst, wie man das Beste aus ihm herausholen kann. Es wirkte kleinteilig durchdacht und wies eine Reihe von einzelnen zweckmäßig erscheinenden Abschnitten auf. Ihm war alles zuzutrauen, sogar in diesem Augenblick: obwohl es doch vorne in einem schmalen Rohr auslief und wie eine Flöte aussah. Ich wusste, dass die Flöte totschießen konnte. Zu den Uniformen der Soldaten gehörten die Gewehre wie die Gürtel und die Stiefel und die Mützen. Entweder wurden sie über der Schulter an einem Riemen getragen oder waagerecht hochgehalten, sodass sie einen anschauten und man in ihr schmal auslaufendes Rohr blickte. Ich hatte erlebt, wie die Mutter davor weggelaufen war, mich mit sich reißend, weil sie in einem Vorgarten gesehen hatte, dass die blankgeputzten, gefährlich aussehenden Stöcke sich auf einige der Bewohner gerichtet hatten.

Das Gewehr lag nun direkt neben dem rechten vorderen Bein des Flügels. Seine Spitze berührte das unter dem Bein befestigte messingfarbene Rad, dem zu verdanken war, dass der Flügel gerade eben noch über die Landstraße gerollt worden war. Das Gewehr hatte glücklicherweise eine Lage eingenommen, die sich außerhalb des heftig getretenen Pedals befand. Grigorij sah nichts von alledem, er horchte nur. Reglos. Aus Furcht, so sah es aus, zum Ruhestörer eines Traumes zu werden, der ihn *sein* Lied hören ließ.

Nach diesem Erlebnis besuchte er uns täglich, selbst dann, wenn der Hausherr nicht da war. Es genügte ihm, verträumt und anhaltend aufgewühlt vor dem Flügel zu sitzen. Hin und wieder drückte er leise ein paar Tasten nieder und lauschte den Tönen hinterher. Ich hatte in meinem Leben noch keinen Menschen auf Anhieb so gern gehabt wie ihn, einen Versunkenen vor der Klaviertastatur. Sein rötlich blondes Haar legte sich lockig um ein rundes Gesicht, die fehlende Möglichkeit, mit ihm zu sprechen, war nicht von Bedeutung. Alles geschah mit großer Folgerichtigkeit, ein müheloses Miteinander; zunächst.

Seine Besuche verlagerten sich zeitlich immer mehr in die Abendstunden hinein, wo er sicher sein konnte, den Vater anzutreffen, der inzwischen als Vorspieler bei seinen eigenen Repertoirestücken angelangt war. Ich glaube, es langweilte ihn, die immer gleichen russischen Lieder zu spielen. Grigorij lauschte gläubig, für ihn schien der Umstand entscheidend zu sein, dass jede Musik, egal welche, aus jenem Instrument hervorging, in dessen Innern er auch die *Schwarzen Augen* untergebracht wusste; oder etwa das Lied von der *Birke*, deren Holz von Strophe zu Strophe einem Musikinstrument immer ähnlicher und zuletzt als meisterlich geformte Balalaika gefeiert wird. Lieder wie diese hatten offenkundig seiner Seele eine Prägung gegeben, die ihn glauben ließ, dass er auf russischem Boden stand, sobald nur seine Musik zu hören war.

Der Vater hatte bei seinen abendlichen Klavierkonzerten nun freie Hand, die anhaltende Begeisterung Grigorijs hatte seinem Repertoire Tür und Tor geöffnet. So oder so mochte für Grigorij der Klang der Balalaika wehmütig durchs Zimmer ziehen, wogte die Wolga durchs Haus und ließ sich im Hintergrund das ewige *Ey ukhnyem! Ey ukhnyem* der Wolgaschiffer hören. Widerstandslos überließ er sich den Angeboten des Vaters, die dem Lied *Ich küsse Ihre Hand, Madame* den *Schönen Gigolo*, *Drunt in der Lobau* und die *Tannhäuser*-Ouvertüre folgen ließen, während im Kopf des hingerissenen Zuhörers noch Stenka Rasin auf den Beinen war, der ein schönes Mädchen über Bord in die Wogen des Stromes wirft: *Na krasavitsu, primi!* Das Spiel war inzwischen zur *Pizzicato-Polka* von Johann Strauss vorgedrungen, ließ sie kunstvoll ausklingen, schon die ersten melodischen Akzente für das nächste Lied *Wenn ein junger Mann kommt, der weiß, worauf's ankommt* setzend, das der Vater munter mitsang mit allen dazugehörigen Versen und Vorversen.

Grigorij saß aufrecht und unbeweglich in seinem Sessel, die vom märkischen Sand staubigen Hacken seiner Stiefel hatte er in den Teppich gerammt. Er schaute dem Vater auf die Finger, schaute über sie hinweg, über sie und über das Zimmer und über das ganze Osthavelland, in das ihn ein wahnwitziger Krieg, dem ein entbehrungsreicher Nachkrieg gefolgt war, verschlagen hatte. Der Vater war mit schmetternder Stimme bei dem Lied *Veronika, der Lenz ist da* gelandet, das Grigorijs Oberkörper in den Zustand heftiger Zuckungen versetzte. Er schien sich inzwischen mit den Gefühlslagen des feindlichen Landes angefreundet zu haben, ich konnte nicht glauben, dass er Veronika für einen Wolgaschiffer hielt. Auch das nächste Lied *Ja, das Studium der Weiber ist schwer* verstand es, sich lockend an ihn heranzumachen und wurde, nun nicht mehr nur von den Schultern, sondern auch vom taktweisen Nicken des Kopfes begleitet. Wäre ihm nur ein Wort des Liedes zu Bewusstsein gekommen und ihm klar gewesen, in welche Abgründe der Flatterhaftigkeit er hineingeraten war, welchen liederlichen Betrachtungen er rhythmisch klatschend sein Einverständnis gab, hätte er wohl eilig auf seine Balalaikaklänge zurückgegriffen und fluchtartig das Haus auf dem Weg zu seinem Kommandanten verlassen.

Ich habe darüber nachgedacht, ob der Vater den sprachfremden Besucher absichtlich in die Falle lockte, ich kann mir nicht vorstellen, dass er, der Spielmacher, sich diese Situation entgehen ließ. Andererseits musste man es für möglich halten, dass er seiner Musik die Geltung einer weltumspannenden Größe zuschrieb, eine Einschätzung, die ihn davon überzeugt sein ließ, dass ein russischer Besatzungssoldat, wie jeder andere Erdenbürger auch, auf der Stelle nach der *Lustigen Witwe* greifen würde. Und nicht nur nach ihr, sondern auch nach dem *Reiher*-Chanson, dass der Vater unter nachdrücklicher Bearbeitung des rechten Pedals eigentlich nur zu besonderen Gelegenheiten zum Besten gab und dessen Tonfall allein schon darauf schließen ließ, dass sein Leichtsinn schwere Fracht war. Säuselnd die Stimme, mit der er sein Lied in Grigorijs ahnungslose Ohren hineintröpfeln ließ. Mithilfe seiner rechten Zeigefingerspitze reicherte er den Gang der Melodie mit kleinen rauschhaften Glissandoläufen an, die er über die Tastatur flitzen ließ: das Schönste an Vaters Klavierspiel überhaupt. »Herr Meier, Herr Meier, / wo bleibt denn bloß mein Reiher? / 'nen andern Vogel trag ich nicht / und andre Federn mag ich nicht! / Herr Meier, Herr Meier, / Sie sind ein feiner Freier! / Bekomm ich keinen Reiher nicht / will ich den ganzen Meier nicht! / Herr Meier brachte ihr Cadeaus / aus Seide, Samt und Leder / Doch sie verlangte immer bloß / nach einer Reiherfeder«.

In die grünen Samtüberzüge des Fauteuils gekuschelt, hörte Grigorij dem aufreizenden Lied zu. Alles schien er in diesem Augenblick vergessen zu haben, die Wolgafluten, die schwarzäugigen Zauberinnen seines Landes, das Ausmaß der Melancholie, die er der russischen Erde schuldig war. Er bot das Bild eines Gastes, der sich gut bedient fühlte und für den der Vater wegen des großen Erfolges den Refrain des Liedes sogar wiederholte ... »Samt und Leder ... Reiherfeder«. Und zwar so, als sei das Klavierspiel dafür erfunden worden, Glissandoläufe von ganz nach unten bis ganz nach oben und umgekehrt aus den Tasten herauszuholen und einen Rotarmisten mit einer Musik bekannt zu machen, die ihn seinem Heimatland abspenstig machen könnte.

Manchmal kam Grigorij schon am Nachmittag vorbei, dann setzte er mich auf seinen Knien ab und sang mir, von lang anhaltenden Seufzern und Schluchzern begleitet, mit geschlossenen Augen eines seiner Lieder ins Ohr oder legte sein tränennasses Gesicht an meinen Hals. Immer dann, wenn er aus seiner mitgebrachten Flasche getrunken hatte, verströmte sein Mund einen faulig süßlichen Geruch, so stellte ich mir den Geschmack von Insekten vor. Wenn seine Atemzüge noch tiefer, noch heftiger geworden waren, rhythmisierten sie das Schluchzen auf eine abrupte, unvorhersehbare Weise. Dabei hielt er mich am Hinterkopf fest und presste mich gegen seine Brust, mir Mund und Nase versperrend fast bis zum Ersticken. Soweit es mir in diesem Zustand noch möglich war, litt und weinte ich mit ihm, die Sehnsucht, die sein Körper ausschwitzte, machte mir Angst. Ich musste in diesem Augenblick an die von jedem Ungestüm, vom beängstigenden Gurgeln und dem schraubstockartigen Zugriff von Armen sternenweit entfernten Schallplattenlieder des Vaters denken. Sie kamen ganz ohne unangenehme Gerüche aus, ohne tränenüberströmte Wangen und waren frei von der Eigenschaft, das Gefühl der Sehnsucht auf dem Gesicht des von ihr Geschlagenen durch Punkte und Flecken in einem dunklen, ins Violette hinüberspielenden Rot zum Ausdruck zu bringen. Wenn Grigorij sich abends endlich entfernte, wankte er und lief immer wieder gegen die oben rechts in die Gartentür eingehakte, Halt gebende Eisenstange.

Jahrelang hatte ich nicht an ihn gedacht, er war weggerutscht, er und sein Summen und Weinen und sein stummes Klavierspiel, in unterste Schichten der Erinnerung, so verdeckt, so unzugänglich, als hätte es ihn nie gegeben. Ich weiß nicht, warum mir dennoch unsere Begegnung zurückerstattet, mir auf einmal in Form eines unverhofften *Comeback* deutlich vor Augen steht, wenn auch in ihre Bestandteile aufgesprengt und in einzelne Stränge zerfasert. Ich kann im Hintergrund, sobald unser Gast in die Fänge seiner Gefühlswelt geriet und zu seinen Umschlingungen ansetzte, schemenhaft die Mutter erkennen, die uns unverwandt anschaut und mit der Nachbarin flüstert. Ich sehe, dass sich die Mutter aus dem Hintergrund löst und einen Schritt auf uns zu macht, dann aber von Frau Hirschmann am Arm festgehalten wird, woraufhin sie wieder in den Hintergrund zurücktritt und mich dem tränenüberströmten Soldaten überlässt. Grigorij war zu einem Schutzengel-Gast erblüht, der uns die weniger musikalischen, die weniger kinderliebenden Kameraden vom Hals hielt, unser Haus zur Sicherheitszone erklärte und bei seinen Besuchen ein Stück Speck, ein paar Zigaretten, Kognak oder eine Parfumflasche mitbrachte.

Eines Abends stand er vor dem Gartentor und weinte, noch bevor der Vater einen Finger für ihn gerührt hatte oder er mich an seine Soldatenbrust gezogen und angefangen hatte, süßlich und insektenhaft zu riechen. Er gab uns zu verstehen, dass seine Kompanie verlegt werde und er gekommen sei, um sich zu verabschieden. Dabei überreichte er der Mutter eine Flasche Sekt, deren Herkunft sie, ihrer Sache sicher, dem Keller eines unserer Nachbarn zuordnete.

Die Vorstellung, nicht länger seinen furchteinflößenden Gefühlsausbrüchen ausgesetzt zu sein, hatte etwas überaus Beruhigendes, wog aber die Verzweiflung über sein Weggehen nicht auf. Er trug seine Uniformmütze wie immer so weit zurückgesetzt auf dem gelockten Haar seines Hinterkopfes, dass man erwarten musste, sie würde ihm über die Schultern gleiten und auf den Boden fallen. Überdeutlich nahm ich wahr, dass er, noch während er in voller Lebensgröße auf der Veranda stand und die Mütze herunterzufallen drohte, wie bestäubt oder befallen von einer geisterhaften Blässe war, die ihn Stück für Stück an sich zog und ihn für mich ein Aussehen annehmen ließ, als habe er sich bereits vollgesogen mit allen Zeichen eines unwiderruflichen Lebewohl und vor meinen Augen in Luft aufgelöst; trotz der glühenden Wangen, die seinem Gesicht etwas Überwältigtes, leidenschaftlich Verstörtes gaben, trotz seines Versuchs, der Mutter seine

Dankbarkeit zum Ausdruck zu bringen, wobei er offenbar überzeugt davon war, sie würde in einem so entscheidenden Moment auf einmal seine Sprache verstehen, denn er redete eilig und ohne Punkt und Komma auf sie ein. Ich wusste plötzlich, wie es sein würde, das Leben ohne Grigorij: die Schwerkraft der *letzten Worte* und des *letzten Blicks* drückten den Atem zur Seite, machten den Hals eng, und während ich noch einmal und noch einmal zu Grigorij hinüberschaute, der gar nicht mehr da war, blieben mir die Tränen weg. Deshalb sah man keinen Grund, mich zu trösten, die Mutter zog sich ins Haus zurück, man hörte gleich darauf ihre laute Telefonstimme, und der Vater ließ sein sonst so willkommenes Angebot unter den Tisch fallen, ihn beim Angeln zu begleiten, das immer dann zum Zuge kam, wenn ich auf andere Gedanken kommen sollte.

Nun hatte ich ihn doch nicht mehr gefragt, ob er tatsächlich schon einmal an den Ufern der Wolga gestanden hatte. Dort, wo seine Lieder ihn so häufig hinführten. Ach, was heißt das denn schon, hätte er mir geantwortet. Ich habe sie gehört.

Geh ich weg von dem Fleck 2

Ein Bein war immer auf doppeltem Boden abgestellt. Bei unserem ersten Bummel über den Kurfürstendamm rief mir der Vater zu, schau mal, da geht Heinz Rühmann. In geringer Entfernung war auf dem Trottoir ein kleingewachsener Herr zu sehen. Wenn ich neugierig in die bezeichnete Richtung schaute, fügte er, sich seiner Pointe sicher, hinzu: mit Maske! Nein, da geht ja die Nachbarin, Frau Almoslino, mitten auf dem Kurfürstendamm! Wo? Wo denn? Mit Maske! Die Dame trug einen blonden Haarknoten und einen Regenmantel. Sie hätte es sein können. War sie es?
Das Verwandeln, Unähnlichmachen, in Übereinstimmung bringen ließ die Wirklichkeit keinen Augenblick stillstehen, sie hatte kein Gesicht, sie tobte herum und verwickelte die zufällig Anwesenden in Verwirrspiele. Auch Nicky, der mit uns im Haus lebende weiße Spitz, hatte das Zeug zu einer Attraktion; ein flinker Vierbeiner mit dem gebrochenen Weiß eines von Wirbeln durchmusterten Felles. Sein Bekanntheitsgrad bildete sich augenblicklich zurück, wenn der Vater sich eine Sonnenbrille griff und sie dem Tier ins Gesicht setzte. Sie verlieh ihm die Züge eines völlig anderen Wesens, das nicht nur mit unserem Hund keine Ähnlichkeit mehr hatte, sondern mit überhaupt keinem Hund, nicht einmal mit einem Tier. Er war zu einem Wesen von unbekannter Herkunft geworden, das, so wie es vor uns saß, Ergebnis der widerstreitendsten Artenzugehörigkeiten war. Ich fürchtete um den Hund; was wäre, immer wieder die gleiche Frage, wenn es dem Vater nicht gelang, das von ihm Verzauberte in seinen früheren Zustand zurückzuversetzen? Ein aufrührerisches Gefühl gegen ihn sagte mir, dass ich es ihm verbieten musste,

dem Hund eine solche Verwandlung anzutun. Dass dem Hund das Recht auf sein ihm angestammtes Hundeleben zustünde und von niemandem auf der Welt angetastet werden durfte; ich schrie, schlug um mich, griff verzweifelt nach den Hosenbeinen des Vaters und brachte ihn dazu, dem Hund die Sonnenbrille abzunehmen. *Er* musste es tun, mein Eingreifen hatte keine Wirkung, wenn ich es tat, musste Nicky, obwohl es ihm nicht anzusehen war, im Zustand seiner fremdartigen Verkapselung verharren. Lachend nahm der Vater die Sonnebrille an sich, ich legte meine Arme um den Hund, er war wieder da, und ich war es auch. Verheult, verschreckt, aber gerettet.

Noch nervenaufreibender war das »Paul Wegener«-Spiel. Der Schauspieler Wegener besaß ein flächiges, breit angelegtes Gesicht mit schmalen Augen; Eigenschaften, die ihn aussehen ließen wie einen Mongolen. Er hatte in einem frühen Stummfilm die Rolle des Golem verkörpert, eine unheimliche, aus Lehm hervorgegangene, stumme Figur. Der Vater erinnerte sich nicht daran, welche Informationen und welche Geschichten er an mich weitergegeben, welche Fotos er mir gezeigt hatte. Er rechnete nicht mit meinem Hunger nach den Details. Details hatten sich für mich als unersetzliche Hilfe erwiesen, weil sie Fährten in das mit Namen und Ortsnamen, mit Ereignissen und Empfindungen, mit Richtungen, Richtungsänderungen und Rätseln bestückte Weltall legten. Ich habe mir später, weit weg von diesem Leben, mein Gedächtnis immer als aufgeschwollene Kugel vorstellen müssen. Ein anstelliger Speicher, der die in der Gegend herumfegenden Nachrichten und Neuigkeiten zusammenklaubt. Sie kannten ihren Platz noch nicht in größerem Zusammenhang und standen, ganz ihr eigener Herr, bedingungslos sprungbereit zur Verfügung. Stück für Stück voll eigenen Lebens. Ganz für sich behauptete sich so auch die

Äußerung des Vaters, das breite, bleiche Gesicht Paul Wegeners und dessen weit auseinanderstehende, wulstig in die Haut eingebettete Augen hätten die ideale Voraussetzung für eine der dunkelsten und tragischsten Gestalten des deutschen Films abgegeben, eben des Golem.

Im »Wegener-Spiel« machte das Golem-Detail einen Sprung, einen riesigen Satz und pflanzte sich dem nichtsahnenden Hund direkt auf den Kopf. Das Gesicht des Golem war von einem Stummfilmschauspieler geradewegs auf unseren Nicky übergesprungen; Nicky hatte einen neuen Kopf erhalten und die Eigenschaften des gespenstigen Lehmmannes angenommen. Dass diese Umwandlung keiner besonderen Umstände bedurfte, bewies der Vater damit, dass er einfach mit zwei Fingern seitlich die Augenpartie des Tieres spreizte und bis zu den Schläfen hin in die Breite zog. Für einen viel zu langen Augenblick ergab sich in meinen Augen eine bestechende Übereinstimmung zwischen ihm und dem Foto der düsteren Gestalt. Buchstäblich im Handumdrehen war aus dem munteren Spitz vom Gartenzaun ein Verderben bringendes Monstrum geworden, das sich den Hinweis gefallen lassen musste: Es ist doch nur ein Spiel.

Das Wort vom Spiel war in der Tat ein Treffer: das gerade war es ja, das war ja der springende Punkt. Dass dieses Nichts an Aufwand, dieser Klacks an sich verausgabender Phantasie eine solche Wirkung erzielte. Umstandslos, wie im Fluge, unversehens fast. Die Verwandlung von etwas Urvertrautem in eine fürchterliche Fratze ging unauffällig vor sich, kam auf leisen Sohlen daher. Wie konnte man davon nicht beunruhigt sein! Wie aber nicht auch begeistert! Gepackt? Bezaubert?

Spaltung, Riss, Sprung, sie handelten; waren tätig wie ein Vulkan. Sollten sie. Es kam nur darauf an, sich mit einem möglichst gekonnten Schlenker aus der Gefahrenzone zu ziehen. Sich irgendwo seitwärts aufzustellen. Haarscharf an den Greifarmen des Faszinosums vorbei, bevor es spuckte und ausbrach wie der speiende Berg und einen unter sich begrub.

Ufa und Ufer

In einem von zwei Seen umgebenen Ort lag es nahe, immer wieder von ihm zu sprechen, aber das so häufig verwendete Wort vom Ufer meinte gar kein Ufer. Es hat lange gedauert, bis ich dahintergekommen bin, dass es sich um eine Filmgesellschaft, die Ufa hieß, handelte. Der Wechsel der Bedeutung vom Ufer zur Ufa setzte neue Akzente. Die für ein einheitliches Gefüge gehaltene Einwohnerschaft nahm einen Zug ins Unzuverlässige und Leichtfertige an und war in eine größere, nur ungenau erkennbare Umlaufbahn geraten. Das Leben im Ort schien nicht länger ein sich von selber verstehendes Geschehen zu sein, es war aufgeflogen zugunsten eines neuen Wortes, das »Filmgesellschaft« hieß.
Ich bin nur zu bereit, die mit ihm verbundenen Abenteuer kennenzulernen; immer wenn von ihm die Rede ist, verschwinden die Ufer der Havelseen und Riesenozeane, dicht bewachsene Dschungelgebiete, Großstadtstraßen und Kaffeehäuser kommen ins Bild. Ausgerechnet Frau Hirschmann, die Damenwäsche vorführende Nachbarin, soll die Begleiterin ins ersehnte Neuland sein, denn sie lädt mich zu einer nachmittäglichen Filmvorführung in den Gasthaussaal der »Märkischen Krone« ein. Auf dem Weg dorthin lasse ich sie wissen, wie sehr ich darauf brenne, einen Ufa-Film kennenzulernen, werde aber darüber belehrt, dass der Film, den wir sehen werden, kein Ufa-, sondern ein Defa-Film ist; ein folgenreicher Unterschied, wie mir dieser Nachmittag vor Augen führen wird.
Die Erwartung, die ich mit meinem ersten Kinobesuch verbinde, richtet sich vor allem darauf, endlich all denen zu begegnen, deren Namen mit Ballsaalatmosphäre und Schick-

salsschlag zu tun haben oder mit Geschichten, die zum Totlachen sind. Willy Fritsch, Elisabeth Bergner, Zarah Leander, Curt Bois. Der Film, der in der »Märkischen Krone« gezeigt wird, ist durch mehrere Aushänge im Ort angekündigt worden und heißt *Der Kahn der fröhlichen Leute*. Der kurzen Inhaltsangabe ist zu entnehmen, dass es um eine junge Frau geht, die als Erbin des elterlichen Oderkahns gegen alle möglichen Regeln der Zunft verstößt, als sie eine Crew arbeitsloser Artisten anheuert. Deren Talente verhelfen der überforderten Erbin dazu, das marode Unternehmen wieder flottzumachen.

Und tatsächlich, es gab nur ein paar geschäftige Bootsbetreiber zu sehen, die mit aufgekrempelten Ärmeln in einer winzigen Kajüte um einen Tisch herumstanden und sich Gedanken über die Geschäftslage des Oderkahns machten. Die aufgeweckte Hauptdarstellerin wies Ähnlichkeit mit den Leuten im Ort auf. Schon nach den ersten Bildern war abzusehen, dass der Film ohne Abendtoiletten auskommen würde. Ohne jene Blondinen, denen der seidige Fall weißen Satins eine Selbstverständlichkeit ist. Kein schneidiger Herr würde mit Jagdgewehr die Diele einer stattlichen Villa betreten oder bedeutungsvoll blickend in ein Rennauto steigen. Der Unterschied zu den Nachbarn im Ort lag im Grunde nur darin, dass diese keine Kähne bewegten, sondern baufällige Vehikel, Leiterwagen, Kinder- und sogar Puppenwagen, um ihr Frachtgut, Kohlköpfe, Hühnereier, Fallobst, von A nach B zu transportieren.

Die Tüte mit dem weißen Kandiszucker ist leer, meine Finger kleben, und ich langweile mich. Frau Hirschmann scheint sich gut zu unterhalten, sie lacht mehrmals auf und schaut mich aufmunternd von der Seite an. Das laut schnarrende Vorführgerät hält in der oberen rechten Ecke des Bildes einen länglichen, mehrfach gekrümmten Faden bereit. Er folgt zitternd dem Geschehen und ist bald aus dem Bild nicht mehr wegzudenken. Die wenigen Besucher der Nachmittagsvorstellung sorgen dafür, dass die Stuhlreihen ein stetiges Knarren und Krachen von sich geben, das mit dem Geräusch des Vorführapparats konkurriert. Hin und wieder geht das Licht an, und ein Mann macht sich an dem Apparat zu schaffen. Ich habe meine Erwartungen inzwischen auf ein Minimum zurückgeschraubt. Die Leute auf der Leinwand haben keine Ahnung davon, was ein Film ist und dass man etwas anderes von ihm erwartet als eine schaffensfrohe Arme-Leute-Geschichte.

Ich weiß nicht, wann mein empörtes Selbstgespräch aufhörte und ich bereit war, den schwarzen Oderkahn von oben bis unten, von innen und von außen zu betrachten und den Blick nicht mehr abzuwenden von den weißen, in Licht gebadeten Gesichtern: in ihnen hängen zu bleiben. An diesem Nachmittag im Dorfgasthaus, wo man mit Decken und verschiedenfarbigen Vorhangteilen die Fenster verhängt hatte, wurde mir von wildfremden Menschen, die sich miteinander unterhielten, sich küssten und die Holzplanken scheuerten, die Frage gestellt, ob sie wussten, dass Frau Hirschmann und ich ihnen zuschauten. Ob sie mit dem Gedanken vertraut waren, dass wir, ihnen vollkommen unbekannte Leute, jeder ihrer Bewegungen folgten. Ich beobachtete die merkwürdige Art und Weise, in der sie an uns, ihren Zuschauern, vorbeisahen und alles dafür taten, um unseren Blick zu vermeiden. So, als würden sie nicht weitersprechen können, wenn sie uns zur Kenntnis nähmen. Nur wenn sie so taten, als wären wir gar nicht da, schien es ihnen möglich zu sein, ihre Geschichten und Geständnisse bei uns loszuwerden.

Wenn plötzlich die Personen mit ihrem Körper aus dem Bild verschwanden und nur ihre Gesichter, ihre großen Augen und Münder zurückließen, duckte ich mich instinktiv weg.

Keine Ufa-Gesichter, sondern über die Ufer getretene Gesichter, die mir erschreckend mächtig vorkamen. Von ihrer eigenen Wichtigkeit überzeugt, wickelten die Bewohner des schaukelnden Kahnes ihre Geschichte ab, die von Liebeleien, von Reparatur- und Bauarbeiten handelte. Ausdauernd und selbstgewiss turnten sie zwischen Deck und Kajüte hin und her und teilten sich Dinge mit, deren Bedeutsamkeit ich immer weniger anzweifelte, selbst wenn kein Wort davon auch nur annähernd mit den von mir erwarteten Schicksalsabgründen zu tun hatte.
Selbstherrlich breitete die übers Wasser gleitende Bootsmannschaft ihr Leben vor mir aus. Die Männer lärmten, zankten und balgten sich um die vom Fahrtwind zerzauste, zum Abendhimmel aufschauende Schiffseignerin. Sie wickelten mit einer schlafwandlerischen Sicherheit ihre in dem schneeweißen Rechteck untergebrachten Angelegenheiten ab. Unversehens stampften die Personen ins Bild, machten sich wieder davon, andere rückten nach und fingen an, sich miteinander zu unterhalten. Dabei schienen sie selber keine Ahnung davon zu haben, dass ihre Geschichte und deren Verlauf etwas in sich Schlüssiges, Einleuchtendes hatte: Teilnehmer an einem Geschehen, in dem sie hin und her wieselnd auf dem eintönigen Kahn zwischen Tauen, Maschinenraum und einer nicht enden wollenden Kette handwerklicher Zugriffe zu Hause waren, als folgten sie einem Stern. Irgendwann wusste ich, dass sie einem Drehbuch folgten. Aber dann folgte eben das Drehbuch einem Stern.
Auf der Leinwand ist das Wort ENDE zu sehen und der wehende Faden am Bildrand. Lichtschalter werden laut knallend angeknipst, Frau Hirschmann nimmt mich an ihre Seite, ich trotte neben ihr nach Hause, dabei sitze ich noch immer in dem zum Vorführraum umgewandelten Gastraum. Leute haben auf einem Kahn gestanden und dabei überir-

disch, weiß, schwarz, unvergesslich ausgesehen. So, als hätten sie mir für ihren Anblick gleich noch ein Vergrößerungsglas an die Hand gegeben. So überdeutlich waren sie zu sehen gewesen; Schifferleute. Als hätten ihre Außenhäute geblüht. Manchmal kommt es mir vor, als würde jeder Film nur von ihnen handeln und ich am Tisch der Kajüte hocken, im Kahn der fröhlichen Leute.

Der Kahn heißt Dunkelheit, heißt Verschwinden und nicht Angeschaut-Werden. Der Kahn, das Nebenzimmer. Von dort aus beobachte ich Vater und Mutter, die in einen Streit verwickelt sind. Momente des Atemholens. Ein Spalt in der Zeit, der sich vollgepackt hat mit der Gunst des Augenblicks und der Aussicht darauf, den großen Brocken Wirklichkeit zu betrachten wie ein Tier seine Beute. Sie zu umkreisen, anzufallen, zu zerlegen. Gelegenheit, ins Innere der Beute zu schauen. Mit dem Gedanken zu spielen, eine Ordnung, eine Art Regelwerk ließe sich möglicherweise ausfindig machen. Eine Logik, die den Brocken als Ganzes durchquert wie eine Maserung den Baum.

Zu Hause erzähle ich vom Überlebenskampf der Bootsleute, vom schrottreifen Kahn und von den Liedern an Bord mit Akkordeonbegleitung. Ja, das sind so die Filme, die jetzt gedreht werden, meint die Mutter nachdenklich. Vielleicht hätten sie ja recht, diese Filme, sagt sie noch. Und, noch ein Zusatz, mein Gott, was für einen Blödsinn hat man sich doch damals oft angeschaut. Ihr Damals klingt, als wäre von einer unvordenklichen Zeit die Rede, einer Zeit, für die man keinen Namen gefunden hat. Die Mutter schickt mich in den Garten, es ist noch immer helllichter Tag.

Zeitungslektüre

Ich merke, wenn sie sich an der Wahrheit vorbeimogeln und mir etwas vorspielen. Das sind Momente, die haftenbleiben. Das unruhige, das undurchdringliche Gedächtnis-Teilchen lagert sich am ehesten ab, windet und kringelt sich; steckengeblieben. Die Mutter setzt die Worte sorgfältiger als sonst, sie spricht absichtlich, der Vater assistiert mit Ablenkungsmanövern. Es kann ein zögerndes oder übereiltes Sprechen sein, ein vorschnelles Sich-Wegwenden. Eine Schlusspunkt-Gestik. Man hat ein Gefühl für die Abweichungen entwickelt, für das Ausscheren aus dem Fluss der Bewegungen, für Stimmfärbungen und Blicke.
Bei seiner Zeitungslektüre ist der Vater auf einen Artikel gestoßen, er reicht die Zeitung der Mutter hinüber und sagt, mein Gott! Es handelt sich demnach um eine Meldung, die etwas Unerwartetes und offenbar Erschreckendes mitteilt. Ich sitze in meinem Alter noch nicht im Boot der zivilisierten Leute, man kann mir den Umschwung der Situation zumuten, ohne eine Erklärung dafür zu geben. Was steht denn da? frage ich, aber es scheint dieses Mal keine Brücke zu geben. So geschwiegen wie jetzt haben sie noch nie.
Ich kann bei diesem Vater immer damit rechnen, dass sich unter seinem Jackettaufschlag ein neuer unerwarteter Anblick verbirgt. Ich bin sogar darauf gefasst, dass es ein Musikorchester sein kann. Mit der Schallplatte hat es ja auch geklappt. Man darf ihnen das Feld nicht überlassen und zusehen, wie sich Fragen, Ungereimtheiten und Zauber weiter vermehren. Deshalb will ich wissen, was sie aus der Zeitung erfahren haben.
Aber es wird nicht dazu kommen, es vergeht viel zu viel Zeit,

bis die Mutter endlich etwas sagt und zwar in jener Tonfarbe der Tarnung, der in solchen Momenten üblichen Verpackung des Nichtmitteilbaren. Wir haben uns, schau mal, über die großen Buchstaben gewundert, sagt sie und deutet mit dem Finger auf eine Überschrift der Zeitungsseite hin, der Vater murmelt Bestätigendes. Sie haben leichtes Spiel mit dem noch leseunkundigen Kind. Aber ihr Schweigen, das eine Lücke im Ablauf des Frühstücks hinterlassen hat, hallt nach, lässt nicht locker und bewahrt seine Wirkung. Seit diesem Frühstück sind Jahrzehnte vergangen, doch nicht genug, um es zu vergessen und um mir nicht die Frage zu stellen: welche Nachricht es gewesen sein mochte, die in einer Zeitung von 1945 oder 1946 einen solchen Schrecken hatte auslösen können?

Wie immer zur Nacht

Ich schlafe ein und werde aufgeweckt. Man wirft mich in ein eisiges Loch, in heftiges Dunkel. Dann wache ich wieder auf, aber ganz woanders.
Die Mutter hat mir niemals gesagt, warum sie meinetwegen einen Arzt aufsuchte. Weder hatte ich Halsschmerzen oder Bauchschmerzen noch ein aufgeschlagenes Knie, es muss etwas anderes gewesen sein. Weil ich anfange zu schreien, wenn die Großmutter das gelbgestreifte Kleid trägt? Weil ich schlecht einschlafen kann und häufig weine und insgesamt ein für Eltern strapaziöses Kind bin? Ich glaube, dass die Mutter eine tüchtige, eine vernünftige Tochter auf die Welt gebracht haben wollte. Kein nörgeliges, empfindliches Kind. Wir werden es zur Erde zurückbringen, sagt Dr. Behrens. Während er mich abhorcht, berichtet er von der Fliehkraft des Seelischen und von Gefahrenpunkten im Bereich der menschlichen Gefühlswelt. Er schlägt eine Serie von Behandlungen vor. Schockbehandlungen. Ausgleichend. Tiefsitzend. Unter Einsatz seines unentwegt wärmend auf mich gerichteten Blickes lässt er mich wissen, dass man es zu einem Aufprall in meinem Innern kommen lassen will. Zu einer Karambolage, im allerbesten Sinn, er zeichnet mit seinem Zeigefinger eine Linie vom Hals bis hinunter zu meinen Beinen. Wir werden die in diesem hübschen, kleinen Mädchen herumgaloppierenden Teile wieder einfangen, sagt er zur Mutter gewandt. Er lacht und legt seine Hände auf meinen Schultern ab. Ich kann der Mutter ihre Bestürzung ansehen, vielleicht hätte sie von seinem wärmenden Lächeln auch etwas gebraucht. Alles natürlich mit viel Fingerspitzengefühl, sagt Dr. Behrens und lässt mich nicht aus den Augen.

Die junge Dame soll sich wohlfühlen. Danach, nach dem Aufwachen, legen Sie ein Buch, ein schönes Bild neben sie. Sogar dann, wenn er mit der Mutter spricht, schaut er mich an. Mir fällt etwas Besseres ein, sagt sie, wir werden Musik machen. Welches Musikstück möchtest du denn hören, fragt sie, und ich sage wie aus der Pistole geschossen, die *Humoreske* von Dvořák. Eine wunderbare Idee, meint Dr. Behrens, wir betten den gesamten Vorgang in Musik.
Das über die eingebügelten Falten laufende kalte Wasser glättet die straffen Linien im schneeweißen Gewebe des Lakens. Es ist auf diese Weise schmiegsam wie die Wicklungen eines Mumiengewandes. Sie wird danach wie neugeboren sein, mit diesen Worten hat Dr. Behrens der Mutter gut zugeredet. Sie schält mich in der Nacht aus dem Bett heraus und trägt meinen nackten Körper zum Laken hin. Der Vater schlägt es auf und hält es ausgebreitet hoch. Eine luftlose, nasskalte Hängematte, die sich wie eine Bandage um mich herumwindet. Ich habe nur mit angelegten Armen Platz in ihr, lagenweise in Bänder gebunden, mit Schlingen umschlungen, in einen Sturz und Absturz verwickelt, der kein Ende nimmt.
Das Erste, das mich an mein Leben erinnern wird, ist das Gesicht des Vaters, groß und weiß und unbeweglich. Es sieht aus wie ein Rad, in das man die Züge des Vaters eingekerbt hat. Das Rad lächelt, auf einen Ellenbogen gestützt, und beugt sich über mich. Ich nehme die Umrisse eines weißen Feldes wahr. Später wird es als das Bett der Eltern erkennbar sein, in dem ich mich auf der Seite der Mutter befinde. Das Rad hält still, umgeben von Licht. Ein hell erleuchteter Ankerpunkt, auf keinen Fall darf er mir entwischen. Eine Boje im warmen Schein der Nachttischlampe, die zwischen mir und der Eisnacht steht. Nach und nach wächst das Gesicht des Vaters in das Rad hinein. Das Rad steht immer noch still,

beinahe ist es ein Stein. Im Hintergrund setzt Musik ein, eine Musik, die ich schon einmal gehört habe. Ton für Ton sogar, nur kann ich nicht erkennen, wo sie herkommt. Es kann sein, dass ich sie mitgebracht habe von dort, wo ich gewesen bin. Vielleicht kommt sie aber auch aus dem reglosen Kopf des Vaters heraus. Oder aus meinem eigenen. Ich horche auf die Violine; als könnte ich mich in ihren Klang hineinlehnen, alles ist gut.

Nichts tut mir weh. Die Schwärze hat mich ins Leben zurückkatapultiert. Ich nehme an, dass es das gleiche ist, in dem ich mich vorher befunden habe. Vorher, als ich in meinem warmen Bett gelegen habe. Ich muss mich anstrengen, muss im Kopf einen Schlenker machen, um dort, von wo ich hergekommen bin, wieder ansetzen zu können. Einen Gedächtnisschlenker. Muss einlaufen in eine Schlaufe, von der aus ich Ausschau halte. Ich muss mir einen Eindruck verschaffen. Nachschauen, ob alles noch an seinem Platz ist. Ich entdecke den zweifarbigen Wandanstrich und die auf der Trennlinie der beiden Farben angebrachte Leiste. Ich grüße mit den Augen die am Fußende des Bettes abgestellte, hölzerne Gestalt des Stummen Dieners. Er ist mit einem weißen Oberhemd behängt; es muss sich um das Hemd des Vaters handeln.

Ich bin wieder da, und ich kenne mich aus. Es gibt Anhaltspunkte, das Zimmer ist voller Erkennungszeichen. Entweder ist es das gleiche, mir bekannte Zimmer oder ein ihm außerordentlich ähnliches. Das also ist es, das Totsein. Bei den Vögeln und Katzen im Garten hat es immer so ausgesehen, als wäre es etwas Endgültiges. In seiner Endgültigkeit Schreckliches. Aber das ist es nicht, sondern etwas Vorübergehendes. Möglicherweise also nicht mehr als eine Täuschung. Ein Gestorbensein, nur probehalber. Währenddessen darf sich die Welt aber nicht von der Stelle gerührt haben. Man sollte am besten genau wieder dort einsteigen, genau an jenem Punkt, an dem man sich kurzzeitig von ihr abgemeldet, ihr den Rücken gekehrt hat. Ich kann nur hoffen, dass sie es wirklich getan hat: dass sie tatsächlich stillgehalten hat. Ich würde sie im Auge behalten müssen; dem Wackelkontakt zwischen ihrem Vorhandensein und Nichtvorhandensein dadurch begegnen, dass ich sie möglichst sichtbar vor mich hinstelle. So, dass sie im Raum gut auszumachen ist. Am besten, wenn ich mir ein Vergrößerungsglas anschaffe. Am besten, wenn ich es der Welt vor die Nase halte. Am besten, ich stecke die Welt in ein Passepartout, sodass ich sie sicherheitshalber immer bei mir tragen kann.

Die Tür zur Terrasse ist mit einer hellbraunen Decke zugehängt. Ein Umstand, den ich mir nur so erklären kann, dass draußen Winter ist. Man hängt eine Decke nur dann von innen vor eine Tür, wenn sie Kälte abhalten soll. Ununterbrochen ist die Violine zu hören und ein Klavier. Ich erkenne Dvořáks *Humoreske*, die inzwischen ihre gewundene Höhe erreicht hat, nachdenkliche Schleifen hinter sich herziehend, ich hätte mitsummen können. Die Stimme schafft es sonst immer, nach dem zweiten, dritten Ton in die Melodie hineinzufinden, heute klappt es nicht. Denn die *Humoreske* hat sich ein eigenes Haus gebaut, aus dem sie zu mir herüberklingt. Ein auf sich gestelltes Stück Musik, fremd und neu; hinter einem Vorhang verborgen wie die Tür hinter der Decke.

Das Licht der Nachttischlampe fällt auf den Kopf des Vaters. Er hat, wie immer zur Nacht, sein schwarzes, dichtmaschiges Haarnetz angelegt. Am nächsten Morgen braucht er dann mit dem Kamm nur wenige Striche zu ziehen, schon ist sie fertig, seine Frisur. Das Netz fügt sich gut ins Bild, es fällt dem Vater, im Nacken zusammengebunden, bis auf die Schultern herunter und macht aus ihm einen Piraten, der auf

Schiffen herumläuft und seine Anweisungen gibt. Ein Piratenvater! Er kann mich töten und wieder zum Leben erwecken! Ganz genau erkenne ich jetzt jede Einzelheit, das Gesicht, wie gemeißelt, hat etwas Überzeugendes an sich und weist scharfe Ränder auf. Ich bin froh, neben einem solchen Seefahrer zu liegen. Ihm habe ich es zu verdanken, wieder an Land zu sein und mich in einem bequemen Bett zu befinden. Ich hätte gern die hinten herabhängenden, unterhalb des Gummibandes locker fallenden Raffungen des Netzes angefasst, an ihnen gezogen, sie seitlich verschieben mögen. Aber die Arme lassen sich nicht bewegen, sie können nicht in die Höhe gelangen, dorthin, wo sich das Haarnetz befindet. Es bleibt bei einer nur vorgestellten Bewegung, allein die Augen sind noch da. Und als würde der Pirat neben mir meine Gedanken kennen, sagt er zu mir, dass er, während ich schlief, meine Wimpern gezählt habe. Mit den Augen hat also alles seine Richtigkeit. Die Mutter kommt strahlend ins Zimmer, sie trägt noch ein Tageskleid, sie ist sehr blond, viel blonder, als ich sie je gesehen habe, und hält eine Tasse in der Hand. Wahrscheinlich warme Milch. Sie sieht aus wie eine Illustration aus den Magazinen, in denen ich nachmittags herumblättere.

Man holt mich aus dem Laken hervor, mit jeder Drehung und Wendung komme ich mehr zum Vorschein. Man rollt mich hin, schiebt mich her unter Gelächter, ein Spiel zu dritt. Ich lache am lautesten, während ich mit beiden Händen nach dem Haarnetz greife und der Schreck abebbt, in eine unvorstellbare Tiefe wegsackt und ich, in eine wärmende Decke gewickelt, darum ringe, mir selber einen Anblick zu bieten, nach dem ich greifen kann wie nach dem Haarnetz des Vaters.

Galerie I

Es handelt sich um auffällig gekleidete und ungewöhnlich frisierte Leute. Sie haben sich zwischen die Seiten des großformatigen Buches zurückgezogen und sehen weder tot noch lebendig aus, sondern wie Leute, die sich tot stellen. Offensichtlich hat das ODEON-Album der Opernsänger von ihnen verlangt, sich wie männliche und weibliche Schneewittchen zu gebärden. Eine unnatürliche Stille ist ihnen in die Gesichter gekrochen. Man kann es ihnen ansehen, dass sie mit ihrer langweiligen Behausung nicht zufrieden sind und in ihren Verstecken darauf warten, dass ihnen jemand andächtige Blicke zuwirft. Anscheinend gibt es niemanden außer mir, der sich für sie verantwortlich fühlt. Ich werde es mir vorwerfen, wenn ich sie, halb tot und halb lebendig wie sie sind, ihrer hundeelenden Vereinsamung überlasse. Die Sopranistin Lilli Lehmann besitzt das Profil eines Vogels, eigentlich gehört sie in ein Federkleid, nicht in den bärenhaften Pelz, in den sie sich eingewickelt hat. Auch Hermine Bosetti hat sich für Tierisches entschieden, für den Kopf eines Stiers oder einer Ziege, für zwei buntgestreifte Hörner jedenfalls. Maria Ivogün ist unter Stoffbahnen verschüttet, aus denen umsichtig geschiente Unterarme als gleißende Bandagen hervorschauen. Dagegen hat die Erscheinung der Sopranistin Vera Schwarz etwas geradezu Gewöhnliches an sich, sie trägt nichts anderes als eine Königskrone auf dem Kopf. Offensichtlich in Sorge um ihre Ohrmuscheln hat Blanche Deschamps-Jéhin sie mit metallisch glänzenden Rädern, größer als Untertassen, überzogen. Bei den Männern fällt der Tenor Hermann Jadlowker ins Auge, der mitten in einem Album sein Schießgewehr zur Hand nimmt, als wollte er sein abgesondertes Leben verteidigen. Andere Tenöre, Helge Roswaenge und Richard Tauber, neigen zur Sorglosigkeit und haben sich mit ihrem Abendanzug begnügt. Einige Namen sind mit einem kleinen Kreuz versehen. Aber in diesem Album gibt es keinen Unterschied zwischen denen mit und ohne Kreuz. Überall der gleiche abwesende Ausdruck, lockend und lähmend. Überall die gleiche Leere, das gleiche verlorene Wissen.

Auswärtiges Dasein

Die Glasvitrine und das Zwischenfach des Couchtisches sind vollgestopft mit Magazinen. Sie heißen *Die Dame*, *Der gute Ton* und *Elegante Welt*. Irgendwo muss es diese Stadt und diese Leute geben, die, dicht gedrängt wie miteinander verschweißt, eine große, mit Hunderten von Hüten ausgestattete, zusammenhängende Figur bilden, breite Straßen überqueren und die Trottoirs bevölkern. Die Hefte, ältere Jahrgänge, sehen gebraucht aus, abgenutzt, aber das bedeutet nichts. Alles sitzt im gleichen Boot der Wirklichkeit, bewohnt mit mir dieselbe Welt, die Menschen kommen und gehen am Haus vorbei, bekannte, unbekannte Gesichter, wechselnde Anblicke, ein lautloses Weitergehen oder ein Rufen über den Zaun, von meinem Standort aus ist alles unter einem Dach.

Trotzdem wundere ich mich, auf keinem der Fotos die schwarzen Gummistiefel zu sehen, wie sie die Mutter beim Unkrautjäten anzieht: Stiefel, die auch die Nachbarn in den umliegenden Gärten tragen, wenn sie Kartoffeln ernten oder am Haus mit Taschen vorbeigehen, die mit schwarzen Briketts angefüllt sind. Niemals habe ich in den Heften die graustichigen, an Wäscheleinen baumelnden Lappen, niemals Löcheriges und Ausgeleiertes gesehen. Die *Dame*-Menschen stehen vor Theatereingängen, sie besteigen ein Luftschiff, ein Auto, einen Eisenbahnwaggon. Sie halten sich weißgekleidet an der Reling eines Schiffes auf oder sitzen dicht gereiht in einem Konzertsaal. Kaufhäuser bieten Herrengamaschen an und Goldmundstückzigaretten. Man philosophiert über das Wort Tonfilm und über Modeschuhe. Ganz offensichtlich handelt es sich hier um jene verhei-

ßungsvolle Gegend, die den Vater erwartet, nachdem er sich morgens von uns verabschiedet hat. Ich vermute, dass es sein wahres Zuhause ist. So also sehen sie aus, die Frauen und Männer, nach deren Gesellschaft es ihn verlangt und die ihm tagtäglich in ihren schimmernden Rüstungen über den Weg laufen. Die Frauen lächeln mit Zähnen, die weißer sind als Schnee. Sie stehen in Seidenschuhen inmitten blütenübersäter Gärten und halten schmale Zigarettenspitzen zwischen den Fingern. Bei den Herren fallen die drahtig hochgereckten Hälse und die aus Stein gegossenen Schultern auf. Damit beugen sie sich über einen Teetisch oder eine Damenhand, die mit einem Kuss versehen wird.
Der Vater wäre schön dumm, wenn er dieses Leben aufgeben würde. Dumm, sich die federgeschmückten Damen entgehen zu lassen. Dumm, sich um unsere Stiefel zu kümmern, um den Schmutz, in dem sich die Hühner bewegen, um ihr Gegacker und Scharren und die von ihrer Kacke verkrusteten Eierschalen.
Nicht auch nur annähernd können es die Mutter und ich mit jenen Geschöpfen aufnehmen, die dem Vater tagtäglich über den Weg laufen. Weiß sie denn überhaupt davon, dass es solche Göttinnen gibt? Ist sie sich dessen bewusst, dass der Vater dennoch jeden Abend heimkehrt und Frauen zurücklässt, die ihre Perlenketten nicht vorne im Ausschnitt, sondern auf dem dekolletierten Rücken tragen? Hat sie sich jemals darüber Gedanken gemacht, hat sie irgendwann in Erwägung gezogen, er könnte möglicherweise lieber mit ihnen als mit uns in dem Holzhaus in der Mark seine Zeit verbringen, wo man zum Abendessen Brotsuppe und »Arme Ritter« speist und es mit einer Welt zu tun hat, in der man auf Schritt und Tritt im aufgeweichten Boden einer ungepflasterten Allee versinkt: in einem Erdreich, in das die russischen Panzer und Lastwagen Reifenspuren wie Rinnen hineingerammt haben?

Ich denke daran, welche Mitteilungen sie dem Vater zu machen hat, wenn sie ihn abends begrüßt. Sie hatte tröstend auf mich eingeredet und nach meinem Sturz auf den schwarzen Schotter der Allee mein blutendes Knie verarzten müssen. Hatte mir mithilfe törichter kleiner Worterfindungen eine Spinne von der Schulter genommen und, um mein Mitgefühl anzusprechen, auf deren wirre und zittrige Beine verwiesen. Lange hatte sie am Zaun stehend mit der Nachbarin geplaudert und war, sobald es draußen dunkel wurde, mit dem pünktlichen Einholen der Fensterläden beschäftigt gewesen, die sie zuerst fest angezogen, dann verriegelt hatte. Sie hatte zum x-ten Mal die kleine Katze, die während des Mittagsschlafes unter meiner Bettdecke gedöst hatte, wie einen Verbrecher mit einer unnötig heftigen Entschiedenheit auf den Fußboden geschleudert und wie verrückt meine Schultern geschüttelt, weil ich schreiend nach ihren Händen schlug. Sie hatte mit der Maschine stundenlang Briefe geschrieben und das schwirrende Geräusch durchs Haus geschickt, mit dem der Wagen in die nächste Zeile rückte. Sie hatte Bettwäsche eingesprengt und mit dem Bügeleisen bearbeitet, sie dann zusammengelegt und deren Ränder durch dampfendes und zischendes Nachbügeln mit scharfen Kanten versehen. Mit dem Stapeln der Briketts und der Holzscheite hatten wir den Nachmittag verbracht, sie ordentlich gereiht und sorgfältig aufgeschichtet; die Briketts im Keller, das Holz an der Hauswand entlang. Sie hatte sich Sorgen gemacht, dass die Windpocken, die heftig juckend mein Gesicht bedecken, Narben hinterlassen könnten. Hatte mit mir im Frühling darüber gestritten, bei welchem Thermometerstand ich die braun gerippten, an einem abgetragenen Leibchen befestigten Strümpfe ausrangieren und endlich die weißgestrickten, die vom Leibchen unabhängigen Kniestrümpfe tragen durfte. Sie hatte Mielchen, unsere Ziege, an den Eutern gezupft und dünne, weiße Strahlen von Milch durch das Mulltuch hindurch in die Kanne fließen lassen. Im Garten mussten die grünen Bohnen geerntet werden, sie hatte mir vorgemacht, wie man sie putzt und die beiden Enden beschneidet. Sie schälte und zerkleinerte Zwiebeln, und obwohl sie mich vorsorglich mehrmals schon darauf hingewiesen hatte, dass die Tränen, die ihr dabei übers Gesicht liefen, ihre Ursache allein in der scharfen, die Augen reizenden Zwiebel hatten, konnte ich ihr dies im Leben nicht glauben, woraufhin sie sich gezwungen gesehen hatte, während sie die Zwiebel bearbeitete und Tränen weinte, zu lachen und zu strahlen, nur um mir zu beweisen, dass die Tränen nichts mit ihr, sondern einzig mit den Säften der frisch aufgeschnittenen Gemüsezwiebel zu tun hatten.

Ich konnte nicht glauben, dass sich die Mutter bei diesem Leben keine sorgenvollen Gedanken darüber machte, wie sehr sich der Vater zu den edlen Existenzen auf den Magazinfotos hingezogen fühlen mochte. Nicht nur zu ihnen, auch zu den mit unruhigen Schriftzügen versehenen und eingerahmten Fotos überall im Haus. Die gleiche Pracht der zum Lächeln geborenen Zähne, die, so konnte es einem vorkommen, abgerundet und zu Kugeln geformt, als kostspieliges Perlengehänge am Hals der weißgekleideten Damen wiederkehrten. Heimlich musste doch auch die Mutter sich wünschen, lieber Teil jener Menschheit zu sein, die sich einen Dreck darum scherte, ob die Hühner ausreichend mit Chinin versorgt waren oder der Kerzenvorrat ausreichen würde, der den abendlichen Stromausfall zu überbrücken hatte. Es war einfach nicht vorstellbar, dass nicht auch sie am Abend lieber an gedeckten, blumengeschmückten Tischen gesessen hätte, als mitzuerleben, wie die lautlosen Schwingen der über den Himmel ziehenden Scheinwerfer über das Haus hinwegstreiften und man unwillkürlich zurückwich vor dem taghell leuchtenden, streng geformten Himmelskörper, diesem kreisenden Bannstrahl.

Der Gedanke, wie fremd der Vater sich bei uns zu Hause vorkommen musste, war schwer zu ertragen. Hatte er wenigstens gesehen, dass die Mutter sich ihre Wangen häufig rot anmalte, die Lippen, die Fingernägel? Aber würde das ausreichen? Traf sie damit schon den »guten Ton« einer »Dame« der »eleganten Welt«? Ich beobachtete ihn, wie er sich morgens für seine Begegnungen in der Stadt vorbereitete. Wie sorgsam er seine Socken, das frische Hemd und die Hose vom hölzernen Aufbau des Stummen Dieners pflückte. Wie viel Zeit er vor dem Spiegel verbrachte, sich den Scheitel geradeziehend, die Klinge des Rasiermessers und den Sitz der Krawatte überprüfend. Ich nahm an, dass ein Gesicht, in dem sich so viel auswärtiges Dasein aufhielt, viel Zeit vor dem Spiegel brauchte, um sich immer und immer wieder seiner selbst zu vergewissern.

In meinen Augen lag der Vater heimlich auf der Lauer, um in diese oder jene Richtung auszuscheren und andere Bündnisse einzugehen.

Sekundentakt

Er kann Dinge machen, von denen nur ich etwas weiß, nur ich weiß, was einen erwartet, wenn er sich die rechte Hand vors Gesicht hält. Und das ist nur der Anfang. Ich werde zwischen Blitz und Donner geraten und nicht mehr wegschauen können, ich werde wie erstarrt zu ihm hinüberschauen. Hinnehmen müssen, dass das, was im nächsten Moment hinter der Hand zum Vorschein kommt, nicht mehr sein, nicht mehr das Gesicht des Vaters, sondern das eines anderen ist. Ein Gesicht, das immerzu Neues, Unerwartetes von sich gibt. Ganze Schwärme fremder Augen, Backen, Münder und Zahnreihen gleiten in schneller Folge vorbei; nur unterbrochen von der nach oben schießenden, dann stillstehenden Hand, hinter der sich immer unbekanntere Wesen im Sekundentakt für ihren Auftritt bereithalten.
Dabei habe ich noch Glück mit diesem Gesicht, das von Haus aus ein geordnetes, gut proportioniertes Gesicht ist. Der Ansatz des Doppelkinns, die großporige, mit Fett gut versorgte Haut und die mit Hilfe der elektrischen Sonne stabile Gebräuntheit gibt ihm etwas Gemäßigtes und Bedachtsames. Zu Anfang, in den ersten Minuten, kann sich die Erinnerung daran noch behaupten, in der rasenden Abfolge der Eindrücke bildet seine vertraute Rundlichkeit noch mehrmals kleine Haltepunkte. Ein Wackelkontakt, der das Kind zwischen Nähe und Ferne hin- und herschleudert. Die Hand bewegt sich so präzise, als wäre die in der Jackettasche steckende Stoppuhr auf sie übergesprungen und in sie hineingewachsen. Mehr und mehr aber verliert sich der Faden, der die Verbindung gehalten hat.
Auch die Erinnerung daran, dass das vertraute Brillenträger-

gesicht unweigerlich zurückkehren wird, hat sich davongemacht, man kann sich den Ausgang des Spiels einfach nicht merken. Dafür fügen die Gesichter sich viel zu schlüssig aneinander: die Ausstülpungen von Mund und Nase, von Wangen und Augen. Überfallartige Gesichter der verschiedenartigsten Herkunft. Die Hand deckt zu und löscht aus. Scharenweise ziehen fremde Personen über die höhensonnengebräunte Gesichtshaut hin. Eine Werkstatt, die Geister erzeugt: dämonische, bösartige, verblödete, aufgeblasene, witzige, hochmütige, verwirrte, beschämte, vor Übermut berstende Wesenheiten.

Das zugrundeliegende Gesicht weicht, fallengelassen, weiter und weiter zurück. Es wird temporeich durchbohrt von getauschten, verwüstet von fremden Gesichtern. Am fremdesten überhaupt ist das sich wiederholende Gesicht. Wenn die andauernde Flut das gleiche Gesicht zwei Mal hintereinander zeigt. Wenn ein Gesicht haltmacht und dadurch seinen Anblick vertieft. Das stehenbleibende Gesicht ist noch undurchsichtiger als das temporeich wechselnde. Gerade die Wiederholung macht deutlich, dass alles möglich ist und alles ein Taumel. Ich übe mich darin, das spielwütige Gesicht von mir fernzuhalten, wenn es »anspringt« und anfängt, sich auszukippen. Dann aber kann es passieren, dass es dabei gleich den ganzen Vater mit sich nimmt.

In einem nahe gelegenen Garten habe ich einen Mann mit seiner Tochter beobachtet. Sie sitzt auf einer Schaukel, die von ihm behutsam in Schwung gehalten wird. Jedes Mal, wenn die Schaukel zu ihm zurückschwingt, lächelt er ihr zu. Plötzlich nimmt er seinen Strohhut ab und hält ihn sich vors Gesicht. Aus dem Gesicht des Vaters ist eine Krempe, geflochtenes Stroh, ist ein mit einer Kerbe versehener Hut geworden. Das Mädchen aber ist gewitzt und weiß sich zu helfen. Vom Rhythmus der Schaukel bewegt, in seinem kleinen

Schweben, zieht es mit einem präzisen Griff, wendig und schnell, den störenden Hut an sich. Fort vom Gesicht, das ihr vertraut entgegenlacht, als wäre nichts geschehen.
Ich bin niemals auf den Gedanken gekommen, die Hand des Vaters festzuhalten und ihn daran zu hindern, sein Gesicht hinter ihr zu verstecken. Ich habe zugeschaut; hingeschaut, wie er ein Anderer, ein mir Unbekannter wird. Wie das Mädchen aus dem Nachbargarten zugegriffen hat! Flink, furchtlos. So ein Strohhut, denke ich dann. Den kann man schnell mal beiseiteräumen. Ein kleiner Ruck genügt, und man hat ihn in der Hand, eine berechenbare Angelegenheit. Auch das Auf und Ab der Schaukel ist immer das gleiche. Hin, her, hin, her. Und dem Schaukelvater ist während der ganzen Zeit nichts anderes als ein Lächeln eingefallen, das ist nun wirklich nicht die Welt. Was sich dagegen in dem tanzenden Gesicht des mir gegenübersitzenden Zauberers abspielt, hat mit einem ganzen Heer von Geistern zu tun. Ich habe sie mit eigenen Augen gesehen und weiß, dass man sie nicht loswerden kann wie einen Hut.
Wenn der Vater wieder zu sich gekommen und alles an Ort und Stelle zurückgekehrt ist, setzt Stille ein. Von den vielen Gesichtern, vom ganzen Spiel ist heute nur die Stille geblieben. Ein Atemanhalten, das die Verbindung freilegt zwischen den überbordenden Mienen und der Tasche, in der sich die mitgebrachten Schallplatten befinden. Zwei übervolle Behälter spucken ihren unabsehbaren Inhalt aus. Ein *Wild*gehege, das etwas entlaufen lässt. Im einen Fall ist es Musik, im anderen überreiche Natur. Spielarten.

Glockenhelle Stimme

Ich weiß, dass mit dem Öffnen der Tür ein Schub von Leben auf mich zukommen wird. Leben, das anders ist als das, welches ich kenne. Die Mutter hat sich heimlich noch ein paar Tage aus meiner schulzeitlosen Kindheit herausgeschlagen und den Termin falsch verstanden. Deshalb diese Verspätung, die mich jetzt allein vor der Tür des Schulgebäudes stehen lässt. Das Haus befindet sich oben im Dorf gegenüber dem Gehöft, in dessen Küchen, Ställen und noch bewohnbaren Zimmern Kriegsheimkehrer untergebracht sind. Durch die geschlossene Tür höre ich die lauten Rufe der Lehrerin, wirres Geschrei und das Geräusch von Stuhlbeinen, die über einen Holzboden gezerrt werden. Nach dem Herunterdrücken der Türklinke ist es passiert, ich bin dabei, ich bin in eine atemberaubende Welt eingedrungen, in der ich über zwei am Boden liegende Jungen steigen muss, die mit ihren Mützen aufeinander einschlagen.
Entschlossen steuere ich auf einen unbesetzten Stuhl zu, ich weiß, hier werde ich das Lesen lernen. Ich werde die Geschichten, die Namen und Bildunterschriften in den Magazinen entziffern können, werde sie vollkommen selbstverständlich aus dem Innern der Vitrine herausholen und von ihnen erfahren, was ich wissen will. Die paar Worte, die ich mit Hilfe der Mutter inzwischen lesen kann, langen nicht hin und nicht her. Sie lauten »Kuss«, »Salon«, »Dame« und »Waggon«. Es ist mir klar, dass sie mir nicht auch nur annähernd eine Vorstellung vom Leben der in der Vitrine eingeschlossenen Menschen geben können. Ich habe fest vor, herauszufinden, was aus ihnen geworden und in welchem Teil der Stadt, im entfernten Berlin, sie untergekommen sind.

Dort, wo der Vater tagtäglich seine Runden dreht. Mit einem Lächeln, einer Tasche voller Musik.
In einem sogenannten Schönschreibheft muss jeder einzelne Buchstabe in einem Liniensystem untergebracht werden, als Erstes lerne ich den Buchstaben »K« kennen. Fräulein Seitz, die Lehrerin, stellt uns die Aufgabe, ihr einige »K«-Wörter zu nennen. Ich will »Evelyn Künneke« rufen und »Jan Kiepura«. Aber als ich die Stimmen der Mitschüler höre, die »krank«, »kalt« und »Kohlrabi« rufen, »Katze« und »Keule«, bin ich lieber still. Ich habe das Gefühl, mich bei meinen Vorschlägen zu blamieren, sie kommen mir unpassend vor. Unpassend und daher angreifbar. Als hätten sie in einer Schulklasse nichts zu suchen und sich in der Tür geirrt. Der nächste Buchstabe, den ich lerne, ist das »T«. Bevor ich »Tauber« rufen kann, höre ich ein Mädchen das Wort »Taube« sagen.
Bald schon diktiert Fräulein Seitz zusammenhängende Sätze. »Im brausenden Schmiedefeuer liegt ein langes, dickes Stück Eisen. Jetzt packt es der Schmied mit einer großen Zange und legt es auf den Amboss.« Der sprachliche Abstand zwischen dem feurigen Handwerk des Schmieds und den mir vor Augen stehenden Palästen aus Licht und Glas, in deren weitläufigen Sälen die Ober mit eiligen Schritten ihre Tabletts an tanzenden Paaren vorbei in den Bereich weiß gedeckter Tische tragen, kommt mir unüberbrückbar vor. Das Diktat über die Eichhörnchenjagd beginnt mit den Worten »Einstmals gingen Hans und Franz ins Holz«, sie werden im Verlauf der Geschichte die Bekanntschaft mit der Bissigkeit der Tiere machen. Ich setze mein Vertrauen darauf, dass die Sätze von Fräulein Seitz ganz von selber irgendwann zu den Chefs der Tanzkapellen und den weißgekleideten Damen und Herren führen werden. Die meisten ihrer Namen kann ich inzwischen fließend lesen, viele davon besitzen einen un-

bekannten und schönen Klang, wie ich ihn von keinem unserer Nachbarn her kenne. Weintraub Syncopaters. Willi Rosen. Baum. Grünbaum. Josef von Sternberg.
Fräulein Seitz ist im Ort bekannt für ihre glockenhelle Stimme, sie singt im Kirchenchor und wird als dessen Stütze bezeichnet. Heimlich nennt man sie auch »das Nagetier«, weil ihr Oberkiefer mit zwei weit nach vorn stehenden Vorderzähnen ausgestattet ist. Vermutlich deshalb, weil die hochgerühmte Stimme einen beständigen Druck auf das Gebiss ausgeübt hat und es der Macht des Gesanges gezwungenermaßen Platz gemacht und sich nach vorn gestülpt hat.
Auf diese Weise ist die Singstimme von Fräulein Seitz immer anwesend, selbst wenn sie keine Lieder vorträgt. Festgehalten in ihrem sich vorwölbenden Mund gibt sie den Worten Musik mit auf den Weg. Ob sie über die Tätigkeiten auf großen Gehöften berichtet oder über die Bedeutung des Hofhundes informiert, über das Leben der Bienen oder die Hasenjagd. Ihr Vortrag hat etwas Konzertreifes an sich, ganz unabhängig von den Inhalten. »Draußen im Walde sind die Hasen. Die Jäger schießen sie. Wir genießen das Fleisch.«
Mit ihrem unhörbaren Gesang wagt sich die Stimme überall hin, nichts bleibt ihr verborgen. Das Leben der Ameisen und Vögel, der Handwerksburschen, Obstdiebe, der Uhrmacher und Fischer wächst zu dicht verwobenen Kleinwelten zusammen. Ein Schuster legt sich abends ins Bett, begibt sich am nächsten Morgen zu seinem Schemel und repariert eine schadhafte Sohle. Eine Bäuerin bäckt einen Kuchen und bringt ihn den Arbeitern aufs Feld. Ich lerne Bienenkörper und Schneckenpanzer und zerklüftete Gebirge kennen. Wolken, in denen sich der Regen bildet, eine Elefantenherde, die an einer Wasserstelle haltmacht, einen Bäcker, der seine weiß bemehlten Brote in den Ofen schiebt.
Die unermüdlichen Einübungen ins Naheliegende beeindru-

cken mich. Ich räume ihm ein vorübergehendes Bleiberecht in meinem Leben ein. Wirklich Bewegendes unter seiner Haut zu tragen, traue ich ihm allerdings nicht zu: das Naheliegende wurzelt fleißig und gutartig in gehaltvollen Böden. In Heimaterde. Die Teetrinker auf den Magazinabbildungen, die Tangotänzer und die Leute mit den schön klingenden Namen wurzeln nirgendwo. Sie hängen in der Luft und haben kein Zuhause, außer in unserer Vitrine. Im Großen und Ganzen aber kann ich zufrieden sein, ich habe lesen gelernt und erfreue mich des besonderen Wohlwollens von Fräulein Seitz, nachdem der Vater ihr nach einer Elternversammlung die Hand geküsst hat.
Dann aber stellt sie uns die Aufgabe, über den Beruf unserer Väter Auskunft zu geben, einige Schüler haben das Glück, dass sie von Tätigkeiten erzählen können, die in unseren Diktaten eine Rolle gespielt haben. Gleich als Erste berichtet ein Mädchen von einem Schuster, ich kenne seinen Laden und habe gesehen, wie er auf einer Eisenstellage, die einen verkleinerten Menschenfuß darstellt, die Unterseite eines Schuhs in regelmäßigen Abständen mit Nägeln bestückt. Dann hat er den Schuh auf den Ladentisch gelegt, die Ladenkasse aufgezogen und das erhaltene Geld in einzelne voneinander separierte Fächer einsortiert. Ein anderer Vater arbeitet auf einem Gutshof, sein Pferd zieht einen Wagen die Dorfstraße entlang, manchmal dringt er vor bis in unsere Chaussee, wo er eine Spur von abgesetzten Milchkannen hinter sich herzieht.
Ich stelle mir die ordentlich aufgereihten, gut erkennbaren Milchkannen neben den Stapeln der Schallplatten vor, die in den Zimmerecken zu Hause unförmige Stapel bilden. Von da ab führen sich meine Gedanken auf wie Betrunkene, segeln schwerelos quer durch meinen Kopf, wo sie sich mehr und mehr in einen hinteren, unzugänglichen Teil zurückzie-

hen. Als würden sie Luft schöpfen, bevor ihnen der Sprung ins kalte Wasser zugemutet wird.
Wie sollte ich Fräulein Seitz die Türme der Schutzhüllen erklären, in denen die wie tot daliegenden Musikstücke untergebracht sind? Wie die Glätte und Undurchsichtigkeit des Materials beschreiben, in denen die Musikstücke sich aufhalten? Ein Material, das aussieht, als sei es durch irgendein Ereignis vom Schock getroffen worden und nun einzig noch in der Lage, in dieser Steifheit, Dichte und Kohlrabenschwärze zu überleben. Flüchtig sehe ich die weißen Aufkleber rund um das Loch in der Mitte der Schallplatte; *Solveigs Lied* steht etwa da, und zwar in der Handschrift des Vaters. Oder *Ob blond, ob braun, ich liebe alle Frau'n*. Schon allein diese in Tintenblau verfassten Privataufschriften lassen das Gewerbe des Vaters in seiner ganzen Unkenntlichkeit in Erscheinung treten. Er macht Musik, sage ich leise, und Fräulein Seitz lässt es dabei bewenden. Hoffentlich nimmt sie an, dass er ein Instrument spielt.

An Fäden schweben

Als wäre er einer von ihnen, verrieten ihm die Magier und die Artisten ihre teuer bezahlten Tricks, zeigten ihm ihre sorgsam gehüteten Requisiten. Der langjährige Umgang mit den Talenten der Kleinkunstspezialisten dürfte sich auf sein Körperleben ausgewirkt, in den Gewebeschichten und auf zellulärer Ebene Spuren hinterlassen haben. Sein Respekt vor dem gut Gemachten, dem gekonnt gesetzten Kunstgriff allein kann es nicht gewesen sein. Es muss die Künstler vom Varieté und ihn eine Witterung, der Geruch von Wahlverwandtschaftlichem verbunden haben. In der Pause oder nach Vorstellungsende suchte er sich den Weg zu ihren Garderobenräumen. Und während er ihnen seine Anerkennung aussprach, erfuhr er dieses und jenes, nahm Details am Rande wahr, stellte Fragen, teilte Eindrücke mit. Der Vater war der geborene Geheimnisträger, niemals würde er das ihm Anvertraute verraten. So erzählte er auch mir nur von Dingen, auf die er selber gekommen war. Nicht alles hat er herausgefunden; als er zum Beispiel einmal aus einer der vorderen Zuschauerreihen auf die Bühne gebeten wurde und ein Magier einen Stapel mit Spielkarten vor ihn hinlegte, ihn bat, eine Karte zu ziehen und diese Karte dann den Zuschauern zu zeigen. Erst als man ihn aufforderte, sich nun selber auch das Bild anzuschauen, konnte er sich das laute Gelächter und den Applaus des Publikums erklären: er blickte auf sein eigenes, höhensonnengebräuntes Gesicht mit Brille und den Ansatz seiner Krawatte, die auf der Karte zu sehen waren. Es mag Zuschauer gegeben haben, die diese Vorführung für ein abgekartetes Spiel gehalten haben, er aber wusste, dass der Mann auf der Bühne ein wirklicher Künstler war.

Er sprach über Zirkus und Varieté wie über Zweitwohnungen, bei den Magiern faszinierte ihn ihr Sachverstand; bei den Trapezkünstlern die innere Uhr, die sie sicher von Schaukel zu Schaukel trug; bei den Jongleuren die kundig angewendeten Naturgesetze, mit denen sie ihre hüpfenden, fliegenden, in ihren Volten mehrfach die Richtung ändernden Bälle durch die Luft dirigierten. Sein Ideal bei den Clowns war Grock, bei den Artisten Harry Reso. Grock zerlegte seine Instrumente, Saxophon, Klavier, Bandoneon, Trompete, die von Moment zu Moment immer unkenntlicher wurden. Während er sie mit offenem Mund bestaunte, verwandelten sie sich in seinen Händen zu einer dem Menschenauge vollkommen unvertrauten Ansammlung absurd geformter Einzelteile. Harry Reso befasste sich, Jahre, Jahrzehnte, mit seinen Beinen: Treppen hinuntersteigend, die tiefer hinunterführen als alle auf dem Erdball überhaupt nur vorstellbaren Treppen. Wieder aufgetaucht aus den dunkelsten Verliesen, fegte er über die Bühne, in alle Richtungen ausbrechend und dabei niemals die kleine Matte verlassend, auf der er sich die ganze Zeit befunden hatte.

Als ich den Vater zum ersten Mal ins Varieté begleite, zeigt er mir die im Kostüm der »Schwebenden Jungfrau« angebrachte Halterung. Wir glauben, dass sie schwebt, das Schweben findet aber einzig und allein in unseren Köpfen statt, sagt er. Es handelt sich um ein unruhiges Vergnügen, neben ihm im Varieté zu sitzen. Immer wieder flüstert er mir Dinge zu, schau dir den Stützapparat an, die Fäden vor gleichfarbigem Hintergrund, die Spiegel und Hebebühnen. Schau ihnen genau auf die Finger und finde die Bruchstellen, die Ablenkungsmanöver heraus. *Das* ist die Kunst. Er nutzt Khatschaturians »Säbeltanz«, um mir die Finessen des vorausgegangenen Auftritts zu erläutern, die Funktion der verschiedenartig hoch und breit konstruierten Kästen, in deren Innerem soeben eine Frau von Dolchen durchbohrt worden ist. Ihr Lächeln, mit dem sie sich, neubelebt, kurz darauf von den Zuschauern verabschiedet, währt nur kurz, denn die eben noch so grausam gemeuchelte, dann perfekt wiederhergestellte Frau hat sich in nichts aufgelöst. In den Applaus hinein höre ich den Vater rufen, dort steht sie noch, aber man kann sie in dem schwarzen Raum nicht sehen: im Herzen des Vaters sitzt ein wahrer Fuchs. Begeistert applaudierend kommt er den gekonnten Tarnungen und Irreführungen auf die Schliche: dem eiligen Hantieren mit Zetteln, dem Griff in eine Hemdenmanschette, der fleischfarbenen Kuppe, die der Verlängerung eines Zeigefingers dient.

Auch an diesem Abend, nachdem ich das Licht ausgemacht habe, hat das Dunkel seine gewohnte Bedrohlichkeit angenommen. Es füllt das Zimmer mit einer schweigsamen und feierlichen Finsternis aus. Morgens, nach dem Aufwachen erscheint es mir dagegen freundlich. Es ist ein abwartendes, ein mir geneigtes Zimmer. Das Zimmer ist wie die von Dolchstößen getötete und dann wieder lebendig gewordene Frau, auch das Zimmer hat zwei Möglichkeiten. Ich habe es mit dem einen und dann mit dem anderen Zimmer zu tun, diesen Satz hätte ich gerne zum Vater gesagt. Am liebsten hätte ich ihm zugeflüstert: Während ich das Zimmer beobachte, baue ich es um. So, wie wir es mit der erdolchten Frau gemacht haben. Deshalb ist es abends ein gefährliches und morgens ein fröhliches Zimmer.

Ich verspreche mir aber wenig davon, so mit dem Vater zu reden, ich wünsche mir, dass er sagt, schau mal einer an, hier macht ja eine kleine Magierin richtig gute Arbeit. Es hat vor allem deshalb keinen Sinn, weil ich nur auf diese einzige Erwiderung warte, aber man kann sich eine Antwort nicht bestellen.

Schnelle Cuts

Licht und Schatten, Klänge und Scheiben, Stimmen und Schalldosen. Es muss einen Grund haben, dass sich in mir ein zusätzliches Organ in Form einer diensteifrig flüsternden Stimme herangebildet hat. Eine Stimme, die für mich die Dinge im Auge behält. Ohne viel Aufhebens davon zu machen, hat sie ihre Tätigkeit aufgenommen, so, wie andere Organe auch, Kehle, Zwerchfell, Lunge und Leber. Die Stimme beobachtet und registriert. Dinge in ihren riesigen Formaten. Köpfe, Personen, Bewegungen in ihrem Hierhin und Dorthin. Sie umschreibt und begutachtet. Spricht in Kürzeln, kleine, ungefügige Wortklumpen absondernd. Sie liefert sprachliche Naheinstellungen und schnelle Cuts. Ermittlungen, die den Grad der Kenntlichkeit und das Ausmaß der Unkenntlichkeit ergründen. Eine Stimme auf Erkundungsgang.
Kurzgefassten Meldungen der Warnung folgt plappernde Beruhigung. Fällt im Haus unerwartet eine Tür von selber zu, wandelt die Stimme das Geräusch für mich in ein Gesprächsthema ab; in eine Erscheinung, die mit Worten erreichbar ist. Über die Mutter redet sie in der dritten Person, den Vater umkreist sie konzentriert, als würde sie an einer Bildbeschreibung feilen. Sie meldet sich aus mir heraus wie ein verschlucktes Telefon. Es handelt sich um eine vertrauenswürdige und keine geisterhafte Stimme wie die, die sich aus der schwarzen, sich eigenwillig um ihre eigene Achse drehenden Scheibe loskettet. Möglich, dass sie bei mir eine Lebensstellung erhält. Wäre ich je auf die abwegige Idee gekommen, dem Vater davon zu erzählen, hätte er mich mit seinem Verständnis von Körperakrobatik in die Branche der Bauchredner verwiesen.

Ein Komplize ist mir zugewachsen, gut verwahrt. Der Mitstreiter hat ein Auge für das, was mich sprachlos macht, und gibt ihm eine für mich erkennbare Form. Wenn es auch nur eine Erkennbarkeit zweiten Grades ist. Das, was ich irgendwann einmal aufschreiben werde und dann als Manuskript bezeichne, ist nur ein weiteres Vergrößerungsglas, auf das ich Hoffnung setze.

Galerie 2

Beim Durchblättern eines Buches mitten unter anderen Leuten sein Gesicht. Das Buch heißt *Gesicht und Maske*, erschienen 1928, und enthält Beiträge über den Sänger Richard Tauber. Ich erkenne den Vater sofort, trotz seiner vollkommen anderen Brille. An einer festlich gedeckten Tafel sitzen mehrere dem Betrachter zugewandte Personen. Hinter ihnen stehend, hat er die Arme ausgebreitet und seine Hände, als wollte er die vor ihm Sitzenden segnen, auf ihren Schultern oder Rücken abgelegt. Er schaut von dort aus direkt zu mir her. Ich halte es einen kurzen Moment lang für denkbar, dass er mich bemerkt hat. Es ist mir peinlich, ihn so ausdauernd anstarren zu können, aber ich tue es trotzdem. Schließlich ist der Vater nicht nackt, wenn auch meinen Blicken preisgegeben, ohne die Entscheidung darüber treffen zu können, wie viel Zeit ich mir dafür nehme, ihn anzuschauen. Noch niemals habe ich seinen Blick so offen erwidert. Seine linke Hand hat er auf den Rücken eines Mannes gelegt, den die Bildunterschrift als einen Mr. Chamberlin bezeichnet, ein gutmütig blickender Herr, der Ähnlichkeit mit einem kindsköpfigen Zwergotter hat. Er und ein als Mr. Levine bezeichneter, weiter links von ihm sitzender Frackträger, streng und bedeutsam blickend wie ein Uhu, werden als Ozeanflieger charakterisiert. Seitlich der Sänger Richard Tauber mit einem Gesicht, das sprungbereit aussieht wie in Erwartung eines Einsatzzeichens für die nächste Arie. Sein Kehlkopf, dieser Wurf der Natur, befindet sich halb versteckt unter der Frackschleife. Die andere Hand des Vaters ist auf der Schulter von Frau Tauber zu sehen, einer in weiße Seide gekleideten blonden Dame, die den Reiz eines seltenen

Reptils verströmt. Ihr kunstvoller Kopf neigt sich der an ihrer Schulter befestigten Stoffrose zu; vielleicht aber meint sie auch die dicht neben der Rose liegende Hand des Vaters. Ich mache die Entdeckung, dass seine Hände ihre eigenen Wege gehen und nicht die gleichen sind, die ich vom Klavierspielen oder vom Frühstückstisch her kenne. Nicht die, die mir etwas herüberreichen oder mir übers Haar streichen. Es sind bedenkenlose, entgegenkommende Hände, die in jenem anderen Teil der Welt, in dem ich ihn tagsüber vermute, Rücken und Schultern finden, auf denen sie sich niederlassen und sich mit ihnen verwachsen fühlen. Zugehörig jenem Personenkreis, der aus Köpfen und Krawatten und abendlichen Gewändern besteht. Ob es tatsächlich der Vater ist? Gesicht und Maske. Ein Maskierter? Ein maskierter dritter Ozeanflieger, der sich das Gesicht des Vaters ausgeborgt hat? Er steht im Rücken der Anwesenden, wissen sie von ihm? Er könnte ihr Erfinder sein: einträchtig sitzen sie vor ihm. Seinen Händen entsprungen? Haben sie eine Ahnung davon, dass er dem Betrachter den nachdrücklichen Blick des Dompteurs zuwirft? Ich klappe das Buch zu, es öffnen sich mir in diesem Augenblick zu viele Fenster, durch die hindurch ich sein Bild anschauen kann.

Man müsste Klavier spielen können

Klänge, sektgetränkt: er ließ die Ouvertüren, Arien und Zwischenspiele der europäischen Grand Opéra nur so aufschäumen. Die Stürze ins Nichts nahmen unter seinen Händen eine Wendung ins Wohltuende. Mit der Virtuosität des Vom-Blatt-Spielers nahm er den Taminos und Fidelios, den Elektras, den Poppeas und Medeas die Last der Maßlosigkeit von den Schultern. Sie grüßten als inspirierte Nachbarn aus umliegenden Gärten herüber. Seine Potpourris gaben den todbringenden Dramen einen Anflug von Zuversicht, hier wurde keinem Liebespaar ein Trank zum Verhängnis; aufgekratzt nahmen es die Strauchelnden und Todgeweihten mit den Herausforderungen übernatürlicher Zwänge, Weissagungen und Verbote auf. Friedrich Schröders Lied *Man müsste Klavier spielen können* hätte ihn zum Vorbild haben können.

Auf Du und Du mit den Triebtätern, Heiliggesprochenen, den Vergifteten und Verzweifelten der Opernbühne, ein Verbündeter der Serenaden, Walzer und Charakterstücke, hatte er eine Großfamilie um sich geschart, die ihn verantwortungsbewusst unter ihre Fittiche nahm. Sie legte sich für ihn ins Zeug, versorgte und beschützte ihn. Sie wich weder im Krieg noch im Frieden von seiner Seite, begleitete ihn in den zwanziger Jahren in einem Koffer voller Klavierauszüge durch den Polnischen Korridor nach Berlin und hat ihn vor dem Fronteinsatz im Ersten und Zweiten Weltkrieg bewahrt.

Im Mai 1915, ein Vizefeldwebel der Reserve, trat er bei einem Wohltätigkeitskonzert auf, das den Erwerb eines Krankenwagens für das Korps in Zastrow unterstützte. In der

Aula des Graudenzer Lyceums spielte er den Konzertwalzer op. 12 von A. Liebling; im Dezember 1915 im »Schwarzen Adler« ein Melodram von Ferdinand Hummel, das mit den Worten schließt »Nachtlockiges Weib, jagellonisches Blut, so siegte doch endlich die süße Glut!«. Der Reinertrag des Abends war für die »im Felde stehenden Truppen der Garnison« bestimmt. »Der Pianist wusste die in diesem Werk so vielfachen Stimmungsbilder, die jagenden Reiter und besonders die feierliche Glockenszene in ganz treffender Form wiederzugeben«, meldete die *Graudenzer Zeitung*. An der Seite anderer »feldgrauer Künstler«, dem Hofopernsänger des Großherzoglichen Hoftheaters Darmstadt, Bruno Kretschmer, dem Rezitator Wilhelm Otto und dem Bassbariton Hermann Schey aus Berlin unterstützte er mit Nocturno und Walzer von Chopin im März 1916 die Kriegshilfe in Schneidemühl. »Den Pianisten kennen wir bereits als vorzüglichen Künstler, dem wir ein besseres Instrument gewünscht hätten.« Im Saal der Heil- und Pflegeanstalt in Schwetz a. d. Weichsel gab er Lieder und Arien von Schubert, Strauss, Weingartner und Verdi zum Besten. »Obwohl selbst kein Berufskünstler«, so das Graudenzer Blatt, »weiß der Mann am Klavier sich weit über die Grenzen des Dilettantismus zu erheben, sodass er in der Lage ist, sich in jedem Konzertsaal, selbst im Zusammenwirken mit ersten Künstlern, regelrecht wie diese zu behaupten.«

Mit einer Reihe von ihm selbst ausgerichteter Abendveranstaltungen setzte er seine Darbietungen in Berlin fort. Im Apollosaal des Hotels »Deutscher Hof« begleitete er Lieder von Grieg und Brahms und das 1822 komponierte Volkslied *Mein Schatzerl is hübsch* mit einem Text aus *Des Knaben Wunderhorn*. Seine komischen Balladen im Bootshaus von Stralau, deren Titel *Carusorummel*, *Dorfkino* und die *Instruktionsstunde* lauteten, wurden in den Clubnachrichten mit den Worten kommentiert: »Sie bewegten die Zuhörer zu zwerchfellerschütterndem Lachen und einem nicht enden wollenden Applaus.« Als Herr Konzertmeister wurde er beim »Bauern-Ball«, einem »erstklassigen Bauerntypenfest«, angekündigt und als künstlerischer Beirat beim »Großen Elite-Baby-Ball« hinzugezogen, dessen Höhepunkt man als ein »Spiel der wilden Rangen, bei dem ein jeder unentgeltlich gefilmt wird« ankündigte. Als Klavierbegleiter und künstlerischer Leiter trat er in Haverlands Festsälen bei einem Fest der Berliner Kaufleute auf und begleitete die Arie der Agathe aus dem *Freischütz*. Im zweiten Teil des Abends trug er *Man tanzt Foxtrott* und *Mädels, habt ihr denn kein Herz* vor. Beim Liederabend des Lyrabundes in der Greifswalder Straße spielte er zwei Kompositionen von Franz Schubert, *Auf dem Wasser zu singen* und *Rastlose Liebe*. *Dort in den Weiden* von Johannes Brahms musizierte er mit dem Solo-Quartett der Berliner Staatsoper. Einen letzten Abend arrangierte und bespielte er 1947 im »Restaurant Niemann« im brandenburgischen Groß-Glienicke, dessen Reinertrag »restlos« dem Kuratorium des örtlichen Sozialfonds zufließen sollte; unter Mitwirkung von Alfred Braun (Berliner Rundfunk), Maly Delschaft (Akkordeon), Will Meisel (eigene Kompositionen), Harry Elmen (Ansager, Berliner Rundfunk), Mizzi Koschek (Kabarett der Komiker), Wolfgang Schmidt (Tenor, Rias), Karl Tauchnitz (Violine), Ida Wüst (Rezitation).

Irrwisch der Tasten. Ahasver der Klaviatur. Die Romanze, das Chanson, das Virtuosenkonzert. Schon sein Schülerleben war vollgepackt mit Mondschlössern und Walzerträumen. In seinem Hirn musste eine Verschaltung vor sich gegangen sein, die ihn jedes Musikstück gelten ließ, jedes muss ihm erschienen sein wie ein in sich kreisendes System der Inspiration. Er und seine Lieder bildeten ein so aberwitziges wie makelloses, ein so schrilles und vulgäres wie andächtiges Gesamtkunstwerk. Er musste es berühren, entzünden, das in Schlaf gefallene Notenbild: unabhängig davon, welches Dornröschen dabei zum Vorschein kommen würde, es durfte jede Gestalt annehmen.

Als Sohn des Postamtleiters blieb ihm der Rauswurf aus dem Gymnasium erspart, aber der Skandal war monatelang ein Thema der Garnisonsstadt. Die Anwesenden tobten, der Schuldirektor ruderte mit den Armen, die Abitursfeier geriet aus den Fugen. Der Sechzehnjährige trug in der Aula, während die Eltern der Schüler »Aufhören! Aufhören!« schrien, ein gewagtes, offenbar unerträglich abstoßendes Lied vor. Keine Sekunde lang hielt er die Turbulenzen im Saal für ein Zeichen der Empörung; er war, ganz im Gegenteil, überrascht von so viel Zustimmung und glaubte an Begeisterungsstürme. Deshalb erhob er noch seine Stimme und steuerte sein Spiel ins Fortissimo: bis schließlich einer der Lehrer aufs Podium stieg und ihm nachdrücklich den Klavierdeckel über die Hände legte.

Ach, irgendein Berliner Lied, erklärte er mir, ein Leierkastenlied. Er markierte eine Melodie zu den Worten »... und die Olle hat jelacht«, eine schmierige, ungehobelte Zeile, wüste Komik eines Gassenhauers. Grausiges Bild einer Jahrmarktsfigur. Wie aus Holz geschnitzt, ja, eine grausige Kasperle-Erscheinung. Lachend über das von Strophe zu Strophe sich steigernde Ausmaß menschlicher Verirrungen und Verstöße. Raub, Betrug und Denunziantentum. Nichts anderes als Musik: in den Ohren des Vaters. Musik: schwerelos, nirgendwo anders verankert als in sich selbst.

Es sind doch nur Lieder

Am Tag des alles entscheidenden Vorstellungsgespräches war er Anfang dreißig, in Berlin als Zeitungsakquisiteur tätig und fast sein ganzes Leben im Schallplatten-All sesshaft. Manchmal erwähnte er einen früheren Freund, der über ihn die Bemerkung gemacht hatte: irgendwann gab es keine Platte mehr, die er nicht besaß. Ihm verdankte er auch den Hinweis auf eine Annonce der LINDSTRÖM ODEON-Schallplattenwerke; es war das erste Mal in der Firmengeschichte, dass nach einem Kenner moderner Unterhaltungsmusik, nach einem Produktionsleiter gesucht wurde, der die musikalische Programmauswahl, die Studioaufnahmen und die Engagements der beteiligten Künstler und Techniker durchführen sollte.

Das Direktorengremium war der ungeteilten Auffassung, dass der unterhaltsame Kandidat mit den Klavierspielerhänden unter den annähernd neunhundert Bewerbern der Richtige war. Diese Entscheidung verdankte er einem Amalgam kunstfertig angerührter Bestandteile, das dem Vorstellungsgespräch den Charakter einer gelungenen Vorstellung gab. Erstens hatte er einen genauen Überblick über das aktuelle Angebot der Konkurrenzfirmen, er kannte es auswendig, eine entscheidende Zutat. Zweitens machte er den Herren Vorschläge für neue Schallplatteneinspielungen und konnte überzeugend die Erfolgsaussichten noch unbekannter Titel bestimmen, wusste Gründe dafür anzugeben, warum sie seiner Einschätzung nach im Kommen waren. Drittens besaß er das Selbstbewusstsein eines Mannes, der überzeugt davon ist, dass sein Faible Zukunft hat. Viertens setzte er sich ans Klavier und spielte den Direktoren jene Lieder vor, derent-

wegen er sich jeden Abend in den Revuetheatern und Hotelbars herumdrückte. *That's my baby; Wer Lola sieht, muss Lola lieben; Ausgerechnet Bananen; Seven or eleven.*
Nach diesem Ton hatten sie wohl gesucht, nach diesem unbeschwerten, unverfrorenen Sound. Das ODEON-Unterhaltungsprogramm stagnierte, sie wussten es; es bot Kurorchestermusik, Emil Waldteufels *Schlittschuhläuferwalzer*, Meyerbeer-Ouvertüren und die *Tritschtratsch-Polka*. Hier brachte ihnen jemand die Musik der Metropole ins Haus, ein Mann, der von den Nachtportiers im »Excelsior«, im »Eden«-Café, Café »Förster« und »Esplanade« als alter Bekannter begrüßt wurde. Ein Habitué, der zu seinen Lieblingen eilte. Efim Schachmeister und Georges Boulanger, Barnabás von Géczy, dem »Paganini des Fünf-Uhr-Tees«, Marek Weber und Dájos Béla und Eric Borchard und Paul Godwin. Ein Zuhörer, konzentriert und begeistert, ein glücklicher Liebhaber und sein wechselndes Gegenüber.
Fünftens hatte der Auftritt den Effekt, ihn als Mann der ersten Stunde erscheinen zu lassen. Man kann sich vorstellen, dass die Ausstrahlungskräfte des neuen Mediums ihm, dem Kind und Klavierspieler aus der Provinz, tiefer in die Glieder gefahren waren als den Großstädtern. Er brachte die Anfangsverzückung mit, den Geist eines frühen Erfindertums mit seinen endlosen Versuchsreihen, seinen Erprobungen kostspieliger Chemikalien und unausgereifter Rohstoffzusammensetzungen. Um ihn war noch das Staunen eines Menschen, der sich, ein Pionier, Schritt für Schritt vorgetastet hatte in die Reichweiten eines Materials, das nicht nur grenzenlos vorurteilsfrei war, wie es kein Mensch je sein kann, sondern auch grenzenlos bespielbar.
Seine Brille mit den zeitgemäß schwarz eingefassten, kreisrunden Gläsern, die Eleganz von Anzug, Krawatte und Einstecktuch ließen ihn städtisch, sein Witz, sein auf Effekte set-

zendes Reden großstädtisch erscheinen. Der zweite Blick sah die dicklichen Finger, die beim Gehen bedächtig nach außen gerichtete Stellung der Füße. Bild eines Mannes, in den Widerschein von Starrsinn und Verwegenheit getaucht. Ein Beamtenkind aus Hinterland, ein Mann mit Eigenschaften und dem furchtlosen Glauben an seinen guten Stern. Ein Mann im richtigen Augenblick am richtigen Ort, getragen von der Vision eines Lebens, das ihm als eine nicht enden wollende Kleinkunstdarbietung erscheinen will. Wenn es nicht die Firma ODEON geworden wäre, hätte es einen anderen Weg für ihn gegeben, er wäre Eigentümer eines Wohnwagens geworden, der einem Zigeunerwagen hätte zum Verwechseln ähnlich sehen müssen, und wäre damit über Land gezogen. Im Gepäck sein Angelgerät, einen kleinen Kochtopf, einen Spirituskocher und ein Grammophon.

Die Herren Direktoren werden mit ihren voluminösen Zigarren herumgefuhrwerkt und dem selbstvergessenen Auftritt des Mannes mit Erstaunen zugeschaut haben, der sich so spürbar von seinen Mitbewerbern unterschied, im Grunde durch ein Zuwenig, durch ein Fehlen, man suchte vergeblich nach dem zeitgemäßen Appeal des Glücksritters, nach der Sternengreifergeste: stattdessen das Klima von Geschäftigkeit und Metier, die auf Teamwork setzende Gebärde des *Wir machen Musik*, einen Filmtitel Helmut Käutners vorwegnehmend. Der Kandidat sprach über Schallplatten, als wären sie sein täglich Brot. Er schien genau zu wissen, wie man es zubereitet, das Brot in Form der schwarzen Scheibe. Und wie man es hinbekommt, dass die Leute es im Mund führten, während er schon das Augenmerk auf den sechsten und siebenten Bestandteil seiner Vorführung lenkte, nämlich seine Vorliebe für circensisches Leben, seinen unerschütterlichen Glauben an das Eigenleben der Jonglierbälle, der Trampoline und Trapeze, sein Gespür deshalb auch für das

Berliner Leben als einer Manege, in der er sich für ODEON postieren würde, in alle Richtungen Ausschau haltend und schließlich von seinem Beobachtungsplatz aus den gelungenen Vorschlag machen würde, Tonfilm und Mikrofon zusammenzuspannen und den großen Lied- und Opernsängern, Tauber, Slezak, Vera Schwarz und Lotte Lehmann die Schauspieler zur Seite zu stellen und gleich auch die meisten von ihnen durch Exklusivverträge an das ODEON-Label zu binden. Mikrofonkünstler, die nun keine Verrenkungen ihrer Glieder mehr vornehmen mussten, um die Unterschiede der hohen und tiefen, der lauten und leisen Töne auszubalancieren, so, wie bei der reglerlosen Schallaufzeichnung der Trichteraufnahme bisher üblich. Künstler, denen das neue elektroakustische Gerät im wortwörtlichen Sinn den aufrechten Gang erlaubte und noch dazu dafür sorgte, dass Spiel und Gesang prägnant, unbeirrbar und tonschön wieder ausgespuckt wurden; Heinz Rühmann, Hans Albers, Hans Söhnker und die Comedian Harmonists. Adolf Wohlbrück, Willi Forst und Willy Fritsch, Lilian Harvey, Pola Negri und Zarah Leander. Martha Eggerth und Jan Kiepura. Otto Dobrindt, Dajos Béla, Etté, Spoliansky.
Mit der Erfindung des Mikrofons nahmen sie ihren Anfang, die grenzenlosen Gesänge, die vom Schwung und Charme der Friedenszeit beherrschten Chansons, die Großstadtrhythmen mit Big Band, Foxtrott, Swing und Charleston. Dann kamen die Soundtracks eines politischen Mysterienspiels, die Lieder der Kriegszeit und des Zusammenbruchs. Hunderte, Tausende von Einspielungen. *Du hast Glück bei den Frau'n, Bel ami. Eine Frau wird erst schön durch die Liebe. Ich wollt', ich wär ein Huhn. Wir machen Musik. Ich tanze mit dir in den Himmel hinein. Ich lass mir meinen Körper schwarz bepinseln. Es gibt keine Frau, die nicht lügt. Gern hab ich die Frau'n geküsst. Mein Bruder macht im Tonfilm die*

Geräusche. Nur nicht aus Liebe weinen. Heute nacht oder nie. Gehst du mit nach Honolulu. Du sollst der Kaiser meiner Seele sein. Wie ein Wunder kam die Liebe. Gnädige Frau, wo warn Sie gestern. Yes, Sir. Dein ist mein ganzes Herz. Heut gehn wir morgen erst ins Bett. Ich brech die Herzen der stolzesten Frau'n. Wenn der weiße Flieder wieder blüht. Der Wind hat mir ein Lied erzählt. Ich küsse Ihre Hand, Madame. Schöner Gigolo, armer Gigolo. Das gibt's nur einmal. Ein Freund, ein guter Freund. Ob blond, ob braun, ich liebe alle Frau'n. Wie ein Wunder kam die Liebe. Kann denn Liebe Sünde sein. Das ist die Liebe der Matrosen. Die Frau, die jeder liebt, bist du. Wie hab ich nur leben können ohne dich. Ich weiß, es wird einmal ein Wunder gescheh'n. Davon geht die Welt nicht unter. Liebling, mein Herz lässt dich grüßen. Good bye, Jonny. Immer nur lächeln und immer vergnügt.
Es sind doch nur Lieder, hat er immer wieder gedacht, immer wieder gesagt. Warum die Lieder aufgeben, es ist Musik. Menschen singen, Saxophonisten spielen. Ich, der Mann von ODEON, höre zu, das Beste schneiden wir mit und lassen es um die Welt gehen. Sollte er seinen Begabungen plötzlich den Abschied geben, Begabungen, die er gewissermaßen im Schlaf gefunden hatte? Sollte denn das für ihn von der Mutter erfundene Nachtlied unrecht haben, das ihn in den Schlaf gesungen hatte? »Gestern Tränen, heute Mut, morgen früh ist alles wieder gut«? Es öffnete sein Ohr für den Gesang und legte ihm mit der Stimme der Mutter die Weisung nahe, Tragödien wie Luftschiffe an sich vorbeisegeln zu lassen. Das Gesicht mit den vielen Gesichtern gab nicht zu erkennen, welche Karten ausgespielt wurden. Nach und nach werden sie auch für ihn unleserlich geworden sein. Unkenntlich, ihre Bilder; unkenntlich *gemacht*. Ein Kraftakt, der das Herz in Mitleidenschaft gezogen haben mochte, das irgendwann aussetzte, in seinem Schlagen innehielt.

Lange Zeit werde ich ihm vorhalten, er habe nicht die richtigen Schlüsse gezogen, als er die Tauber, Spoliansky, Hollaender, Heymann, Charell, ihm vertraute Künstler und Freunde, das Land verlassen sah. Er habe das Ausmaß der Katastrophe voraussehen können, die sich anbahnenden Ereignisse hätten ihm, wenn nicht ihm, wem dann, doch geradezu ins Gesicht springen müssen: überall, wohin er auch blickte, die Wahrnehmung von Verlusten.

In den späten fünfziger Jahren wurde er in einem Zeitungsartikel als »Mann der 50.000 Schallplatten« bezeichnet. Ein Archetypus: wurzelnd im Unterstand der Aufnahme-Welt, im parallelen Universum der verfließenden musikalischen Zeit. Ein Mann in schalldichten Räumen mit Instinkt für Orchesteraufstellungen, Mikrofoneinstellungen, für Partiturblätter, Dirigentenarme und von dem Ruf berückt: »Aufnahme. Ruhe bitte!«

Galerie 3

Ein Besuch in Tegernsee, 1928. Das eingeklebte Foto befindet sich in einem Buch des Sängers und Schauspielers Leo Slezak. Das Buch nennt sich *Meine sämtlichen Werke* und ist erstmals 1922 im Rowohlt Verlag erschienen. Das Exemplar mit dem Foto, nur ein Jahr später, befindet sich bereits in der einunddreißigtausendsten Auflage. Ein zeitgenössischer Kritiker nannte den Verfasser einen »Mammut-Tenor vorsintflutlicher Größe«. Sein massiger, ungefüger Körper in Lederhose, Kniestrümpfen und Strickjacke kommt mir verkleidet vor. Das Kind, das dieses Foto entdeckt, sieht in dem Sänger eine Bühnenfigur; einen Landwirt oder Kartenspiel-Buben. Neben ihm stehend der Vater im grauen Anzug mit Weste, Oberhemd und Krawatte. Er stellt einen natürlichen, unverfälschten Anblick dar, auch, weil sein Kopf dem Titanen nur bis zum Halsansatz reicht. Beide mit entsprechenden Insignien ausgestattet, der Vater hält eine brennende Zigarre in der Hand, Slezak, eng an seinen Körper gepresst, einen struppigen, kleinen Terrier. Die beiden Herren stehen dicht nebeneinander und haben den Hund wie ein Kind in ihre Mitte genommen. Ohne ihn wäre die Aufstellung des Paares nicht mehr als ein Gag. Groß und Klein, Städter und Bauer. Der Kopf des Tieres und zwei tapsige Pfoten, das winzige Paket einer Kreatur, gibt dem Bild eine andere Richtung. Man nimmt den Eindruck von Vielfalt mit, von den Reichweiten des Universums.

Galerie 4

Es wird beratschlagt, ob man die geschliffenen Gläser noch schnell zum Bauern trägt oder, damit sie nicht in die Hände der Russen fallen, ein ausgeklügeltes Versteck für sie sucht. Andere Szene: die Mutter wehrt sich dagegen, schon wieder die frisch geangelten Fische in der Bratpfanne zuzubereiten, wehrt sich gegen den Gestank, der tagelang im ganzen Haus hängen bleiben wird. Manchmal hat sie Glück, und es fehlen die Zutaten für die Marinade, Essig, Lorbeerblätter, Pfefferkörner. Ganz schlimm hat es dennoch niemals kommen können. Weil *sie* da waren: die gerahmten Porträts, die schönen Bühnenherrschaften, die Wände waren voll damit. Man schaute schon gar nicht mehr hin, so selbstverständlich waren sie mit ins Haus eingezogen. Wir sahen sie, und sie sahen uns; ein unantastbares Vertrauensverhältnis. Die Sopranistin Vera Schwarz im silberbestickten Gewand des Rosenkavaliers, Henny Porten mit glitzerndem Ohrgeschmeide, über einen aufgefalteten Fächer schauend. Perlmutt, schwarze Spitze, reich Ornamentiertes. Lotte Lehmann im weißen Hut, scherzhaft den Zeigefinger der rechten Hand erhebend, der einem ebenso weißen Hündchen gilt. Das Hündchen sitzt auf einem geschnitzten Stuhl. Anwesenheiten, die mit strahlenden Blicken und warmen Worten unsere Nähe zu suchen scheinen: mit Widmungen der Freundschaft, in treuestem Gedenken. Lotte Lehmann schreibt vom gemeinsamen Wirken, das so erfreulich und erfolgreich in Vergangenheit, Gegenwart und Zukunft verankert sei. Aber das ist es nicht, denn als Göring die weltberühmte Strauss-Sängerin für seine Partei einspannen will, packt sie 1933 bereits ihre Koffer und reist in die USA aus. Es sind gutherzige Zeugen unseres Zusammenlebens, häuslich gewordene Angehörige. Nur eine der Frauen macht bei dem Verwandtschaftstreffen nicht mit, eine im schwarzen Lacklederkleid. Sie kocht ihr eigenes Süppchen und richtet keinen Blick in unsere Stuben, schaut teilnahmslos an uns vorbei. In der erhobenen Hand hält sie einen von seiner Schmalseite her sichtbaren Spiegel, lange Zeit dachte ich, es wäre eine riesige Zigarettenspitze. Das Gesicht blickt weder uns noch den Spiegel, noch sonst etwas an, auch das beweist den Mangel an Zugehörigkeit. Handschriftlich eine Widmung in schwedischer Sprache, in ungezügelter Schrift. Das Foto zeigt die Schauspielerin Zarah Leander in ihrem ersten deutschen Film. Ihr herausforderndes Abseits legt das Gefühl des Frierens nahe. Ungemütlich, denkt man unwillkürlich. Aber auch, wenn ich mir das Foto heute anschaue, welch ein grandioses Desinteresse an Wärmeschutz, an weißen Hüten, an Silberbesticktem und Schildpattbesetztem! Das Leander-Foto macht aus den Damen der Gesellschaft ein Kollektiv der Aufgetakelten. Die herrische Geste des Beiseiteräumens verlieh ihr den komplizenhaften Status während der NS-Diktatur und liegt ihrem Bild genauso zugrunde wie der auf keinen Spiegel gerichtete, auf seine Unabhängigkeit pochende Blick der Schauspielerin und weiblichen Dissidentin.

Tongetreu

Tagelang war von dem verstopften Abfluss die Rede gewesen und dass man etwas unternehmen müsste. Plötzlich schien alles eilig zu sein, und ich erhielt den Auftrag, dem Handwerker, der kein Telefon besaß, die Nachricht zu übermitteln. Morgen machst du den kleinen Weg für uns, nicht wahr, dann brauchen wir uns nicht darum zu kümmern. Die ausgesucht höfliche Form, in der die Mutter mir den Auftrag erteilt, reißt Löcher in den vertrauten Ablauf des Gutenachtsagens, eine Geschichte schwingt mit, die nicht für mich bestimmt ist; unsichtbar, aber nicht unhörbar.
Ich muss auf dem Weg zu Herrn Morczinek in eine zu unserer Allee parallel geführte Straße einbiegen, von der aus ich an einer bestimmten Stelle unseren Garten und, aus ungewohnter Optik, das Haus hinter einem Nachbargrundstück von seiner Rückseite her sehe. Während ich noch den Versuch mache, mich zu orientieren und die Aufgabe zu lösen, das auf diese Weise sichtbar gewordene Haus dem Gebäude zuzuordnen, in dem ich wohne, sind auf einmal ganz deutlich die Rufe der Mutter zu hören, die durch die dünnhäutige, frostige Luft und die winterliche Kahlheit der Gärten direkt zu mir dringen. Wenn ich Glück habe, kann ich von meinem jetzigen Beobachtungsposten aus herausfinden, weshalb man mich aus dem Haus haben wollte.
Hatte es etwa mit den Hühnern zu tun, die, in einem Stall am hinteren Ende des Gartens untergebracht, in diesem Moment unter lautem Getöse in alle Richtungen auseinanderstieben und in ein empörtes Gegacker ausgebrochen sind? Ich habe mich nie besonders um sie gekümmert, ich glaube, ihr einträchtiges Herumstolzieren langweilte mich. Im Übri-

gen lieferten sie täglich ihre Eier ab, die plötzlich, ohne Vorwarnung, aus ihren Körpern herausplumpsten, hin und wieder waren sie »in der Mauser« und benötigten Chinin, sie brüteten, krähten oder gockelten mit ihren akkuraten, gleichzeitig richtungslos blinden Bewegungen überspannt durch das Gehege. Sie waren zäh, listig, robust und in der Lage, durch ihr endloses Scharren tiefe Löcher unterhalb der Zauneinfassung zu buddeln und dann in den Garten auszubrechen. Sie schliefen in einer Holzhütte und verbrachten ihre Tage zwischen Wasserbehältern, hingestreuten Körnern und einem Misthaufen. Sie hinterließen den Eindruck ewiger Frische, Dauer und Vollständigkeit und schienen, anders als die Käfer, die Vögel und die Hunde, unsterblich zu sein. Ich war nicht darauf aus, ihre gespreizten Zehen und die gelb verhornten Stelzen, auf denen sie herumliefen, genauer kennenzulernen, auch nicht den rotlappig brüchigen Kamm auf dem Kopf der Tiere, dies alles fügte sich eher beiläufig ein in den Anblick der Welt.

Da der Stall sich an einer für mich uneinsehbaren Stelle befindet, kann ich mir keinen Reim darauf machen, was sich dort gerade abspielt. Das aufgebrachte Getue der Tiere erkläre ich mir aus dem Umstand, dass man offenbar ungewöhnlich heftig in ihren Stall eingedrungen ist. Ich kann mir allerdings nicht vorstellen, dass der Vater seinen Vorsatz, niemals einen Fuß dorthin zu setzen, rückgängig gemacht hat und etwa mit seinen blankpolierten Schuhen den weichen, von kleinen Kackhaufen übersäten Boden berührt und dann gezwungenermaßen von den diversen Lebensäußerungen der Tiere hätte Kenntnis nehmen müssen: ihrem Schmutz, ihren absurden Körperformen, den ruckartigen Vorstößen der kleinen Köpfe. Im blattlosen Geäst der Bäume taucht die Mutter auf, es sieht aus, als würde sie eine Bühne betreten, deren Rahmen von Zweigen und im Vordergrund von niedrigem Gebüsch gebildet wird. In der linken Hand trägt sie ein Huhn, dessen Kopf nach unten hängt und in dieser Haltung ein schrilles, schrecklich entstelltes Krähen von sich gibt. Eine von Würgelauten verdrehte, zerknautschte Stimmlage, durchdringend, dabei erstickt, als würde dem Huhn die Gurgel abgedrückt werden. Unmenschlich: dieses Wort geht mir durch den Kopf, aber es ist von sich aus unzutreffend, denn es ist ein Hühnerschrei, kein Menschenlaut in höchster Not. Ich hätte gern gewusst, wie der Vater, der die Briketts mit Lederhandschuhhänden an der Hauswand sorgsam stückweise aufzustapeln pflegt, als würde er Schallplatten ablegen, ein Mann mit dem feinen Gehör für Stimmklang und Orchestrierung, zurechtkam mit dem abstoßenden Hilferuf, diesem Schreckensschrei pur: tongetreu. Die Füße des Tieres sind in der Hand der Mutter fest verankert, es muss Schwerarbeit gewesen sein, es in diese Lage gebracht zu haben. Sie geht mit eiligen Schritten auf einen im Garten stehenden Holzblock zu. Dann schleudert sie mit erhobenem Arm das Tier in immer schneller werdenden Kreisbewegungen durch die Luft.

Was war bloß in sie gefahren, dieses Verhalten hatte ich noch niemals bei ihr gesehen. Konnte es sein, dass die Mutter nur im rückwärtig gelegenen Garten ihr wirkliches Gesicht zeigte, eine Verrücktheit, die im Haus unbemerkt blieb? Nur dann, wenn sie mich nicht in ihrer Nähe wusste? Der Vater nähert sich und blickt auf das in der Luft herumwirbelnde Huhn, blickt auf die außer sich geratene Frau. Die Schnelligkeit der Bewegung verwischt die Kontur des Tieres. Aus der Entfernung sieht es so aus, als wäre der Schnee, der den Boden an dieser wenig begangenen Stelle dicht bedeckt, von der Hand der Mutter in die Höhe geworfen und im Flug zu einer frostigen Feuerwerksspirale geworden. In der anderen Hand hält sie einen schmalen Gegenstand. Holz? Aber das Holz blitzt plötzlich auf und lässt das Beil erkennen; warum hält sie das Beil in der Hand? Das Beil ist zum Holzzerkleinern da, es zerlegt Zweige und spaltet sie so lange auf, bis sie in die Öfen passen. Und warum wirft sie jetzt das Huhn mit Wucht auf den Holzblock? Mein Herzschlag dröhnt mir in den Ohren und ist wie ein zuschlagender Hammer zu hören. Seitlich im Bild der runde Kopf des Vaters, eine dunkle Kugel über dem eingeknöpften Winterpelz des Kragens. Vorsorglich suche ich schon jetzt nach einem Punkt, an den ich mich halten kann mit meinem Blick, sollte das Schreckliche noch schrecklicher werden. Der Vater trägt den braunen »Paletot«, aus der Ferne kann ich die lederpaspelierten Taschenpatten nicht erkennen. Ich zeichne sie mit den Augen ein. Ziehe in Gedanken die Linien nach. Die leicht gerundeten Ecken. Die sich am Rand der Knopflöcher wiederholende Paspelierung, horizontal geführte Parallelen. Mit einer weit ausgreifenden Bewegung, bedächtig beinahe, sachverständig, hebt die Mutter den Arm, hebt ihn noch höher, Arm und Beil bilden eine Linie, miteinander verwachsen, eigentlich nicht die Mutter, eine Besucherin oder Figur aus den Grimm'schen Märchen, eine Hexe in einem fremden Garten, den Arm senkend und zuschlagend. Das Geräusch wird von einem Echo wiederholt, aus einem der Nebengärten herübergetragen; in Schallwellen nachzitternd.

Am nächsten Tag, einem Sonntag, gibt es zum Mittagessen Brathuhn, es liegt auf einer weißen Porzellanplatte, die beiden leicht gebräunten Keulen ragen aus einer gebundenen Sauce hervor, die Ränder der Platte sind mit winterlichem Gartengemüse spielerisch ausgelegt. Es dauert eine Weile, der Vater schenkt der Mutter Wein ins Glas, während sie eine Bratengabel zur Hand nimmt, bis ich darauf komme, dass der auf der Platte angerichtete Sonntagsbraten in einer nicht deutlich fassbaren Beziehung zu dem weißen Feder-

vieh aus dem Garten steht. Das Huhn scheint nämlich keinen Körper mehr zu haben, es liegt als festlich angerichtetes Fleisch auf der Platte. Genauso festlich die Mutter, die sich eine schöne Bluse angezogen hat und ihre Hand, die das Beil hielt und das Tier nur so herumgepfeffert und -geschleudert hat, damit es später still auf der Platte liegt, nun für seine mundgerechte Zerlegung benutzt. Die tobende Frau ist draußen im Garten geblieben, jetzt ist Sonntag, und das Essen steht auf dem Tisch.
Ungenau, schattenhaft mitlaufend der Eindruck, dass die Mutter mit jedem Stück, das sie auf die Teller verteilt, den Bruchteil einer Wirklichkeit serviert, die mit dem emsigen Rennen über schwarze Erde zu tun hat; mit kuscheligen Schlafstätten aus Stroh; mit Schlupfwinkeln in einem Stall, in denen sich weiße, hellbräunliche, manchmal gesprenkelte Eier befinden, das hängt vom Futter ab, hieß es dann; mit verschmutztem, dicht an dicht gelegtem Gefieder. Musikalisch gesehen, ein polyphones Stück, eine mehrstimmige Komposition: genauso wie die Esser, rund um den Tisch herum. Wilde, in alle Richtungen zerberstende Gestalten wie das in die Lüfte sich erhebende Huhn. Das hatte etwas Betäubendes an sich, aber es war die Wahrheit. Die Wahrheit *war* betäubend. Fangt an zu essen, sagte die Mutter.

Hitzige Presswerke, Kühlwasserfluten

Es kommt vor, dass die Platten aus der raschelnden Papierhülle entnommen werden und unbedeckt, man kann auch sagen unbekleidet, abgelegt worden sind. Dann wird den so Misshandelten eine genaue Überprüfung zuteil. Man beugt sich im Licht einer Lampe über Kratzer und Schleifspuren, benennt und zählt die Einzelheiten des Schadensfalls. Die Ernsthaftigkeit der Verletzung ist leicht zu erkennen, sie richtet sich nach dem Grad der Tiefe, mit dem der Kratzer ins Material eingedrungen ist. Die aufgesetzte Nadel spürt den Widerstand, während sie die Musik aus den nackten schwarzen Rillen herauszieht, und ersetzt die an dieser Stelle gelöschte, in ihre Unhörbarkeit zurückgetauchte, fehlende Musik durch ein lautes, regelmäßiges Geräusch. Es klingt, als würde sie anklopfen und auf sich aufmerksam machen wollen: dem Zuhörer verwehrend, sich über sie hinwegzusetzen, wie es die Nadel tut.

Wenn aus Versehen einer der Schallplattentürme ins Rutschen kommt und man aus Furcht, einen falschen Schritt zu tun, doppelt ungeschickt das Gelände durchquert, kann es passieren, dass auf einmal gleich mehrere der schwarz lackierten Ungeheuer zerbrechen. Ich bin mir der Mühe immer bewusst, die das Gehen und Laufen in den Zimmern bedeutet. Der Vater hat sich gut positioniert. Wenn er morgens ins Studio fährt, hinterlässt er zu Hause das ruhelose Nebeneinander unbeantworteter Fragen. Und Dinge, die es nicht erlauben, dass man sich in einer anderen als *seiner* Sprache über sie verständigt.

Manchmal wünsche ich mir, dass die seltsamen Umstände, unter denen der Vater am Abend die Ergebnisse seiner Arbeit aus der Tasche zieht und zum Besten gibt, von Raunen, von Getuschel, Flüstern und fehlender Beleuchtung begleitet sein würden. So laut, so unbeherrscht und selbstsüchtig wie dieses hier sind Geheimnisse üblicherweise nicht. Geheimnissen war es zuzumuten, dass sie etwas Unzugängliches an sich hatten wie ein im Keller versteckt abgestellter und darüber hinaus verschlossener Koffer. Oder die untersten Schubladen des mehrtürigen Schrankes im Schlafzimmer, die entweder unbenutzte oder in ihren Funktionen unerkennbare Dinge enthielten: ein mit rosafarbenem Gummi unterlegtes breit gehaltenes Band, das sich der Vater tagsüber um die Taille legte; ein Paar hellgraue Gamaschen; eine silberne Zigarettenspitze und ein Paket voller weich gepolsterter, kleiner Wattebetten. In dem Moment, in dem die herausgezogene Schublade in ihre Höhlungen zurückfand, waren sie wie vom Erdboden verschwunden, und man dachte nicht mehr an sie.

Mit den Schallplatten ist es etwas anderes, keine Schublade der Welt kann dieses unentwegt anwesende Ereignis zum Verschwinden bringen. Das hat vielleicht auch damit zu tun, dass es wie eine Schleppe gewisse Wörter hinter sich herzieht, »Walze«, »Wachs«, »Säurebad« oder »Edelstahlnadeln«, die ich mir zu gerne gemerkt hätte, wenn sie sich nicht immer sofort wieder aus dem Staub gemacht hätten. Inzwischen habe ich von elektrifizierten Luftschwingungen gelesen, von galvanischen Prozessen. Vom Verfahren des Siebens, Mischens und Erhitzens. Von der Tatsache, dass die Schwärze und Festigkeit der schwarzen Scheibe mit Ruß, Gesteinsmehl, Schiefer und Kuhhaaren zu tun hat. Zaubersprüche, denke ich noch heute. Ich weiß vom Vorgang des Auswaschens, Zerkleinerns, Umschmelzens. Zaubersprüche. Kenne Wörter wie »Tiefenschrift«, »Aufziehwerk« und »elektrischer Wandler«. Ausdrücke wie »hitzige Presswerke« und »Kühlwasserfluten«. Alchemistisches, denke ich und glaube, Verzweigungen einer großen magischen Formel vor mir zu haben. Übergangsanzeichen. Verwandlungsmerkmale. Ich fühle mit den Sopranistinnen, die sich weigerten, in das röhrenförmige Gebilde eines Trichters hineinzusingen. Ihre Furcht galt dem aufgesperrten Rachen des unheimlichen Gerätes, von dem sie annahmen, dass es ihre Stimme verschlingen und sie niemals wieder herausrücken würde.

Zauber und Frieden. Geheimnis und Heimat. Manchmal stampfte die Musik wie ein Berserker durchs Haus, dann wieder zersplitterte sie in lauter kleine Fluchten. Sie wand sich erregt, schnellte nach oben, sauste nach unten, blieb auf einmal stehen und setzte dann ihre minutenlangen Aufgeregtheiten fort. Die festgefügte, kompakte Scheibe hielt auf Ordnung. Sie sorgte dafür, dass die Strudel und Strömungen des Klanges nicht aus dem befestigten Rahmen der Partitur ausbrechen konnten. So regelmäßig drehte sie sich auf dem Teller, so überzeugend blinkte und schimmerte dessen Oberfläche. In diesem Augenblick konnte auf einmal nichts in der ganzen Welt vertrauenerweckender aussehen als sie.

Nicht näher feststellbar

Schon viele Tage lang ist zu Hause keine Musik zu hören gewesen, der Flügel steht unbenutzt im Zimmer herum, was ihn einsam aussehen lässt. Die Schallplatten brüten in ihren Schutzhüllen vor sich hin. Das Leben macht den Mund nicht auf, genauso wie der Vater, der mit einer Krankheit fiebernd im Bett liegt, die sich Kiefersperre nennt. Die Mutter ist in ein Flüstern verfallen, wir bewegen uns vorsichtig durchs Haus, als ließe sich dadurch die Krankheit besänftigen. Nach einigen Tagen setzt ein Genesungsschub ein, ich soll den Vater begrüßen und höre von weitem schon aus dem Schlafzimmer lebhafte Radiomusik, es sind wieder bessere Zeiten angebrochen.

Wegen der sommerlichen Lichteinstrahlung an diesem Morgen finde ich mich zuerst kaum im Zimmer zurecht und muss die Augen schließen. Dann erkenne ich undeutlich die Gestalt des Vaters, der sich aus dem Bett herausgeschält hat, um mir tapsend entgegenzugehen. Sein Gesicht, nicht strahlend, aber doch schon zu einem Lächeln in der Lage, zeichnet sich in seiner Blässe undeutlich vor der Licht- und Helligkeitsflut des Hintergrundes ab. Die Tür zum Garten ist geöffnet, und es sieht aus, als würde der Vater aus einer Landschaft hervortreten.

Aber sein in Weite und Licht und Morgenatmosphäre gebettetes Näherkommen bringt eine Unruhe stiftende Einzelheit mit. Noch ist sie nicht genau zu erkennen, macht sich aber, je mehr der Vater sich mit ausgebreiteten Armen auf mich zu bewegt, umso unabhängiger. Es kommt der Augenblick, in dem ich, viel zu neugierig und viel zu beunruhigt, nicht länger an ihr vorbeisehen will. Im Schritt der Schlafanzughose hat sich ein weit offenstehender Schlitz gebildet, der unverhüllt eine fremdartige Ausstülpung sehen lässt, nicht klein und unerheblich genug, um sie für einen Irrtum oder eine Verwechslung halten zu können. Ich wusste längst, dass sich im schützenden Faltenwurf der Anzughose etwas versteckte, hatte aber damit gerechnet, dass es Ähnlichkeit mit den mir bekannten friedfertigen, in schimmerndem Schneeweiß gehaltenen Abbildungen hätte. Dort trugen die Männer, da, wo ihre Beine in den Körper übergingen, unterhalb einer sehr regelmäßig, kleinkringelig gelockten Behaarung ein entspannt wirkendes, zusätzliches Körperorgan.

Damit hatte ich mich zufriedengegeben, bis mir eines Tages einige Mitschülerinnen davon berichteten, dass sie den Vater beim Baden an einem unserem Haus nahe gelegenen See beobachtet hatten. Offensichtlich nicht vorsichtig genug, war er nach dem Schwimmen in seine kurzen Leinenhosen gestiegen und ließ während des schnellen Auf und Ab der Schenkel etwas sehen, das ihn als Träger einer äußerst gewagten, nicht näher feststellbaren Vorrichtung erscheinen ließ, die er nicht umsichtig, womöglich nicht schuldbewusst genug in der Versenkung der Hose hatte verschwinden lassen. Ich bemerkte, dass mein Verhältnis zum Vater kurzzeitig einen irritierenden kleinen Kratzer davontrug, entschloss mich dann aber dazu, die so unerwartet aufgetretene Eigentümlichkeit auf möglichst natürliche Weise seinem Bild hinzuzufügen, sodass mich schließlich nur noch die Dummheit der Schülerinnen ärgerte, die ihn aus einem kleinlichen Missverständnis heraus in seinen wahren Dimensionen verkannten.

Nun aber, an diesem Sonntagmorgen, in einem Augenblick, in dem im Radio ein vierhändig gespielter Militärmarsch von Franz Schubert angesagt wurde, sah ich den von den Mitschülerinnen beanstandeten Schandfleck leibhaftig vor mir. Ich hatte mir nach den Schilderungen der Kinder etwas

Kürzeres, Unauffälligeres, im Ganzen Ungenaueres vorgestellt. Mit meinem Eindruck beschäftigt und zu dem Entschluss gekommen, mir später, nach dieser Begegnung, alles in Ruhe noch einmal durch den Kopf gehen zu lassen, werde ich von der Seite her durch die Mutter beansprucht, die, hektisch mit beiden Händen rudernd, den so freudig dem Bett Entstiegenen auf seine Nachlässigkeit mit beschwörendem Fingerzeig hinzuweisen versucht. Eine Aufforderung, jenes Etwas, kaum dass es sich hervorgewagt, so schnell wie nur möglich wieder in der Versenkung verschwinden zu lassen. Kurz bevor der Vater seine Arme um mich legen kann, dreht er sich hastig um, wendet mir seinen schuldlosen Rücken zu und kehrt in sein Bett zurück.

Die Mutter will kein Aufhebens von der Szene machen und bereitet wortreich in der Küche ein Frühstückstablett vor, das ich dem Vater bringen soll. Ich setze es auf seinen Knien ab und versuche dies auf eine Weise zu tun, die ihm zeigen soll, dass ich zu ihm stehe. Es gibt etwas an ihm, das alle anderen für falsch halten. Ich allein werde ihn nicht fühlen lassen, dass ihn eine unerwünschte Eigentümlichkeit auszeichnet, die allgemein für eine Verstörung sorgt. Zauberer durften so sein. Schockierend peinlich, beschämend behaart. Ich schaue zu, wie er die Kaffeetasse zum Mund führt und trinkt; zum ersten Mal nach seiner Krankheit wieder ohne Strohhalm.

Löwentod

Die Mutter kommt schlaftrunken ans Bett und fasst erschrocken mit beiden Händen nach meinem Gesicht. Als wollte sie es mir wiederbringen, mir zurückgeben nach einem schlechten Traum. Lies die Geschichte noch einmal, fang sie von vorne an. Du wirst sehen, wie lebendig der Leo dann wieder ist, sagt sie leise und nimmt sich bestimmt in diesem Augenblick vor, ein Auge auf die Bücher zu haben, die man mir in die Hand gibt. Glaubte sie wirklich, ich könnte vergessen, dass er bereits tot war? Löwen-tot? Bildete sie sich tatsächlich ein, sein unbewegliches Hingestrecktsein im weißen Wüstensand, von einer stechend heißen Mittagssonne hell beschienen, ließe sich ungeschehen machen? Nein, die Bücher waren keine Freunde, ich hatte sie unterschätzt. Sie konnten gefährlich sein, konnten zuschlagen. In dieser Nacht kämpfte ich gegen ihren Despotismus. Gegen ihre furchtbare Macht, mich ohne Wenn und Aber leiden zu lassen. Ohne mir ein Rätsel anzubieten und mich, wie alles andere sonst, staunend in ein Hierhin und Dorthin zu schicken und mich in laute Fragen zu verwickeln.
Das Buch hatte als Überraschung auf meiner Bettdecke gelegen und hieß *Ein Löwe wird alt*. Er ist in die Jahre gekommen, Leo, der Löwe, der Kämpfer in freier Wildbahn und Versorger seiner Familie. Alle möglichen Tierarten, die er früher mühelos in die Knie gezwungen hat, tanzen ihm jetzt auf der Nase herum. Leos Elend quält mich, seit Tagen. Ich möchte ihn nicht gedemütigt sehen, nicht hinfällig und machtlos. Während ich noch an seiner Seite durch den Dschungel laufe und mir seine Erschöpfung ans Herz greift, beruhigt mich der Gedanke, dass seine Geschichte hundert-

prozentig gut ausgehen wird. Alle Geschichten des Vaters hören mit einer Pointe, einer überraschungsvollen Wendung auf und sorgen mit einem Hauch von Übermenschlichkeit für ein glückliches Ende. Ich erwarte von Leo, dass er die Fäden in der Hand behält und nicht schlappmacht. Dann aber, auf der letzten Seite des Buches, stoße ich auf den Satz, der alle Hoffnung auf eine wundersame Rettung zunichtemacht: »Als die Familie zu ihm hinüberschaute, sah sie, dass der alte Löwe tot war.« Mit diesem Ende habe ich nicht rechnen können, nicht mit dieser Tragödie. Schon gar nicht bei einem Geschenk, das mir der Vater auf die Bettdecke gelegt hat.

Tagsüber starre ich erbost auf die Buchstaben, diese Unglücksboten und Tyrannen, die sich der letzten Buchseite bemächtigt und in Leos Geschichte herumgepfuscht haben. Nachts liege ich wach und bin damit beschäftigt, mir einen anderen Schluss auszudenken. Ich krieche mit dem Kopf unter das Kissen. Draußen im dunklen Zimmer hat sich Leos armseliges Sterben, sein lautlos verlöschendes Heldenleben niedergelassen und schaut unverwandt zu mir hinüber. Ich möchte sie mit den Füßen treten, sie in das Buch zurückstoßen, die peinigenden Bilder. Wenn sie nur dort blieben, wo sie sind. Aber sie kommen ganz nah heran und tun so, als wären sie intim mit mir und gehörten dazu, zu meinem Leben. Ein dunkler Heulton bricht aus mir heraus, schneidend, scharf. Ich hänge in Leos Geschichte fest, die gnadenlos und unumkehrbar ist. Alle späteren Begegnungen mit dem Tod werden Leos demutsvollen Abgang heimlich in ihrem Herzen tragen.

Im Nebenzimmer ist plötzlich das Klavier zu hören. Der Vater hat sich im Dunkeln zu seinem Instrument getastet, wahrscheinlich aus dem Wunsch heraus, sich durch sein Spiel vor dem anhaltenden Flüstern, Seufzen und Schluchzen aus dem Nebenzimmer in Sicherheit zu bringen. Man hört, wie er den Klavierdeckel hochklappt. Die Töne setzen leise ein, richtungslos. Hingetupfte Motive, Motivteilchen. Überleitungen zu dem Lied *Weißt du, wieviel Sternlein stehen*, das von Gottes enormer Gedächtnisleistung berichtet, von seiner Fähigkeit, jeden noch so kleinen Stern erfasst und *gezählet* zu haben. Wenn er die kleinen Sterne kennt, denke ich, wird ihm erst recht ein ganzer Löwe ins Auge fallen; Leos achtunggebietende Gestalt kann man gar nicht übersehen. Im Dunkeln genauso sicher über die Tastatur gleitend wie am Tag, spielen Vaters Hände von alleine weiter. Nach dem Sternenlied steuern sie, suchend, findend, das Lied von den Enten an.

Es tut gut, sich erwachsener und reifer zu fühlen als die Kinder, die noch immer *Alle meine Entchen* hören wollen. Kinder, die nicht ahnen, welche Geschichten auf sie zukommen werden. In windungsreicher Verwischung von Melodie und Tonart drängen neue Akkorde nach vorn, härter rhythmisiert. Auf der Klaviatur hat eine Tanzkapelle Platz genommen und spielt den Tango *La Cumparsita*. Die Mutter hat mich in den Armen gehalten und im Takt der Musik geschaukelt. Ich bin müde, so schläfrig, dass ich Leo im Tangorhythmus herumhopsen sehe. Aber das ist schon der Traum, der Schlaf und die Nacht, die ihn in weite Ferne mit sich nehmen. Mag sein, bis zum Sternenzelt, wo er im astralen Gefunkel, Lichtjahre entfernt, seinen Platz gefunden hat. Niemand kann das wissen. Aber eines ist unbestreitbar, Leo ist nicht unbeachtet wie in dem schrecklichen Buch, schon gar nicht sang- und klanglos ins Jenseits gegangen.

Rittaus Terrasse

Ungern übernehme ich Besorgungen im Ort. Außerhalb unseres Haus-und-Garten-Reviers fühle ich mich schnell auf unpassierbarem Boden. Ich soll einen Brief an Herrn Rittau überbringen, einen wichtigen Brief, deshalb darf ich auch meinen Roller nicht benutzen; der Brief soll unzerknüllt bei seinem Adressaten landen. Der Vater schleppt ein riesiges Bilderbuch an und erzählt mir, dass der Mann, den ich besuchen soll, beruflich mit einer Kamera zu tun hat. Auf dem Foto, das er mir zeigt, ist eine große Uhr zu sehen, die erstaunlicherweise mehrere Zeiger hat. Zwischen ihnen hängt ein Mann, der offenbar für Ordnung unter den Zeigern sorgen will. Herr Rittau habe ihn dabei mit seiner Kamera gefilmt, und deshalb kann die ganze Welt diese Uhr nun im Kino besichtigen: der Film heißt *Metropolis*, sagt der Vater. Auf einem anderen Bild hat sich eine dunkelblonde Frau ungeniert in ihrer Unterwäsche aufgestellt, sogar ihre Strumpfhalter sind zu erkennen und die beiden hochgezogenen Stellen, an denen sie im Saum der Strümpfe festgehakt sind. Die Frau lacht, sie hat die Arme in die Taille gestemmt und steht breitbeinig da, als wäre es eine Heldentat, sich öffentlich in Unterwäsche zu zeigen. So, wie ich den Vater verstehe, trägt die Frau den Namen »der blaue Engel«, was in meinen Augen nicht zu ihr passt. Nichts an ihr hat mit blauer Farbe zu tun, da hat Herr Rittau sich vertan, auch dass ein Engel hochhackige Schuhe trägt und Strumpfhalter, ist in meinen Augen ein Blödsinn und hätte Herrn Rittau nicht passieren dürfen.
Viel interessanter als den blauen Engel finde ich den Anblick, den der Vater, in Unterwäsche vor dem Spiegel ste-

hend, bei seiner morgendlichen Rasur zu bieten hat. Mit dem schaumbedeckten Rasierpinsel fährt er sich über sein Gesicht, dann setzt er den Rasierapparat an und führt ihn mit kleinen, genauen Bewegungen an Mund und Nase vorbei, die Klinge gleitet über seine Haut, die nach jedem neuen Aufsetzen des Apparats Teilstrecken des glattrasierten Gesichts freilegt. Er zieht sein Oberhemd an, legt die Krawatte um, zieht den Kamm durchs Haar. Abends legt er eine Schallplatte auf den Teller, setzt den Tonarm auf, die Platte beginnt sich zu drehen, der Tonarm bewegt sich, er kämpft mit der schwarzen Scheibe, die ihn dazu zwingt, sich auf ihrer buckligen Oberfläche zurechtzufinden und in den engen Rillen auf- und niederzufahren.

Viele Jahre nach meinem Besuch bei Günther Rittau lese ich in einem von ihm geschriebenen Artikel, er habe sich bei seiner Arbeit als »Konstrukteur« und »Forscher« der Wirklichkeit gesehen. Mit diesem Wissen hätte ich vielleicht ein eindrucksvolles Gespräch mit ihm führen können. Aber ich bin, während ich mich seinem Garten nähere, ein kleines Ding mit einem Brief in der Hand, das einen schmalen, seitlich von gelben Sommerblumen bestandenen Weg vor sich sieht. Der Weg läuft direkt auf eine Terrasse zu, auf der sich Herr Rittau befindet und mich zu sich winkt. Ich kann nichts Auffälliges an ihm entdecken, er sitzt im Hintergrund des Gartens auf einem weißen Stuhl und hält eine Zeitung in der Hand. Ich stelle mir die Frage, ob sein Blick, den er mir und dem Briefumschlag von dort aus zuwirft, ein spezieller, ein mit den Eigenschaften eines Kameramannes besonders ausgestatteter Blick ist. Jedenfalls ist es der gleiche, der den Ordnung schaffenden Mann zwischen den Zeigern der Uhr beobachtet und die blonde Schauspielerin, von der ich weiß, dass sie Marlene Dietrich heißt, in ihrer Unterwäsche gesehen hat. Ich hätte ihm gerne einen für sein Auge vielversprechenden Anblick geboten, hätte ihn gerne aufspringen und zur Kamera greifen sehen. Aber das ist zu viel verlangt von Herrn Rittau angesichts meines grünen Trägerrockes, dessen Wolle einmal eine Strickjacke gewesen ist und nun in Wendungen und Drehungen an der Oberfläche des Rocks die frühere Musterung noch immer sehen lässt und ihm ein verworrenes und zerrupftes, jedenfalls für ein Kameraauge, wie ich vermute, ungeeignetes Aussehen verleiht.

Der Gartenweg, der zu dem unbeweglich dasitzenden Hausherrn führt, scheint kein Ende zu nehmen. Es könnte sein, dass ich in diesem Moment zum ersten Mal ein Gefühl für die Dimension der Ewigkeit entwickelt habe, für ihre Grenzenlosigkeit, ihre Leere. Herr Rittau bietet mir ein Glas Limonade an und beobachtet mich mit geübtem, auf verrückt spielende Uhren und seidenbestrumpfte Engel spezialisiertem Blick, mit Augen, die er durch seine Kamera hindurch auf die Welt gerichtet hat. In der entgeisterten Heldin Lewis Carrolls, deren turbulentes Dasein in einem Kaninchenbau ich viele Jahre später kennenlerne, glaube ich einen kurzen Moment lang mich selber sehen zu können: eine in die Mark Brandenburg versetzte, vom Mysterium der Technik berührte *Alice in Wonderland*, sich einen Weg durch das Dickicht der Medien schlagend.

Leider macht Herr Rittau keine Anstalten, den Briefumschlag zu öffnen. Ich muss also selber dafür sorgen, den Aufenthalt in seinem Garten möglichst in die Länge ziehen. Ich werde mich nicht von der Stelle rühren bis zu dem Augenblick, in dem sich etwas Bedeutsames ereignet. Der schweigsame Gastgeber scheint im Umgang mit kleinen Mädchen wenig Übung zu haben, ein Umstand, um den ich mich nicht weiter kümmern kann, weil ich die feste Absicht habe, meinen Besuch zu Hause in Form einer großen Erzählung abzuliefern, die den Titel trägt *Wie ich Herrn Rittau einen Brief übergab.* Es gefällt mir nicht, dass ich nirgends seine Kamera sehen kann, möglicherweise habe ich von meinem Stuhl aus keinen umfassenden Überblick über Terrasse und Garten. Ich denke aber, dass sie sich ganz in der Nähe befindet, und erwarte, dass sie, schon aus Höflichkeit dem Gast gegenüber, irgendwann zur Hand genommen und von Herrn Rittau zum Einsatz gebracht wird.

Da das Limonadenangebot nicht erneuert wird, bleibt mir nichts anderes übrig, als Auf Wiedersehen zu sagen und mich damit abzufinden, dass Herr Rittau es nicht für nötig gefunden hat, mich durch seine Kamera anzuschauen. Ein mageres Ergebnis; unabhängig davon werde ich zu Hause so richtig aufdrehen und denen etwas auftischen, was noch lange für Gesprächsstoff sorgen wird. Auf dem Rückweg beginne ich bereits, an meiner Geschichte zu arbeiten; vor dem Gartentor habe ich meine Überlegungen abgeschlossen: die Uhr mit den vielen Zeigern hat auf der Terrasse gestanden und besitzt in Wirklichkeit zwei Zeiger mehr als auf dem Foto; der blaue Engel bediente uns mit grüner Limonade aus einem riesigen, roten Krug; Herr Rittau hat uns beim Trinken der Limonade durch seine Kamera beobachtet; der Engel war wiederum in Hemd und Hose erschienen, ein armer Engel, der sich nichts anderes leisten kann; die Uhr hat ein paar Mal wie eine Windmühle mit ihren Zeigern um sich geschlagen, die Zeiger sahen aus wie schwarze Flügel. Das Angebot des Gastgebers, ihm und dem Engel beim Abendessen Gesellschaft zu leisten, habe ich, obwohl es mir überaus verlockend erschien, dennoch ausgeschlagen, um so schnell wie möglich nach Hause zu gelangen und von meinem Besuch bei dem Mann mit der Kamera zu berichten.

Glasaugen

Hermann Krome hat es mit seinen Kompositionen *Sonne über Capri* und *Der Wirt von Heidelberg*, aber auch mit seinem *Großen Stimmungs-Potpourri*, ein für Männerchor und Klavier gesetztes Arrangement der bekanntesten Melodien aus dem Singspiel vom »Weißen Rössel«, zu einem weitläufigen Seegrundstück und einer weißen Villa gebracht. Anstelle einer Kamera, die Herr Rittau sich vor die Augen hält, besitzt Herr Krome eine Brille, die randlos und deshalb eigentlich gar keine richtige Brille ist. Sie sieht aus, als würde es sich um ein seinen eigenen Augen vorgelagertes, zweites Augenpaar handeln, das in alle Richtungen funkelt und mit Blitzen um sich schleudert. Die Blitze setzen sich über die Gläser der Brille fort und machen das Gesicht von Herrn Krome zu einem Ort, an dem beständig heftige Gewitter zu toben scheinen.

Üblicherweise kommt er zu uns nach Hause; mit dem Auftrag, in der Seepromenade eine Notenrolle abzuholen, bin ich zum ersten Mal allein mit ihm. Er bietet mir ein Getränk an, das ich nur vom Namen her kenne, es heißt »Kakao« und schmeckt so einzigartig gut, dass die irrlichternden Augen, die mich beim Trinken beobachten, als eine dem »Kakao«-Eigentümer zustehende Besonderheit hingenommen werden können.

Der Gang durch den Garten hinunter zum See zieht sich ewig hin, und gerade als wir dort eintreffen, nach einem Abstieg an Blumenbeeten und Rasenflächen vorbei, macht sich meine Unersättlichkeit, mit der ich eine Kakaotasse nach der anderen geleert habe, bemerkbar; ich muss dringend, wie es zu Hause heißt, auf die »kleine Seite gehen«, ohne zu wissen, wie ich das im Beisein des in ein makelloses Weiß gekleideten Gastgebers bewerkstelligen könnte. Ich zweifle daran, dass er überhaupt, so, wie er aussieht, eine derart unbedeutende und darüber hinaus unangenehme Einrichtung wie eine Toilette besitzt. Herr Krome macht nicht den Eindruck eines normalen Toilettenbenutzers. Ich kann deshalb nicht davon ausgehen, dass er Verständnis dafür hat, wenn ich in die großzügige Einladung mit Keksen und Kakao auf der Terrasse mit dem Hinweis eingreife, unverzüglich, das heißt so schnell wie möglich, Pipi machen zu müssen. Ich schaue Herrn Krome an, der nicht wie ein *blauer*, sondern wie ein gebleichter *Engel* aussieht; so unantastbar und so schmutzfrei, wie er da vor mir steht.

Den Engel nehme ich ihm aber nur ab, wenn er direkt zu mir hinüberschaut, mir genau gegenüberstehend. Sobald er die Stellung wechselt und aus einem etwas anderen Winkel den Blick auf mich richtet, mit einem Arm in den Garten weist oder zu der kleinen, in den See hineinragenden gegenüberliegenden Insel hinüberschaut, bewirkt der Schliff seiner Brille, dass seine Augen hinter dem Glas verschwinden, buchstäblich im Glas untergehen; als hätte es sie niemals gegeben. An ihre Stelle ist das zuckende, wie von Blitzen zerfahrene Glas selber getreten; wirre, andere Augen blicken jetzt aus dem Gesicht von Herrn Krome heraus; zitterndes Licht.

Damit hat sich die in Weiß gehaltene Engelhaftigkeit stark zurückgebildet, und ich bemerke, anders kann ich es nicht sagen, ein hochgewachsenes, funkensprühendes Teufelchen neben mir stehen, einen wie aus dem Boden gestampften zweiten Herrn Krome, dessen Gesichtszüge, je nach Stellung des Kopfes, zwischen Himmel und Hölle hin- und herpendeln. Der Grad seiner »Heiligkeit« hat sich abgeschwächt; das erleichtert es mir, meinem nun bald keinen Aufschub mehr duldenden Bedürfnis nachzugeben. Während der Glitzerblick des Hausherrn sich auf den See richtet und mir mitgeteilt wird, wie Vogelschreie über dem Wasser sich früh am Morgen anhören, hocke ich mich auf eine der Steinstufen: in der Haltung einer Frau, die, von Eindrücken überwältigt, nach einem Halt sucht, indem sie sich niedersetzt. Von hier aus lasse ich nach und nach unbemerkt den Kakao, der sich in ein durchsichtiges Nass verwandelt hat, in den plätschernd bis zu den Steintreppen vordringenden See rinnen. Mein Gesicht erstarrt im Ausdruck der aufmerksamen Zuhörerin. Ich hätte Herrn Krome gern wie eine Schlange hypnotisiert, aber dessen bedarf es nicht, denn er spricht, blicklos hinter dem Wall der von weißen Blitzen dicht besetzten Brillengläser, über mich hinweg zum See hinüber.

Drei Adressaten

Am liebsten hätte er tanzende Derwische, singende Sägen, Jongleure und Trapezkünstler vors Mikrofon gestellt. Aber es gab Zeiten, in denen er aus vertraglichen Gründen vor allem mit Opern- und Konzerteinspielungen zu tun hatte. Ein Studiotag bei den Firmen TEMPO oder TEFIFON brachte dunkel timbrierte Mezzosoprane und den Klang von Cembalo und Piccoloflöte mit sich: der Abend in den eigenen vier Wänden sollte den unterhaltsamen Teil des Tages nachliefern. In diesen Stunden wurde nicht vom Dirigenten, sondern vom Kapellmeister gesprochen. Der abendliche Sound hatte von den Fermaten Robert Schumanns frei genommen und wusste nur von Chanson und Csárdás, von Tango und Operette. Und von dem Lied *Irgendwo auf der Welt gibt's ein kleines bisschen Glück, und ich träum' davon in jedem Augenblick.*

Lange Zeit hielt ich es für ein dem Vater gewidmetes Lied, weil es seine Rückkehr nach einem aufreibenden Tag mit Richard Wagners Waldhörnern so gut in Worte fassen konnte: aufseufzend ließ sich ein Heimgekehrter in den Sessel fallen, um Anschluss an seine Lieblingsmusik zu finden. Dann aber entdeckte ich den einbeinigen Mann, der zu den vielen Kriegsheimkehrern gehörte, die sich überall im Ort, in Ruinen, Tierställen und stillgelegten Landgütern eine Bleibe gesucht hatten. Sein linkes Hosenbein war hochgeschlagen, mit einer Sicherheitsnadel befestigt und schlenkerte rhythmisch bei jedem seiner krückengestützten Schritte hin und her. Der Mann trug einen schmutzigen, weit geschnittenen Anzug, ich hielt ihn für einen Artisten ohne Engagement, dessen Begabung für die Einbeinigkeit offenbar niemand in

dem märkischen Kaff zu schätzen wusste. Die Mutter nannte ihn einen Invaliden und sagte, der Mann hat sein Bein im Krieg verloren; damit wollte sie klarstellen, dass meine begeisterte Schilderung des Einbeinigen etwas Leichtfertiges, Verantwortungsloses an sich hatte.
Daraufhin schaute ich ihn mir genauer an, und ich hatte mich nicht getäuscht, ich hatte doch Augen im Kopf. Die Art und Weise, wie er das ihm verbliebene Bein auf den Boden setzte, war vollkommen anders, als man es je gesehen hatte. Das Bein stand ungewöhnlich aufrecht und ungeahnt willensstark auf dem Boden. Es machte den Eindruck, als ob es kein zweites nötig hatte, das war in meinen Augen die eigentliche Begabung des Mannes. Das Bein sah furchtlos aus. Draufgängerisch im wahrsten Sinne des Wortes. Invalide hin oder her, der Mann besaß eine Kunstfertigkeit. Wo er auch ging und stand: ein Talent.
Das Lied, eines der letzten von Werner Richard Heymann vor seiner Emigration, hatte es in sich. Es zog weiter, vorbei an dem einbeinigen »Artisten«, vorbei am erholungsbedürftigen Vater. Sie waren nur vorübergehend die Adressaten gewesen. Der Mensch, der ein *bisschen Glück* für sich verlangte, *irgendwo auf der Welt*, hatte ein anderes Gesicht. Er war von Namen und Ortsnamen begleitet. Von Wörtern, die »Exil« hießen und »Drittes Reich«. Ahnungen bestätigten sich, Fakten behaupteten sich. In ihrem Gefolge der Schrecken. Und dass man ihm nicht entkommen konnte. Das Lied hatte sich mit mir und den Jahren auf den Weg gemacht, irgendwann war es angekommen: in einem Durcheinander von Details und Deutungen, in einem verzweigten Gewebe von Erkenntnis und Ungläubigkeit. Zuerst war es ein finsteres Märchen. Dann eine Erzählung, die immer näher kam. Und dann eine Geschichte von Deutschland.

Gestorben in London

Tauber, sagte der Vater, nicht Richard Tauber und auch nicht Richard, obwohl er jahrelang sein bester Freund war. Diese Stimme konnte alles, hieß es. Ich stellte mir ein Haus vor, in dem der Tauber auf und ab ging, sich mal in diesem, mal in einem anderen Zimmer aufhielt und jedes Mal mit einer anderen Stimme sang. Es war offenkundig, dass deren Beschaffenheit sich wesentlich von dem unterschied, was in der Kehle anderer Menschen stattfand. Ein botanisch noch unerfasstes Gewächs war in diesem Halsraum gediehen und ließ alle, die damit in Berührung kamen, zu Forschern werden. Immer aufs Neue beugten sie sich über das interessante Erzeugnis der Natur, um seinen Eigenschaften, diesem geschmeidigen Legato, jenem furiosen Sforzato, auf den Grund zu gehen. Übergangslos von der Kopfstimme direkt ins Falsett!, sagte der Vater in gewichtigem Ton. Ohne Wechsel der Modulation!

Sein Artikel *Wie wir ihn aufnehmen* für die Opernzeitschrift *Gesicht und Maske* berichtete davon, dass er während eines Abendessens in Taubers Haus eine Notenrolle aus der Tasche gezogen und dem Hausherrn mit den Worten, ich habe etwas Fabelhaftes für dich entdeckt, in dem Augenblick entgegenhielt, als dieser seinerseits rief, das ist gar nichts gegen das, was *ich* entdeckt habe, und beide feststellten, dass sie vom gleichen Musikstück sprachen, von einer Serenade, einer für Tauber idealen Serenade, die gleich in den nächsten Tagen im Aufnahmestudio eingespielt werden sollte. Kein anderer Künstler vor ihm, das stand in dem Artikel, habe je eine so große Zahl von Schallplatten besungen. Diese Besonderheit konnte man dem Sänger, der auf dem begleitenden

Foto mit seinen Freunden tafelte, schon von weitem ansehen: sein halbgeöffneter Mund sah aus, als würde er sich vor lauter Liedern niemals wieder schließen können.
Ein Winterabend, so kalt, dass die Öfen auf Hochtouren laufen. Die Ziege hat eine doppelte Portion Heu bekommen, und der Vater nimmt ein Fußbad, das hat es noch nie gegeben. Im Radio ist der Tod von Richard Tauber gemeldet worden. Vaters aufgekrempelte Anzughose lässt ein Stück blasser Wade sehen. Hält man in Gedanken das Wadenstück neben sein Gesicht, kann man erkennen, wie es ohne die tägliche Morgensonne aussehen würde. Das Höhensonnengerät macht aus ihm eine stattliche Behausung, die es undenkbar erscheinen lässt, dass sich ganz in seiner Nähe zwei schwächlich im Wasser der Schüssel eingetauchte schneeweiße Füße befinden.
An diesem Abend ohne Musik schütte ich aus einem Krug heißes Wasser in eine Emailleschüssel. Der Vater schweigt und stellt die Füße am Schüsselrand ab, damit das Wasser an ihnen vorbei in die Schüssel laufen kann. Ich halte mich an die Füße und an die umgeschlagenen Hosenbeine, sein Gesicht hebe ich mir für später auf, man kann nicht wissen, was die Meldung aus dem Radio mit ihm gemacht hat. Die Füße sind ein sicherer Hafen, an diesem Abend ist alles möglich.
Ich denke an die Mutter, an ihre Streitlust, Strenge, Verspieltheit, an ihre Tränen und ihren Übermut. Bei ihr kommt alles aus erster Hand. Lieber als in die Schule zu Fräulein Seitz wäre ich bei ihr in die Lehre gegangen: sie beherrscht die Schule der Begegnungen, ohne mit der Wimper zu zucken. Sie würde nicht zu Füßen ihres Mannes sitzen und den Atem anhalten so wie ich, um sich keiner seiner Lebensäußerungen entgehen zu lassen.
Ihr seid doch gute Freunde gewesen, sage ich. Mit der Radionachricht hat sich unbekanntes Gelände im Zimmer ausge-

breitet, die Ahnung von Abschied, Nachwelt und von Ewigkeit. Ewigkeit ist ein Wort aus der sonntäglichen Predigt, es bringt einen Hof von Leere und Strahlung mit. Jedes Mal, wenn davon die Rede ist, schaue ich zum Gesicht der Mutter hinüber, um zu sehen, ob es mir etwas über das sonderbare Wort aus dem Sprachschatz des Pfarrers verrät.

Ich vertiefe mich, neben der Schüssel kniend, in den Anblick der feingereihten, ebenmäßigen Fußnägel unter der Wasseroberfläche und frage mich, ob Vater und Mutter jemals auf diese Weise miteinander geschwiegen und einer solchen Lautlosigkeit ausgeliefert gewesen sind. Wenigstens habe ich den Krug, um einen neuen Wasserstrahl an den Füßen des Vaters vorbei in die Schüssel laufen zu lassen. Du hast ihn lange nicht mehr gesehen, er hat dich niemals hier besucht, sage ich. Warum nicht? Er reibt unter Wasser seine Füße aneinander. Das Wasser kommt in Schwung, berührt an einigen Stellen den Schüsselrand, setzt sich mit kleinen Spritzern über ihn weg und macht den Teppich nass. Man hat ihn hier nicht mehr haben wollen, davon erzähle ich dir ein anderes Mal, antwortet er. Ich überlege, was er getan haben mochte, der Mann, der so wundervoll gesungen hat. Dabei hat er doch einen Vertrag unter Aufsicht von Herrn Direktor Guttmann unterschrieben. Gerade dieses Foto, auf dem zwei Herren mit weißgestärkten Manschetten zu sehen sind, gehört zu meinen Lieblingsbildern aus dem ODEON-Album. Während Herr Guttmann ihm über die Schulter schaut, setzt Herr Tauber den Füllfederhalter an. Ist er vielleicht ein Mörder geworden? Hat er gestohlen, so wie die, die nachts unseren Leiterwagen über den Zaun gehoben und weggeschleppt haben?

Man hatte dem Vater einen Freund weggenommen, war er auch deshalb traurig, weil er nicht genügend um ihn gekämpft hatte? Oder, eine andere Möglichkeit, weil er vergeblich Himmel und Hölle für ihn in Bewegung gesetzt hatte? Ich frage, welche Personen, wer denn den Sänger nicht mehr hatte haben wollen, eine Frage, die mit den Worten beantwortet wird, er war ein Fürst, feudal und impulsiv, das Geld ist ihm nur so durch die Finger gelaufen. Der Vater hat meine Frage entweder nicht richtig verstanden oder sie für nebensächlich gehalten, dabei ist sie das einzig Wichtige für mich. Die Geschichte, die er mir stattdessen erzählt, ist auch schön, weil sie zeigt, wie gut es der Sänger beim Vater gehabt hat, aber sie hat mit meiner Frage nichts zu tun. Es sei ihm gelungen, Herrn Guttmann davon zu überzeugen, dass in Taubers Fall erstens das Honorar sofort, nicht erst nach Abrechnung der Plattenverkäufe, ausgezahlt werden sollte. Und zweitens, dass jeder einzelne der unzähligen Mitschnitte extra zu honorieren war; diese Abmachung habe den Sänger, wenn auch wegen seiner stadtbekannten Verschwendungssucht immer nur kurzzeitig, zu einem sehr vermögenden Mann gemacht.

Das Gespräch lief gut, offenbar will der Vater an diesem Abend nicht von Dingen sprechen, die mit dem Tod, sondern nur mit dem Leben des Freundes zu tun haben. Die Frage, warum er, wie der Nachrichtensprecher mitgeteilt hatte, in London gestorben sei und nicht in Berlin, diese Frage gehörte nicht dazu, sie hatte nachweislich nichts mit dem Leben zu tun. Ich kann dir noch etwas erzählen, der Vater schaut mich an, sein Gesicht macht einen beschäftigten Eindruck. Er will mir noch einen weiteren Spalt der Tauberwelt öffnen, was viel zu verlockend ist und ein Ereignis darstellt, dem man sich nicht durch weitere Fragen in den Weg stellen möchte.

Seine Geschichte setzt mit zwei unternehmungslustig klingenden Wörtern ein, Vorweihnachtszeit und ODEON-Direktoren. Diese seien ratsuchend mit der Frage zu ihm gekommen, welches Geschenk den umsatzstärksten Star der Firma am Heiligabend am meisten erfreuen könnte. Er habe ihnen mitgeteilt, dass zurzeit ein Brillantring die Begeisterung des Sängers hervorrufen würde, der sich in der Auslage eines Juweliergeschäftes am Kurfürstendamm befände. Daraufhin hätten sich eigens beauftragte Gutachter auf den Weg gemacht, die zum Kauf des Ringes rieten. Nach dessen Übersendung an Herrn Tauber seien mehrere Wochen vergangen, ohne dass den leitenden Herren ein Dank zugegangen war. Dem Vater, der nachfragen sollte, wurde lachend mitgeteilt, das kostbare Stück sei umgehend, noch am gleichen Abend, an eine derzeitig heftig umworbene Frau weiterverschenkt worden.

Tauber hat seine Lieder gelebt, in der Rolle des »Paganini« habe er die *Ring*-Episode über hundert Mal auf die Bühne gebracht. Bei diesen Worten lässt der Vater seine Füße leise paddelnd durch das Wasser der Schüssel gleiten, Melodie und Reimwörter markierend, tippt er leise das Lied *Gern hab ich die Frau'n geküsst* an und landet bei der Zeile »Ich such im Rausche, im Tausche das Glück«. In Lehárs Operette habe der Geiger sein Instrument beim Glücksspiel verloren, so weit wäre Tauber niemals gegangen, lässt mich der Vater wissen, niemals hätte er seine Stimme einem solchen Risiko ausgesetzt.

Ein Tenor, ein Brillantring, eine Schmuck liebende Geliebte und die Parade freigebiger Direktoren. Ich konnte mir beim besten Willen in meiner näheren Umgebung keine Frau vorstellen, der Richard Tauber einen Brillantring geschenkt hätte. Haben die Menschen von damals in einem Film gelebt? Standen sie als Operettenhelden auf einer Bühne? Auch die Damen und Herren aus den Vitrinen-Magazinen, die glattrasierten Fabrikanten mit Zigarettenetui, die sportlichen Paare in ihren Automobilen, waren nicht nur Zeichnungen gewesen wie in den Märchenbüchern. Es waren Fotos, Be-

weisstücke. Einer von ihnen war heute in London gestorben, aber all die anderen? Sie konnten doch nicht alle schon tot sein, der Vater lebte doch auch noch. Was war zum Beispiel aus den Besuchern der Liederabende geworden, aus den vielen Leuten, die sich für den Sänger, für seine Stimme ihren Abend freigehalten hatten? Der Gedanke kam mir, die Menschen von früher könnten sich in einem anderen Land befinden, nicht in dem, wo ich zu Hause war und täglich von Schuttbergen in Berlin erfuhr, von Trümmerhalden, die ganze Straßenzüge unbegehbar machten; von Menschen, die mit Blechkannen unterwegs waren, um irgendwo ein paar Tropfen Milch zu ergattern; von offenen Fenstern mit zerrissenen Jalousien. Die Fenster seien dunkel und tot und Hauswände ohne Haus stünden in der Gegend herum.
Bilder, eilige Szenen, unverbunden wie die Berliner Hauswände. In meinem Kopf spielt eine verrückt gewordene Musik, nur ihr Refrain steht fest, er lautet: warum ist Richard Tauber in London gestorben? In Berlin hatte er es doch gut gehabt. Er hatte Geld verdient; Bargeld. Er hatte den Vater, hatte Frauen zum Küssen. Erfolge, ausverkaufte Häuser. Er war an seinem Todestag offenbar nicht nur zufällig in London gewesen, nicht nur besuchsweise. Man hatte ihn in Deutschland nicht haben wollen, hatte der Vater gesagt. Weil es in schweren Zeiten keinen Platz mehr gab für einen Sänger, für seine Lieder, für die Musik? In diesem Augenblick kommt die Mutter ins Zimmer, sie tut sich leicht damit, ihren Schritt in die richtige Richtung zu lenken. Die Schüssel hat auf dem Teppich feuchte Flecken hinterlassen, eine Unterlage wird herbeigeschafft. Der Vater hebt gefügig seine Füße hoch, damit die Schüssel auf eine wasserundurchlässige Matte gestellt werden kann. Er zeigt dabei auf eines der gerahmten Fotos über dem Flügel. Das ist sie, Carlotta Vanconti, Taubers Frau, eine Sopranistin. Plötzlich, leise

fängt er zu singen an, ein Lied, das ich kenne und von dem ich weiß, dass es mit China zu tun hat, dem *Land des Lächelns*: »Dein ist mein ganzes Herz, wo du nicht bist, kann ich nicht sein.« Er krempelt das rechte Hosenbein weiter nach oben, ich übernehme die andere Seite und hinterlasse mit nassen Händen dunkle Streifen auf dem Stoff. Dieses Lied also hatte der Tauber für die blonde Frau auf dem Foto gesungen, deren mehrfach verknotete Perlenkette ihr bis in den Schoß herabhängt.

Ich erkenne in ihr das Reptil wieder, das an der Tafel mit den Ozeanfliegern gesessen hat. Auf diesem Bild hat sie Ähnlichkeit mit einem reich dekorierten Stofftier, deshalb habe ich mir niemals die Mühe gemacht, es mir genauer anzusehen. Das Stofftier sitzt mit übereinandergeschlagenen Beinen auf einer teppichbelegten Kommode und stützt sich mit dem rechten Arm auf den oberen Rand einer ungewöhnlich hohen, auf der Kommode abgestellten Vase ab. Die gespreizten Finger der herabhängenden Hand werfen einen dunklen Schatten auf das Oberteil des weißseidenen Kleides, der Schatten sieht aus wie ein mit gesenkten Ohren versehener Elefantenkopf. Weit ausgefaltet und bogenförmig zugeschnitten der Saum des Kleides, in jedem der Bögen hängt ein Blumenstrauß kopfüber nach unten.

Trotz des verheerenden Stofftier-Anblicks wird sie traurig sein, in London. Aber nein, so die Erwiderung des Vaters, das Paar habe sich schon vor vielen Jahren scheiden lassen. Scheidungen schienen im Leben der Erwachsenen eine große Rolle zu spielen. Sie begrüßen sich, bleiben voreinander stehen und rufen sich »guten Tag und guten Weg« zu, antwortet der Vater auf meine Frage, was zwei Geschiedene tun, wenn sie sich durch Zufall auf der Straße begegnen. Ich mache ihm im Stillen Vorwürfe für die gefühllose Art und Weise, in der er die Trennung dieser beiden Hand-in-Hand-

Menschen zum Ausdruck bringt; seine Stimme hatte die gleiche Kälte gehabt, mit der er die Fische aus den märkischen Seen herausholte und mit dem Messer tötete. Man brauchte doch nur dem Klang der beiden Namen nachzuhorchen, Vanconti, Tauber, um zu wissen, dass es hier um ein Paar ging, das man sich am liebsten wie zusammengenäht vorstellen mochte. Um Stimmwunder, die sich in höchsten Tönen angesungen hatten: *Dein ist mein ganzes Herz*. Ein solches Lied, Scheidung hin oder her, würde mühelos in der Lage sein, die Auseinandersetzungen streitender Eheleute zu überdauern, daran konnte doch überhaupt kein Zweifel sein. Nun vielleicht etwas gedämpfter im Ton. Wehmutsvoll möglicherweise und vorgetragen gewissermaßen mit gesenkter Stirn. Vaters »Geschiedene« dagegen hatten sich froschäugig voneinander abgewandt, sie machten gute Figur und kein Geschirr mehr schmutzig. Zuvorkommend gaben sie zu erkennen, dass kein Gefühl füreinander zurückgeblieben war.

Die silberne Stoppuhr wird aufgeklappt, ein Scharnier lässt ihren Deckel zur Seite springen. Das Fußbad hat vielleicht schon zu lange gedauert, die Haut sieht gerötet und sogar ein bisschen verschrumpelt aus. Jeden Morgen wird die Uhr durch ein seitlich angebrachtes Rädchen aufgezogen; hin, her, hin, her. Beginn eines neuen Tages, der Stunde um Stunde den schwarzen Zeiger in vollkommener Gleichförmigkeit weiterbewegen wird. Es gab sichere, absehbare Dinge auf der Welt, und es gab *Das Land des Lächelns* mit Herrn Tauber, dem es gelungen war, genauso auszusehen wie ein Prinz aus China. Der Vater spricht über Stifte, Puder und Klebestreifen und dass man mit ihrer Hilfe »chinesische« Augen machen kann.

Schon eine ganze Weile haben die Füße in der Schüssel still gehalten, unser Gespräch ist zu Ende. Oder stockt es nur? Weil ich nicht weiterweiß? Weil ich nicht darauf komme, was in diesem Augenblick gesagt werden könnte? Vielleicht will der Vater nur die Wärme des Fußbades genießen. Vielleicht denkt er an seinen toten Freund in London, dessen Gesicht mit den geschlossenen Augen nun für immer alles Chinesische abgestreift hat. Die Schminke, das Lächeln und das Lied. Die auf dem Boden der Schüssel abgestellten Füße sehen teilnahmslos aus. Mit den aufgekrempelten Hosen und einem verknüllten Handtuch über den Knien sitzt der Vater, ohne ein Wort zu sagen, leblos da, unaufhörlich und unergründlich, und jene schwer erträgliche Lautlosigkeit hat das ganze Zimmer besetzt, die das Herz in seinem Schlag losgaloppieren lässt, sodass es sich anfühlt, als wäre ich damit auf der Flucht: nach einem Unterschlupf suchend, von dem aus ich den Fortgang des Geschehens beobachten kann.

Wenn der Vater nichts sagt, ist es so, als hätte er das Zimmer verlassen: fände man jetzt nur die richtigen Worte, die aufhorchen lassen. Worte, so genau berechnet wie die Passform eines Schuhs, von solchen Worten könnte man sich etwas erwarten. Worte, die ihre Hand über mich hielten wie Fittiche: eine Hand von oben. Und von unten einen haltbaren Boden bildend, möglichst unsinkbar, möglichst unverwüstlich. Ich wünschte, die Mutter käme ins Zimmer herein.

Als endlich die Füße erneut durchs Wasser paddeln, aneinandergelehnt, damit es nicht über den Schüsselrand schwappt, geht das Geräusch des Plätscherns wie ein Aufatmen durchs Zimmer. Es kündigt einen neuen Abschnitt des Abends an. Den Schlussakt. So »chinesisch« wie auf dieser Bühne sähe es in ganz China nicht aus, habe der Pekinger Gesandte damals, nach der Premiere, bemerkt. Die Welt ist zurückgekehrt, der Vater lacht, und ich grüße zu dem überraschend aufgetauchten Teilnehmer des Gesprächs hinüber. Wie es weiterging, will ich wissen. War es überhaupt weitergegangen: Im Land des Lächelns oder im Leben der Taubers.

Treulose unter sich: der Vater, die Mutter, der Prinz, Richard Tauber und Frau Vanconti, die zwischen Berlin, London und Peking hin- und herreisten, die sich scheiden ließen, sich höflich grüßten, während sie das einstmals geliebte Gegenüber einer gleichgültigen Beobachtung unterzogen.
Immerzu diese Scheidungen, wozu sind sie denn die Erwachsenen? Lauter falsche Entschlüsse. Lauter Irrtümer, warum irren sie sich so oft? Am Schluss wird die Frau den Prinzen verlassen und nach Europa zurückkehren, nach Wien, sagt der Vater mit unbewegter Stimme. Kein Wunder, denke ich, warum hat er auch so viel gelächelt. Man hätte es ihm verbieten müssen, auf die Dauer hält keine Frau das ewige Lächeln aus. Aber zum Trost, teilt der Vater mir mit und fuchtelt mit dem Handtuch herum und betrachtet seine aufgeweichten Füße, zum Trost darf er am Ende das schönste Lied des ganzen Abends singen.
Er durfte singen, mehr nicht? Schon wieder wird es ungerührt hingenommen, dass ein gebrochenes Herz milde weitergereicht wird an eine schöne Melodie. Die Lieder hielten sich offenbar für Götter und glaubten, alles zu sein. Man hatte es doch gesehen, wie *Dein ist mein ganzes Herz* nicht auch nur annähernd dazu in der Lage war, ein durch Heirat verbundenes Paar zusammenzuhalten. Am Ende kamen geschiedene Leute heraus, die entweder als Menschen zu unbedeutend waren, um mit den Liedern Schritt halten zu können. Oder den Beweis dafür erbrachten, wie ohnmächtig, wie einflusslos diese waren. Einflusslos möglicherweise auch der Musikmacher, der vor mir saß und seine Füße badete? Der prächtige Mantel, in den er sich eingehüllt hatte, war aus Schweigen und Musik gemacht. Ein widerstandsfähiges Gebilde, ich hätte gern an ihm herumgezogen und -gezerrt, aber es eignete sich nicht dafür, angefasst zu werden.
Ich fürchte mich davor, den Vater singen zu hören, es wird

mir unerträglich sein, aber ich bitte ihn dennoch um das Prinzenabschiedslied, es ist die einzige Möglichkeit, die Verbindung zu ihm zu halten. Schrittweise setzt seine Stimme ein, »Immer nur lächeln und immer vergnügt, immer zufrieden, wie's immer sich fügt«. Das Lied klingt andächtig wie ein Gottesdienstlied und endet mit den Worten »Doch wie's da drinnen aussieht, geht niemand was an«. Ich sehe zu ihm hinüber, sehe ihn vor mir, diesen Spitzenkönner der Verabschiedung, wie er vor der Mutter steht und »Guten Tag und guten Weg« zu ihr sagt. Die Mutter, erstaunlicherweise vollkommen tränenlos, presst die Handtasche an den Körper, während der Vater sie genau im Auge behält, um jede sich möglicherweise auf ihrer Seite doch noch ergebende Gefühlsäußerung charmant im Keim zu ersticken. Ich muss zugeben, dass ihr anregendes Mit- und Gegeneinander mir fehlen würden. Ein Spiel, das sie beide wie Held und Heldin jener Chansons und Lieder erscheinen lässt, welche die sich drehende Scheibe, als wäre sie ein Glücksrad, so verschwenderisch von sich gibt. Leute liebten sich, waren gekränkt, warfen mit Wut und Trauer um sich und versöhnten sich wieder. Treulosigkeit hatte Vergeltung oder Wiedergutmachung zur Folge; Ablehnung dagegen den gekränkten Rückzug. Missgestimmtheit wechselte sich ab mit den komischen Bemühungen des Einlenkens. Verletztheit verlangte nach Tröstung, der Vorwurf nach einem erbitterten Dagegenhalten.

Der Vater hat sein Fußbad beendet, er zieht die Schuhe an und bindet sich die Schnürsenkel zu in Form einer doppelten Schleife. Das Haus hat einen neuen Bewohner gefunden: Richard Tauber aus China, gestorben in London.

Der Tempel, ein Karussell

Vermutlich vertraut er darauf, dass seine Erklärungen ihr Werk tun werden. Dass sie eines Tages, einer Flaschenpost vergleichbar, ganz von selbst die uneinsichtige Tochter erreichen. Seine nachdrücklichen Versuche, mich an seiner Kennerschaft teilhaben zu lassen, zeigen, dass es etwas zu wissen gibt. Auch, dass er bereit ist, sein Wissen mit mir zu teilen. Irgendwann würde ich ins Vertrauen gezogen werden, dann müsste er sich aber etwas anderes einfallen lassen als einen Gummiteller, Rillen und eine Nadel; damit würde ich mich dann nicht mehr abspeisen lassen.
Immer wieder macht er den Versuch, mir beizubringen, wie man die Nadel auf die Schallplatte setzt. Weder allzu nahe am Rand, weil sie dann nicht in die ersten Rillen hineinfindet, noch allzu weit davon entfernt. Dann nämlich würde sie mitten in die Musik hineinplatzen und irgendwo im uferlosen Meer der Rillen landen. Manchmal habe ich das Glück, die Nadel auf die richtige Stelle zu setzen. Es hört sich an, als würde sie in ein knisterndes Wasser eintauchen. Jetzt ist sie in ihrem Element. Sie arbeitet sich durch das wellenbewegte schwarze Meer vor wie ein kleines, aber solide gebautes Schiff. Jede Welle, in die es sich eingräbt, wird Klang, Stimme, ausufernder Aufschwung, sternenloser Abwärtssturz. Kurz erwische ich einen Blick in den Wunderinnenraum: das Ufer der Einlaufrille trägt *meine* Nadel aufs Meer.
Instrumente und Stimmen konnten ein Klirren von sich geben und so klingen, als müssten sie einen Erstickungsanfall abwehren. Oder als wären sie an den Rändern des blechernen Trichters entlanggeschlittert. Mit dem Tempel in der Mitte der Scheibe dreht sich bei den ODEON-Platten das Hei-

lige um seine eigene Achse wie ein Karussell; Jahrmarkt und heiliger Raum. Auch Totenreich, mit seinem gespensterhaften *Es war einmal*. Freigelegt der Mammutknochen eines uns vorausgegangenen Lebens; Funken und dessen Erstarrung im Rahmen eines feinmechanischen Modells. Die Saxophone, die Schläge des Schlagzeugers, die Tanzorchester rund um den Globus: ergriffen vom Schellack-Abflug in die Ewigkeit.

Gedanken-Straße

Das eine Mal geht es um die Beschreibung eines Damenmantels, das andere Mal um die Innenausstattung eines Kaffeehauses, um Marmorböden und Kuchenauslagen. Es können die Talente eines Stehgeigers sein, die Spezialitäten importierter Kapellmeister, es geht um Tanzeinlagen, Liedtexte. Sie tragen ihre Geschichten abrufbereit mit sich herum und setzen sie an bestimmten Stellen des Gespräches wie Gepäckstücke ab. Einer von beiden beginnt, sich von Wort zu Wort vorzutasten bis der vollständige Vers zusammengetragen ist. Man kann den Eindruck haben, dass die Erwachsenen sich nur in ihren Liedern wie Erwachsene verhalten. Die Lieder scheinen zu wissen, worauf es ankommt, sie haben etwas Umsichtiges an sich, sie wissen, was zu tun ist. *Auch Du wirst mich einmal betrügen; Heute Nacht oder nie; Mir tut Ruth gut; Ich schlaf im Bett der Pompadour und habe Salomes Figur.* Lauter Befunde, lauter unumstößlich wirkende Mitteilungen und glaubwürdig klingende Informationen. Manchmal gehen sie in Gedanken eine Straße ab, rufen sich die Namen von Geschäften zu, von Verlagshäusern, Straßencafés, sich ins Wort fallend, sich korrigierend, manchmal können sie sich über die Reihenfolge von Reklameaufschriften nicht einigen. Ortsnamen tauchen auf wie Kontinente. Kurfürstendamm und Tauentzien, Unter den Linden und Am Gendarmenmarkt, die Leipziger, die Französische und die Friedrichstraße. In der Schlesischen Straße hat sich das Odeon-Werk befunden. Nach unserer Übersiedlung nach Berlin in den frühen fünfziger Jahren werde ich keine einzige ihrer Beschreibungen wiederfinden: nur eine in Stücke gesprungene Stadt. Sie haben über einen Ort gesprochen, der nur in Form von Sprachbrücken existiert, über eine Stadt, über ein Straßennetz, das es nur in Gestalt von Phantasie-Meilen gibt.

Wenn der Name Pola Negri fällt, tut die Mutter so, als würde sie sich eine Stola um die Schultern legen und auf dem Kopf eine Kappe zurechtrücken. Es musste eine Zeit der *besseren Zeiten* gewesen sein. Aber wann? Und auf jeden Fall nicht hier, nicht in Osthavelland, wo ich tagsüber die struppige Ziege auf der Wiese hüte und nach Eicheln und Rubinienzweigen für ihr Futter suchen muss. Manchmal greift die Mutter Halt suchend nach einer Tischkante, und ihr Körper fängt an, sich zu schütteln und in rhythmische Zuckungen zu verfallen, die Beine schlagen nach hinten aus, die Füße kreisen auf ihren Ballen, einwärts und auswärts, ich kann es noch, ruft sie und blickt auf die Drehungen von Füßen und Kniegelenken, als würde ihr der Körper, solange er sich noch an diesen Tanz erinnert, die Prachtstraßen in die Nähe rücken und Mitteilung davon machen, dass die Menschen mit ihren Hüten und Kappen und ihrem federleichten Dasein nicht ganz herausgefallen sind aus dieser Welt und diesem Tanz, den die Mutter, nach Atem ringend, im Sessel beendet. In solchen Augenblicken kommen beide mir wie weitgereiste Fremde vor, die für begrenzte Zeit Halt in unserem Häuschen machen. Aus irgendeinem Grund haben sie es auf sich genommen, sich in dieser Einöde niederzulassen. Eine Ortschaft, in der sich die Mutter, sobald eine Gruppe von Russen in den Garten eingedrungen ist und lautstark an die Haustür klopft, umgehend ins Bett legt und leise vor sich hin zu wimmern beginnt und die Kranke spielt. Der Vater nimmt die goldene Armbanduhr ab und deponiert sie in der Schublade einer Kommode; dann erst wird den ungebetenen Gästen geöffnet. Ob sie es nicht irgendwann satt hatten und ihnen alles zum Hals heraushing: die Ziege, die täglich gemolken werden musste? Das Gegacker und Gegockel der hässlichen Hühner, die kleinen unansehnlichen Rosenkohlköpfe im Garten, die mitten im Schnee in einer gakeligen Parade überwinterten?

Galerie 5

Tochter einer Offizierswitwe mit wenig Geld. Aber sie hat einen Blick fürs Zeitgenössische. Sonst hätte die Firma TELEFUNKEN die Mutter nicht von der Straße weg für ein Werbefoto verpflichtet. Für den Fototermin ist ein stimmungsvolles Weihnachtszimmer hergerichtet worden, in dem sie auf einem Sofa abgesetzt wurde, neben sich ein Tischchen mit Geschenken: eine schwarze, halbgeöffnete Damenhandtasche, die das weiße Papier sehen lässt, mit dem man sie in Form halten will; Handschuhe; Bücher; ein sehr gerade gewachsener, soldatisch aufrecht stehender Engel, der in jeder Hand eine Kerze hält. Das Gesicht der jungen Frau versucht sich an einem Lächeln, es muss schon eine Weile in dieser Erstarrung durchgehalten haben. In der Hand hält sie ein elegantes Püppchen, aufrecht steht es in ihren Händen, stramm und kerzengerade wie der Engel. Sie betrachtet es mit einer Konzentration, als handele es sich um ein eindrucksvolles, sehr entlegenes Objekt, etwa um ein chirurgisches Instrument oder einen nackten Vogelmenschen oder die Skizze einer Propellermaschine. Nur nicht um ein Püppchen. Man hat vielleicht verschiedene Dinge ausprobiert, um der Szene etwas freundlich Unbeschwertes, etwas Weihnachtliches zu geben, und ist dabei auf die Puppe gekommen. Auf der vorderen Kante des Tisches, etwas entfernt von der unbegabten Puppenmutter, liegt eine Schallplatte, deren Aufschrift, TELEFUNKEN, die für das *label* typischen quadratischen Buchstaben zeigt. Man kann sich nicht vorstellen, dass die Firma dieses Foto für ihre Werbeaktion tatsächlich verwendet hat.

Malen Sie mir mein Kind

An dem Tag, an dem die russischen Soldaten, die mit vorgehaltenem Gewehr ins Haus eindrangen und die Dokumente nicht sehen wollten, die bezeugten, dass der Vater bei einer schwedischen Firma, Lindström ODEON, beschäftigt war, und sie darauf bestanden, dass er ihnen auf der Stelle den Flügel in ihre Kaserne transportierte, an diesem Tag ging die Mutter zu Herrn Hartung hinüber und gab ihm den Auftrag, ein Bild von mir zu malen. Mehr sagte sie nicht, es lag an ihm, sich ihr Schweigen zu erklären. Er mochte es sich in die Worte übersetzt haben: Malen Sie mir mein Kind so, dass ich mir sein Leben als etwas Schönes vorstellen kann. Ohne ein vernichtetes und schuldig gewordenes Land, ohne einen samt Piano verschleppten Mann, ohne plündernde Soldaten.

Gerd Hartung kam regelmäßig am Wochenende aus Berlin, um seine Mutter zu besuchen, ein zarter, knochig kleiner Mann, und so wendig, dass er mühelos auf dem Griff seines Spazierstocks aufsitzen konnte und in dieser Haltung lange Gespräche mit der Mutter führte. Er hatte als Modezeichner für die großen Berliner Häuser und Magazine gearbeitet und brachte das entspannte Flair des Davongekommenen und das Denken eines Mannes mit, der auch angesichts eines verlorenen Weltkriegs niemals an seiner Überzeugung gezweifelt hatte, dass die weibliche Mode zu den führenden Errungenschaften der westlichen Zivilisation zählt.

In seiner Nähe schien sich die Mutter jenen Jahren nahe zu fühlen, in denen sie noch das ganz große Leben für denkbar hielt; Jahre, in denen sie sich in den Mann mit dem goldenen Händchen für die Musik verliebt hatte. In der Firma saß ihm die junge Frau als Sekretärin und Protokollantin der Sitzungen gegenüber. Nach der Arbeit ging er im abendlichen Berlin mit ihr aus, Mann und Frau, wie einer Ufa-Filmerzählung entsprungen. Er öffnete ihr die Ritter-Blaubart-Zimmer der Stadt; Räume, in denen es funkelte und die Lieder der Zeit, sinnfrei, libertär, die Ferne zum »Ernst des Lebens« feierten. Heute Speicher eines weggeschobenen und zerschlagenen Geistes, ein Reservoir der untergegangenen Mentalitäten. Ein Antennensystem, das auf ein anderes Deutschland ausgerichtet war als auf das, was kommen würde.

Hartung versuchte sein Bestes, und es lag weder an ihm noch an ihr, auch nicht an mir, wenn sein Aquarell ein ästhetisches Desaster wurde. Ein *Schmarrn*. Hartung hatte ein Vakuum geerbt. Die Silhouette der Kriegerwitwen und Trümmerfrauen, der Typus des energischen Haushaltsvorstandes hatten auf ihre Weise im Anblick und Angesicht der Frauen einen Abdruck hinterlassen. Der Auftrag der Nachbarin war die erste Probe aufs Exempel. Ich sollte das blauweiß getupfte Kleid anziehen, es hatte an Ausschnitt, Taille und Saum eine umlaufende weiße Litze. Man trug mir auf, drüben im Garten herumzulaufen, währenddessen Herr Hartung mich beobachtete und erste Striche aufs Papier setzte.

Es dauerte eine ganze Weile, bis er mit dem Bild in der Hand an der Gartentür erschien. Die Mutter liebte es augenblicklich: die Tochter sah aus wie eine Märchengestalt, das Beste, was im Augenblick für ein Kind zu haben war. Widerstrebend schaute ich mir das kleine Mädchen an, das, haarschleifenbeladen und übermäßig manierlich, inmitten einer absonderlichen Verehrerschar stand: augenscheinlich waren als »meine« Bewunderer nur ein Frosch, eine Maus mit erhobener Pfote und ein Zwerg in roten Schuhen aufzutreiben gewesen. Ein Blick auf das Bild, und ich wusste, dass ich es auf immer und ewig nicht würde leiden können.

Dabei hatte Herr Hartung sich einige Freiheiten erlaubt, man konnte die blauen Haarschleifen des Mädchens für riesige Schmetterlinge halten, die dem Gesicht etwas Blühendes und Furchtloses verliehen und es, mit angemalten roten Bäckchen versehen, in eine Perspektive rückten, in der die Mutter nach Ähnlichkeiten mit Lilian Harvey forschen konnte. Je länger man sich in das Bild vertiefte, desto dichter gesetzt mochten die Anspielungen, die Verweise sein. Dabei schaute das Mädchen bloß auf Blütenstaub und Stempel einer blauen Glockenblume, während zu seinen Füßen eine Schnecke hockte, deren Häuschen dem Turban einer zur Teegesellschaft gekleideten Dame glich.
Ein Mosaik, changierend zwischen Märchen und Make-up, zwischen Vor- und Nachkrieg, zwischen den alten Verhältnissen und einer neuen, noch unbekannten Realität. Hartungs Bild, ein Dokument: ein irritierender Verschnitt des Weiblichen aus Elfenstaub und Statue und Gretel mit Hexenhaus.

Ein immer geöffneter Mund

Dinge konnten sehr groß, unmäßig groß aussehen, ich halte den Atem vor ihnen an. Etwa der Mund der Mutter, eindringlich redend, unmissverständlich schweigend. Hochbeinige Spinnen, die im Sommer bis ins Innere des Hauses vordrangen. Das als »hölzernes Gelächter« bezeichnete Xylophon: es konnte mit zwei kleinen Stöcken zu geisterhaft scheppernd em Klingen gebracht werden. Die sich unter dem dünnen Leder ihrer Pumps als kleine Buckel abzeichnenden Hühneraugen der Nachbarin und ihr an den Wochenenden auftauchender Geliebter, hingesunken auf einem weißen, rollbaren Liegestuhl, der so aufgestellt war, dass nichts anderes als die Beine und Füße des ansonsten Unsichtbaren zu erkennen waren. Das von Puder verschneite Gesicht der Großmutter, die für Ordnung im Besteckkasten sorgte.
Gewichtig waren sie, die Menschen, die Spinnen, das Xylophon. Die überzeugendste Leistung war dem Vater gelungen. Über weiße Tasten und schwarze Scheiben gebeugt, spuckte er mit Hilfe einer loslaufenden Drehscheibe Musik aus, schwarze, lackfarbene Musik. Jeder für sich ein weithin sichtbarer, geltungssüchtiger Behälter von Eigenschaften und Betätigungen. Schon wieder eine Verkleidung, die etwas von sich hermacht, denke ich; trotzdem überwältigend. Unwiderlegbar wie die Hasenohren, die aus dem weißen Laken kommen, wenn der Vater seine Hände hebt.
Ich weiß nicht, wann ich damit angefangen habe, mir die Frage zu stellen, ob mir etwas auch nur annähernd Vergleichbares gelungen ist, ob ich wie andere auch ein jederzeit zur Verfügung stehendes Bild besitze. Ich bin darauf gekommen, dass ich davon nur träumen kann und weit und breit

kein wiedererkennbares Profil, kein Merkmal zu entdecken ist, das sich sehen lassen kann. Nicht auch nur ein Minimalbestand an Eigenheit und Kolorit. Oder wenigstens ein *So tun als ob*. Allenfalls ließe sich aus meinem Talent fürs Herumschwadronieren etwas machen. Die Sprache hielt eine Schere bereit, man führte die Schere im Mund herum und schnitt damit Dinge zu. Schnitt diese oder jene Kostüme zurecht. Die Sprache stellte eine brauchbare Vorrichtung mit einem immer geöffneten Mund dar. Ich war froh, dass es sie gab. Je mehr ich diesen Mund reden ließ, desto weniger fiel auf, wie unentschlossen ich selber war. Der Mund hielt den Menschen und Dingen eine Bühne hin. Man brauchte nichts anderes zu tun, als ihre Bestandteile neu zu gruppieren und dann an die Rampe treten zu lassen.

Neben den mitgebrachten Geschichten aus dem Ort bot sich vorerst Wilhelm Buschs einfältiger Dichter Balduin Bählamm für eine eingreifende Bearbeitung an. So, wie Busch sich ihn gedacht hatte, konnte er auf keinen Fall bleiben, hier musste ich mich einschalten. Bählamms Geschick war viel zu groß, viel zu ergreifend, um es in lockere, hingekleckerte Verse zu packen. Der von den Tücken des Objekts gequälte Dichter benötigte einen ganz anderen Zuschnitt, eine Sprachschere, die mit einem verdienstvollen Helden umzugehen verstand.

Bei mir würde der stadtflüchtige, nach ländlicher Ruhe verlangende Poet zur Höchstform auflaufen, ich schnitt ihm das Bild eines mit Größe Scheiternden zu. Auch der niederträchtige Ziegenbock, dessen Hörner das Hinterteil des Bedauernswerten traktierten, gehörte ins Bild: da gab es überhaupt nichts zu lachen! In meiner Version, die in Schulpausen und am Abendbrottisch für Aufsehen sorgen sollte, blähte ich den Ziegenbock zum Dämon auf. Der schadenfrohe Vogel, der sich über dem halbfertigen Manuskript des Dichters entleerte, wurde dagegen heruntergespielt. Ich war bereit, für den schwergeprüften Einzelgänger das Blaue vom Himmel herunterzulügen: konfuse Unglücksraben verdienten einen Blick, der ihnen Hindernisse aus dem Weg räumte. Im Laufe von Wochen wurden verschiedene Schnittformen Balduin Bählamms, vielfältige Varianten der Veredelung erarbeitet. Der ideenreiche Phantast. Der im Reich der Wörter Beheimatete. Der Auserwählte, der keine halben Sachen machte.

Eine spätere Lektüre seiner Geschichte, von der ich erwartet hatte, dass sie mir das Groteske meiner Lesart vor Augen führen würde, kam überraschenderweise zu einem anderen Resultat. Die kindlich aufgedonnerte Deutung hatte das Pathos dieser Figur nicht ganz und gar verfehlt. Dichter Bählamm als der an sich selbst Verzweifelnde machte keine schlechte Figur.

Schlabbriges Beutestück

Ein für seine Gewalttätigkeit bekannter Junge aus der Nachbarschaft hat mir mitten in unserer menschenleeren Allee ein merkwürdiges kleines Säckchen vors Gesicht gehalten. Der schlaffe, unansehnliche Beutel bestand aus einem weichen, milchigen Material. Schau dir das genau an, sagt der Junge, nimmt meine Hand und legt das feuchte, schlabbrige Ding hinein. Er verlangt von mir, der Mutter davon zu berichten und sie nach seiner Bedeutung zu fragen. Sonst kannst du was erleben, sagt der Junge. Man kann das Verbotene geradezu riechen, das mit der glitschig nassen Hülle auf irgendeine Weise in Verbindung steht. Der Gedanke, die Mutter könnte sich tatsächlich mit dem abstoßenden Beutestück auskennen, mit dem Jungen also durch ein gemeinsames Wissen in Verbindung stehen, kommt mir noch schrecklicher vor, als bei der nächsten Begegnung von ihm verprügelt zu werden.

Wie immer, wenn sie sich in der Stadt aufhält und spät zurückkommt, habe ich auch an diesem Abend eine Nachricht über die Ereignisse des Tages auf ihrem Kopfkissen hinterlassen. Sie enthält, noch heute übrigens gut leserlich trotz der in jenen Jahren kümmerlichen Herstellungsbedingungen für Bleistifte, kein Wort über die furchteinflößende Begegnung. Stattdessen informiert sie über ein preisgünstiges Schuhpaar, das im Schaufenster des HO ausliegt. Es folgen eine genaue Maßangabe, Größe 32, und der Preis: die Schuhe kosten 19 Dm und ungefähr 50 Dpf, steht auf dem Blatt. Der letzte Satz lautet, ich habe am heutigen Tag nicht viel erlebt.

Ich lerne, wie nützlich das Darüberhinwegreden ist und dass

man damit Spuren verwischen, Dinge ungeschehen machen kann. Es lässt sich zaubern mit dieser fabelhaften Sprache. Ihr sind, wenn man es richtig anstellte, Sachen zu entlocken, ähnlich wirkungsvoll wie das Herumgefuchtel mit roten, grünen oder schwarzen Seidentüchern, die aus Ohren, Stirnen und Hosenbeinen herauszuholen sind. Tücher wie Vorhänge, hinter denen sich Dinge hin und her schieben lassen. Wörter, die sich wie eine unsichtbar machende Decke über sie breitet: Wörter, für Umleitungen gemacht. Für Ablenkungs-Manöver, Blickwinkel-Umstellungen. Geschmeidig und lenkbar ist sie, die Sprache. Sie ist listig, empfänglich für die Abschweifung, offen für das Geheimnis und in der Lage, zum Verschwinden zu bringen, was einem nicht gefällt.

Zwei Gesänge

Auf kleinen, mit Tuch bespannten Klappstühlen sitzend, halten wir Ausschau, heimlich wünsche ich mir, dass kein Fisch anbeißt. Ich wünsche mir, dass aus einem zerrissenen Schlund kein Angelhaken herausgezogen und kein Kopf mit einem Hammer eingeschlagen werden muss. Aber wenn der Vater die leblosen Tiere auf den Küchentisch gelegt hat, kleine, kompakte Pakete, die einen spitz zulaufenden Kopf und offene Augen haben, denke ich nicht mehr daran. Es muss so sein, und es hat eine Ordnung, dass sie dort liegen. Meine ganze Aufmerksamkeit ist auf den stolzen Fischer gerichtet, den Beherrscher der idyllisch schilfbewachsenen Seen. Er weiß, wie man es macht, dass Fische zu ihm kommen und sich von ihm mitnehmen lassen. Weiß, wie man morgens das warme Frühstücksei aus dem Ärmel in den Eierbecher gleiten lässt. Frisch zum Verzehr. Frisch wie die Töne, intakt und tadellos, die er aus seiner Ledertasche auspackt.
Selten bin ich mit dem Vater allein im Haus, in seiner Gegenwart ist es schwer, ein Kind zu sein. Wir beide scheinen nicht dafür gemacht, als Vater und Kind in einem abendlichen Zimmer gemeinsam Musik zu hören. Vielleicht besitzt das natürlich gegebene Verwandtschaftsverhältnis zwischen uns zu wenig Zugkraft. Es kann sich nicht deutlich genug durchsetzen, gerät schnell ins Abseits und bietet keine Deckung. Das Zimmer hat sich in ein nebliges Vakuum gehüllt, ich sitze dem Vater mit einer Aufmerksamkeit gegenüber, die etwas glühend Eifriges, etwas Übereiltes und Alarmbereites an sich hat.
Das Lied, das wir hören, wird von Theo Lingen gesungen und heißt *Der Theodor im Fußballtor;* ein gerade sehr er-

folgreiches Lied, und erfolgreiche Lieder darf man sich nicht entgehen lassen. POLYDOR mit Lingen hat die Nase vorn gehabt, sagt der Vater, wir mussten den Titel so schnell wie möglich nachliefern. Der Sänger von ODEON trägt den Namen Erwin Hartung. Ich kenne nur Theo Lingen, den Mittelscheitelkomiker. Erwin Hartung kann noch so gut sein, packend, atemberaubend, aber er ist nicht Theo Lingen. Der Gedanke, den Vater angesichts dieser unlösbaren Aufgabe womöglich scheitern zu sehen, macht mich verlegen, sticht mir ins Herz. Wirklich schlimm wäre es, wenn Herr Hartung nicht nur der wesentlich namenlosere Sänger als Herr Lingen, sondern darüber hinaus auch noch der weniger gute ist. »Wie der Ball auch kommt, wie der Schuss auch fällt, der Theodor, der hält!«, singt auf der ODEON-Schallplatte Theo Lingens Stellvertreter. Es zeigt sich aber, dass er nicht schlechter ist als das Original, etwas energischer im Ton, weniger ironisch, auch weniger amüsant, dafür mitreißender. Mir gefällt seine Stimme sogar besser als Lingens näselnder Kammerton. Vaters Sänger macht Ernst, bei ihm sieht man einen Theo, der mit beiden Armen den Ball abfängt und gekonnt seine Fußballerbeine hebt. Lingens Theo dagegen hält lustlos hierhin und dorthin und nur ganz nebenbei sein verwöhntes Bein in die richtige Richtung. Es fällt mir leicht, meine Begeisterung für den vom Vater beschäftigten Sänger zum Ausdruck zu bringen. Er hat seine Sache gut gemacht, sagt er knapp, mit diesen Worten ist für ihn die Angelegenheit erledigt. Sein Sänger hat stimmlich die Stellung gehalten, das trifft sich gut mit meiner unbedingten Absicht, diesen zum Sieger des Wettstreits zu erklären.

Ich finde ihn sogar besser als Theo Lingen, sage ich. Das unverhoffte Rendezvous mit dem Vater macht mir Herzklopfen. Unsere Situation fühlt sich undeutlich gefährlich an, ich muss das Beste daraus machen. Spiel das Lied noch mal, bit-

te ich ihn, er nimmt den Tonarm auf und setzt erneut die Nadel auf. Wieder brechen die Pfiffe, die rhythmischen Rufe der Fußballfans über uns herein; Wellenschläge der Begeisterung. Unsanft hebt und senkt sich das Schwarz der Schallplatte mit der Neigung zu einem linksseitigen Hüpfer. Unbeeindruckt davon setzt die strahlende, taktfeste Stimme von Erwin Hartung, dem Konkurrenzsänger, ein. Nochmals horchen wir genau hin, wir belauern seine Torhüterqualitäten. Nichts entgeht mir von seinem Schwung, von seiner Tatkraft, während ich mir nach wie vor keine Vorstellung davon machen kann, wie es den Pfiffen, der Stimme, den anfeuernden Rufen möglich ist, Platz in den engen Rillen gefunden zu haben und jetzt, in diesem Augenblick, aus ihnen hervorzuschießen, als würde Herr Hartung neben unseren Sesseln einem Ball hinterherjagen. Die Frage ist doch, auf welche Weise sich seine Spiellaune aus den schmal geführten Verstecken der Scheibe herauswinden kann.
Theo, der Torhüter, und seine beiden Interpreten erweisen sich als gute Komplizen. Komplizen zeichnen sich dadurch aus, dass man in ihrer Gesellschaft mit dem Vater an einem Strang ziehen kann. Mir ist aufgefallen, dass Lingen den gleichen Vornamen hat wie der Fußball-Theo aus dem Lied. Ein ganz dummer Trick ist das, sage ich empört und setze noch ein Lieblingswort der Mutter drauf: ein Armutszeugnis sei das! Peinlich für POLYDOR! Dass außerdem der Firmenname nach einem Schuhputzmittel klingt, behalte ich lieber für mich. Man darf sich nur in ganz kleinen Bissen die Zustimmung des Vaters einfangen. Niemals auf breiter Front. Niemals so, dass er Verdacht schöpfen kann. Deshalb bleiben auch meine anschließenden Überlegungen zu POLYDOR unausgesprochen. Klingt nicht das Wort nach einem dunklen, geduckten Gebäude mit zahlreichen kleinen Fenstern und langen engen Korridoren? Unansehnliche und nieder-

trächtige Personen halten sich darin auf und denken sich Dinge aus, über die der Vater stolpern soll. Nochmals lasse ich ihn wissen, dass ich den Einfall mit der Namensgleichheit für erbärmlich halte. Man will damit von Theo Lingens schwacher Leistung ablenken, nur darum geht's, behaupte ich. Der Vater ist anderer Meinung, er spricht von einem durchaus brauchbaren Gag. Mir ist aufgefallen, wie nachsichtig er mit seinen Konkurrenten, ELECTROLA, TELEFUNKEN oder GRAMMOPHON und ihren Einspielungen ist. Kann man von ihm nicht erwarten, dass er sie in der Luft zerreißt? Meine Empörung scheint ihn zu amüsieren, denn er lacht. Aber auch das Lachen ist schön.

Nur so zum Vergnügen wird noch eine andere, eine ältere Schallplatte aufgelegt, ein Lied mit Zarah Leander. Schlängelnd beginnt sich die Schallplatte unter der Nadel zu bewegen, und es erhebt sich aus ihrer stockdunklen Masse und Maskierung eine Stimme, die schlagartig das Zimmer in ein Kerzenmeer versenkt. Die geborene Mikrofonstimme, ruft der Vater mir zu. Das Lied ist sofort in Produktion gegangen, ruft er. Probeaufnahmen sind bei ihr nicht nötig gewesen. Seine Stimme hebt sich hell von dem in Andacht versunkenen Gesang ab, klingt neben ihm fast wie Gebell. Es scheint ihn nicht weiter zu kümmern, dass wir uns in einem von Kerzen erhellten Saal befinden, in dem Frau Leander mit düsteren Sternen um sich schmeißt.

Inzwischen ist sie beim Refrain des Liedes angelangt, er erinnert an ein Märchen, weil der Wind sprechen kann und »ein Lied erzählt«. Sie singt davon in einem Ton, der all die anderen, der menschlichen Sprache mächtigen Märchenfiguren weit hinter sich lässt. Den Gestiefelten Kater, Schneewittchens Spiegel oder Aschenputtels Tauben. »Er weiß, was meinem Herzen fehlt«, versichert Zarah und lässt keinen Zweifel daran, dass für sie wie für jede andere Frau auf die-

ser Welt der Wind das Beste ist, was sie haben kann. »Der Wind ... der Wind«, haucht die Stimme und entfernt sich flüsternd in seine Richtung.
Der Vater hat seine Ellenbogen auf die Sessellehnen gestützt, die erhobenen Hände berühren sich an den Fingerspitzen und bilden ein Zelt, aus dem er hervorlugt, als könnte er die Stimme sehen; rücksichtslos, unheimlich, wie sie ist, ein Gong, der sich weigert, sich auf eine Tonhöhe festzulegen. Die Nadel durchläuft lautlos die letzten, breit geführten Rillen; Lied-Ende. Ihr sinnloses Hin- und Her am Etikettrand entlang lässt das Lied als Spuk erscheinen. Die Nadel setzt etwas fort, was gar nicht mehr da ist, verlängert das Gehörte um eine nicht enden wollende Bewegung.
Die ganze Zeit ist ein leiser Regen vernehmbar gewesen, der nun aufgehört hat. Es ist dunkel geworden, und der Vater sagt, willst du dir eine Mark verdienen? Er hat den Tonarm abgehoben, die schwere gewundene Silberkeule, und ihn in die Halterung zurückgesetzt. Am nächsten Morgen will er eine Angeltour machen, der sandige, märkische Boden ist nach dem Regen ideal zum Aufstöbern der als Köder benötigten Würmer. Er geht aus dem Zimmer, um die Taschenlampe aus der Garage zu holen. Eine sonderbare Stille hat eingesetzt, das Zimmer ist von einer Taubheit befallen. Taub von den Instrumenten, taub gemacht von der schwerwiegenden Stimme der Sängerin.
Wir suchen im Garten den nassen Rasen nach Würmern ab, der Vater hat die hell leuchtende Taschenlampe auf eine bestimmte Stelle gerichtet und stochert mit den Schuhen im Boden herum. Damit will er die Erdlöcher freilegen, in denen die Regenwürmer nach oben vorstoßen und dann direkt in den Lichtstrahl der Lampe geraten. Das ist es, denke ich: dieser gekonnte Umschwung, diese schnelle Hinwendung zu den Regenwürmern. Das macht die Erwachsenen so erwach-

sen. Dabei hält er einen kleinen Blecheimer in der Hand, in den ich die Regenwürmer hineinwerfen soll.

Ich suche den Boden rund um die große Kiefer ab und versuche, mich auf die dunkelroten, feucht schimmernden Würmer zu konzentrieren, ohne weiter an Theo und Zarah zu denken. Ich weiß, dass die Würmer die Eigenschaft haben, nach dem Regen aus den Gängen und Röhren ihrer unterirdischen Behausung an die Erdoberfläche vorzustoßen. Der Lichtstrahl der Taschenlampe gibt mir die Stelle vor, an der sich der Vater das Auftreten der Würmer erwartet. Ihre langgestreckten Körper unterscheiden sich kaum von den kleinen Ästen, den Kiefernnadeln und Gräsern, die den Boden bedecken, man hat auf die kleinsten Bewegungen zu achten.

Es ist keine angenehme Tätigkeit, die todgeweihten Würmer aus ihren Unterständen hervorzuziehen, ihre halb vom Erdreich umschlossenen Körperhälften mit der Schaufel auszugraben. Der Vater sagt, sie kennen keinen Schmerz. Schmerzunempfindliche Tiere seien das, meint er. Ich tue gut daran, ihm zu glauben, und steche mit der Schaufel kreisförmig in den Boden hinein, hebe den ausgegrabenen Erdklumpen in die Höhe und habe so mit einem Mal eine Vielzahl von Tieren erwischt. Sie lösen sich wie von selbst aus dem Ballen heraus und landen in dem kleinen Eimer, den der Vater ihnen hinhält. Er muss das Lied und den Wind vergessen haben, als er jetzt den Lichtstrahl auf den Eimer richtet, um dessen Inhalt zu überprüfen. Zu Torwart Theo aber besteht zweifellos weiterhin eine Verbindung. Auch Theo geht seiner Lieblingsbeschäftigung nach, im Luftsprung nach dem Ball greifend. So wirft der Vater in Gedanken schon seine Angel mit dem Regenwurmköder aus. Ich klopfe die erdigen Brocken von den Tieren ab und erhalte eine Mark dafür, der Vater kann seine Angeltour machen, es hat alles seine Ordnung, nur die Tiere mit ihrem unentwegt spiralförmigen Gleiten und Sich-Winden stoßen mit ihren Körpern ziellos ins Nichts vor. Während sie erdverkrustet in den Behälter fallen, greife ich auf die bewährte Formel zurück, die ich mir für die Regenwürmer ausgedacht habe. Da sie hässlich, eklig und verabscheuungswürdig sind, verdienen sie ihr Schicksal. Sonst würden sie bestimmt ein anderes haben: ein Schicksal, das es ihnen erspart, bei Regenwetter aus der Erde aufzutauchen, um im Licht einer Taschenlampe eingesammelt und auf Vaters Angelhaken gespießt zu werden. Je länger ich darüber nachdenke, desto verdienter kommt es mir vor, dass ihnen dieses Los zugefallen ist.

Es ist längst Schlafenszeit. Zeit, ins Haus zurückzugehen, in dem noch die Stühle vor dem Schallplattengerät wie vor einem Konzertpodium aufgestellt sind.

Verkehrt herum

In den Augen des Vaters war es nun so weit, andere Kinder hatten in diesem Alter längst schon wichtige Aufgaben übernommen. So wie er selbst, der einen ganzen Zirkus auf Trab gebracht und für die Aufstellung der Ponyparade gesorgt hatte. Wenn er abends nach Hause kam, wollte er sich an einem Lichtblick erfreuen; diesen Lichtblick sollte ich ihm bieten. Die Tochter, so war es besprochen, sollte für ihn singen und tanzen; sollte das Zimmer in eine Singspielbühne verwandeln. Bühnenluft ausatmen.
Aber wie? Wie denn Teil des uneinsehbaren Imperiums werden, ohne zu wissen, welcher Art die magischen Beschäftigungen waren, denen der Vater dort nachging? Schlimmer andererseits, keine Rolle darin zu spielen. Meine ganze Hoffnung richtete sich darauf, es werde sich im Augenblick äußerster Anspannung blindlings und auf einen Schlag eine Möglichkeit für mich zeigen, mit der keiner gerechnet hatte. Am wenigsten der Vater, den ich durch meine Darbietung zu der Erkenntnis bringen würde, dass er zu uns gehörte, nicht zu den Damen in der Stadt, auf deren blumengeschmückten Schultern er gern seine Hand ruhen ließ wie auf dem Foto jener Abendgesellschaft mit Richard Tauber.
Zur Auswahl schlägt er zwei Wiener Lieder vor, das eine hat mit einem Jungen zu tun, der Heinerle heißt, das andere zeichnet sich durch lustige Zungenbrecherqualitäten aus, weil sein Refrain *Lach a bissel, wein a bissel* blitzschnell und lokomotivisch exakt mehrfach wiederholt werden soll. Das Lachen und das Weinen, verwoben zu einem eiligen Gefühlsgehaspel, das Lied gefiel mir nicht, es schien außerstande, auch nur annäherungsweise zu verstehen, was sich tatsäch-

lich und tagtäglich abspielte, unsanft, bestürzend fremdartig; allein schon im Umkreis des Musikzimmers. Es würde das von Haus aus tastenflüchtige Klavierspiel des Vaters begünstigen, das sich anhören konnte, als würde er die Töne nur antippen, im Vorbeigehen bei ihnen anklopfen. Seine Neigung des lässigen Beiseitespielens würde ungemildert ans Licht kommen, die Hände würden sich häufiger in der Luft als auf den Tasten befinden und die Tasten nicht bis zum Anschlag heruntergedrückt, sondern kaum angespielt, auf halbem Wege stehen gelassen werden. Bodenlose Töne, auf den Weg gebracht, ohne sich aufhalten zu dürfen. Lach a bissel, sagten sie, glaube mir, das Leben ist nicht so gemeint.
Ich entscheide mich für das andere Lied, Heinerles Bittgesang. »Muatterl, i möcht ma was Schön's jetzt kaufen. / Heinerle, Heinerle, hob ka Göt / Muatterl, i möcht jetzt zum Kaschperl laufen. / Heinerle, Heinerle, hob ka Göt.« Die geschmeidigen Bilder, die geschulten Stimmen im Kopf des Vaters hängen als Damoklesschwert über mir, ich versuche, an ihnen vorbeizudenken, zu vergessen, dass der Saum meines grünen Strickrocks bei jeder Bewegung lächerliche, kleine Hüpfer macht, und horche auf seine ersten Anweisungen. Ihm fehlt das Verständnis dafür, dass ein Kind nicht zwangsläufig als Coupletsängerin auf die Welt kommt. Ich versuche, das Zusammenspiel der Figuren, die ungeordnet Aufstellung im Zimmer genommen haben, zu überblicken: den armen Heinerle; den Klavier spielenden Vater; den die Vortragskunst der Mutter missbilligenden und deshalb von der Mutter enttäuschten, von seiner Tochter dagegen große Bühnenkunst erwartenden Vater; den sich am Klavier in einen abendlichen Artisten, einen Musiker verwandelnden Vater. Jongleur im Reich der Zeichen, die sich zwischen mir und der Mutter, zwischen der Musik und Heinerles Kaschperle-Welt hin- und herbewegen.

Vielleicht lag es am Lied, das *Heinerle*-Lied war einfach schlecht gewählt. Es ist ein heiteres Lied, sagt der Vater, auf keinen Fall darf es kläglich klingen, auf keinen Fall weinerlich und schon gar nicht flehentlich. Mehrmals muss ich die Verse wiederholen, es macht mich verlegen, ich schäme mich dafür, die immer gleiche Melodie zu singen. Heinerles Bitte kommt mir von Mal zu Mal unglaubhafter vor, mehr und mehr zweifle ich an seiner Aufrichtigkeit. Der Vater hat inzwischen einen zweiten Schauplatz eröffnet, eine Reihe von Schrittfolgen mit halben Drehungen, ausgebreiteten, angewinkelten oder in der Taille abgestützten Armen soll dem Lied und meiner Stimme unter die Arme greifen. Pünktlich zu Taktbeginn ruft er eine neue Order aus, gibt eine neue Bestellung auf. Er weiß, wie es geht. Jetzt die linke Hand, nicht die rechte, die linke, höre ich ihn rufen. Fußspitze kreist, ich sagte kreisen. Du hebst sie nur, ruft er. Was macht dein Kopf schon wieder? Niemals nach unten schauen! Fußspitze kreist. Jetzt der Doppelschritt rechtsherum. Der Vater hat seine Stimme erhoben, sie klingt ungeduldig, drängend.
Fußspitze? Drehung? Ich kann nicht einmal mehr richtig stehen. Die im Zauberreich herrschenden Verhältnisse erweisen sich als vollkommen ungeeignet für mich, ein absonderlicher Aufstand meiner Anatomie hat begonnen. Ziellos schlägt der Körper in alle Himmelsrichtungen aus; in die Enge getrieben, auf den Grenzlinien der Balance, hat er sich neue Eigenschaften zugelegt. Es wachsen ihm Füße, da, wo vorher keine waren. Köpfe, die schwerelos, abgekoppelt vom übrigen Bewegungsapparat, auf ihrem Eigenleben, auf einem eigensinnigen Verkehrtherum bestehen. Er denkt sich Hände aus, die sich ins Gehege kommen, ins Nichts greifen, in einem physischen Niemandsland eintreffen. Der Vater hat seine Zurufe eingestellt, stumm setzt er sein Klavierspiel fort, bis das Lied zu Ende ist, dann klappt er den Klavier-

deckel zu. Er muss erkannt haben, dass die häuslichen Kleinkünstler, das Familienkabarett keine Zukunft hat, jedenfalls nicht in diesem Hause. Das Unternehmen ist gescheitert; unglücklicherweise laienhaft. Gerade das Scheitern brauchte Könner. Als Dauergast im »Kabarett der Komiker« kannte er sich darin aus.

Es war Heinerles Schuld. Der kleine, um Geld bittende Bub, das konnte ja ich selber sein! Wie hätte man aus einem so kleinen Jungenleben Funken schlagen können! Warum hatte man mir kein Lied vorgeschlagen, das mit der Stadt, mit den Menschen dort zu tun hatte? Dann wären mir die richtigen Schritte ganz von selber eingefallen. Der Körper, davon war ich überzeugt, hätte gewusst, wohin mit seinen Armen und Beinen. Was verstand ein Heinerle denn schon von Automobil fahrenden Frauen, auf deren Schoß ein Löwenbaby saß? Von Liedern, die *Fox mineur* oder *Morphium* hießen? Oder *Ich hab, ich bin, ich wär* und *Heut ist die Käthe ethe-pe-thete*? Von Gitta Alpar, die *Sags mir hundert Mal* sang? Ich hätte es schaffen können: mit einem Lied, das von unberechenbaren, von einer Federboa umhüllten Frauen und unruhigen Herzen handelte, von gefühlsstarken Verabredungen, verschlüsselten Botschaften.

War Heinerles Wunsch, »zum Kaschperl zu laufen«, nicht längst für mich in Erfüllung gegangen? Ich hatte es geschafft, mittendrin zu sitzen in einem Kasperletheater. Wo verzauberte Spiegel die Konturen schärften. Wo die Geräusche dichter und lauter, die Figuren größer, die Gesichter unbekannter waren und die Musik zu einer Schlagkraft aus Nirgendwo ausholte.

Der Knalleffekt

Wer Teil eines Knalleffekts war, machte etwas von sich her, der sprang an wie ein Motor und zog die Aufmerksamkeit auf sich wie ein Operettentenor.
Die sich drehende, schwarze Scheibe war ein Knalleffekt; ebenso die Glissandi über die gesamte Breite der Klaviertastatur und der Auftritt des Vaters vor den ODEON-Direktoren. Das Wort hinterließ ein Gefühl von Ausgelassenheit, es blitzte nur so vor Gekonntheit. Ich hätte mich gern an die Fersen des Knalleffekts geheftet und träumte davon, dass er auch für mich ansprang wie ein Motor und seine Arbeit aufnehmen würde. Aber er tat sich schwer damit und ließ sich Zeit, man musste ihm einen Schubs geben, von selber kam er offenbar nicht darauf.
Dem siebenjährigen Jungen aus der Stadt, dessen Besuch wir erwarteten, eilte der Ruf voraus, »Sohn des Tonmeisters« zu sein. Kleiner, unbekannter Kerl, dachte ich. Bub aus irgendeiner Straße in irgendeinem der vielen Stadtbezirke ohne Garten und Hund und Hühnerstall. Ohne die Nachbarschaft der Ufa-Schauspieler und Frau Hirschmann von nebenan, die Dessous vorführte.
Aber er hatte etwas anderes zu bieten, er hatte einen Vater im Schlepptau, von dessen Beruf er, ohne sich auch nur einen Gedanken darüber zu machen, ungerührt profitierte. Als »Sohn eines Tonmeisters« konnte man sich schon vor seiner Ankunft ein überaus klares, ein vor Eindringlichkeit geradezu glühendes Bild von ihm machen. Sein Vater konnte als Meister der Töne bestimmt die bestechendsten Dinge mit ihnen machen. Er bündelte und ballte sie nicht zusammen, stopfte sie nicht in winzige, schwarze Rillen hinein, wie der undurch-

sichtige eigene Vater es tat, sondern rief sie offen zu sich, gab ihnen Anweisungen und sagte ihnen, wie sie zu klingen hatten, welche Dauer ihnen zustand und in welcher Höhe oder Tiefe er sie haben wollte. Als ich bald darauf, nach unserer Übersiedlung in die Stadt, im Aufnahmestudio dem freundlichen Herrn Woltersdorf bei der Arbeit zuschauen konnte, stellte ich fest, dass meine Vorstellungen haargenau stimmten. Vor einem Mischpult stehend, fuhrwerkte er mit seinen Händen an Schalthebeln und Reglern herum. Es sah aus, als würde er im Stehen Auto fahren und dabei Töne erzeugen, die er gleichzeitig umkrempelte. Er »säuberte« die Partie der Sopranistin und streckte ihre zu kurz geratenen Spitzentöne; verpatzten Einsätzen verlieh er eine taktfeste Struktur; schaffte den Hallraum aus der Welt, da, wo er störte. Oder er verstärkte ihn: so, dass sich die Stimmen und Instrumente in einem leiser und leiser werdenden Vibrato entfernten, als würden sie sich in einer über dem Mischpult hängenden Wolke verlieren. Er setzte die mehrfachen Einspielungen, die ihm als Kette aufeinanderfolgender Winzlingsmomente vollkommen gegenwärtig zu sein schienen, neu zusammen, mixte und montierte, was das Zeug hielt, bis das zusammengestückelte Werk wie aus einem Guss gemacht erschien.

Nach seiner Ankunft zeigte mir der Junge eine Reihe bunter Glaskugeln, die er einem ledernen Beutel entnahm, sie leuchteten wie Edelsteine. In ihrem Innern wanden sich spiralförmig angeordnete, farbige Fäden. Es gefiel mir, wie genügsam und friedfertig sich der kleine Ferdinand mit seinen Kugeln beschäftigte und sich in ihr wechselvolles Farbenspiel vertiefte. Als »Sohn des Tonmeisters« brauchte er nicht mehr, um eine große Nummer zu sein. Das reichte schon, um als eine feste Größe in der Wirklichkeit mitzumischen. Man konnte es sich leisten, nichts anderes zu tun, als das reichhaltige Innenleben schöner Glaskugeln zu studieren.

Bald aber rückte er mit einer Reihe zusätzlicher Talente heraus und behauptete, auf seiner Geige jede einmal gehörte Melodie nachspielen zu können. Außerdem machte er sich mit der Bemerkung wichtig, Johann Strauss sei ein »Ehebrecher« gewesen. Das Wort gefiel mir, was immer es auch zu bedeuten hatte, ich fand es anregend, wenn auch gefährlich, beinahe so schlimm wie das vom »Verbrecher«. Das Radio-Ratespiel, bei dem wir die Ansagerstimme unhörbar leise einstellten, um abwechselnd die gespielten Musikstücke zu erraten, ging ebenfalls zu seinen Gunsten aus. Er war, ohne zu zögern, auf Michael Glinkas Ouvertüre zu *Ruslan und Ludmilla* gekommen, während ich nur eine Symphonie von Bruckner erriet. Jedes Kind kennt die Musik von Anton Bruckner, mein Erfolg hatte nahezu keine Bedeutung, jedenfalls wog er nicht so schwer wie die Beute, die der Junge mit *Ruslan und Ludmilla* gemacht hatte. Er machte viel Wind um sich, obwohl als »Tonmeistersohn« mit Geige und Glinka ohnehin schon auf der Siegerbahn. Ob er sich hin und wieder die Frage stellte, was es eigentlich auf sich hatte mit diesem Kind aus Osthavelland, der Tochter des Gastgebers? Und dabei kannte er noch nicht einmal die wirklichen Abstürze meines Lebens, ahnte nicht, dass ich ein Kind der gescheiterten Lied-Auftritte war und der Abkömmling vergeblicher Bemühungen, Antworten für ein paar grundlegende Fragen in meiner näheren Umgebung zu finden.

Ich hatte beobachtet, dass er die Uniformen der russischen Soldaten nicht kannte, sich über deren kragenlos saloppen Zuschnitt wunderte und ihn der Unterschied zwischen dem Aufzug der Soldaten in seinem Berliner Stadtteil und den fremdartig geschnittenen Mützen, den in der Taille von einem Gürtel zusammengehaltenen Blusen der Russen beschäftigte. Ihn erboste ihr lautstarkes Singen, wenn sie in ihren Lastwagen an uns vorbeifuhren, ihre staubigen Stiefel, ihre geröteten Gesichter, die Rücksichtslosigkeit, mit der sie ihre schweren Wagen mit Karacho durch den Ort steuerten und dafür sorgten, dass die Benutzung der Straßen nur unter Lebensgefahr möglich war. »Das Russische« der hiesigen Siegermacht stellte für ihn eine neue, schwer einschätzbare Welt dar.

Im Lauf der Zeit hatte ich einige Brocken der fremden Sprache aufgeschnappt; Zurufe, häufig wiederkehrende Redewendungen. Hier und da würde ich sie von nun an in die Gespräche mit unserem Besucher einfließen lassen, ich übertrug den beharrlichen Einsprengseln des Unvertrauten die Aufgabe, das Westuniversum des kleinen Ferdinand ins Trudeln zu bringen. Stück für Stück baute ich den Boden weiter aus, schliff und feilte an den Zutaten, die mich als festen Bestandteil, als Zubehör der von dem Jungen bestaunten Vorgänge erscheinen lassen sollten. Den Besuchen des Soldaten Grigorij, der mich auf seinen Schoß gesetzt und mit verschwitzten Händen an sich gedrückt hatte, verlieh ich eine Dauer, als habe er, mich im Arm haltend, monatelang im Haus mit uns zusammengelebt und uns als Dank sein Gewehr überlassen, mit dem wir uns regelmäßig im Garten vergnügten.

Aber mehr als alles andere würden mir die Lieder des jungen Russen zu Hilfe kommen, vom »Sohn des Tonmeisters« konnte man erwarten, dass vor allem sie ihre Wirkung nicht verfehlten. In meiner absonderlichen Darbietung hätte man vermutlich in ganz Russland die *Schwarzen Augen* und das *Wolgalied* nicht wiedererkannt, aber ihr unverkennbar auf Moll gestimmter Trauerton reichte aus, den Jungen aus dem Westen in meinen Zuhörer zu verwandeln: ich hätte ihn gern mit den unbekannten, teilweise frei erfundenen Tonfolgen wie im Märchen von Hexenhand berührt. Mochten ihm bei meinen Grigorij-Geschichten noch leise Zweifel gekommen

sein, dem Gesang hatte er nichts entgegenzusetzen, mit Liedern treibt man keinen Spaß. Ich hatte offensichtlich den Ton getroffen. Mit seiner Hilfe arbeitete ich die Täuschung bedenkenlos weiter aus. Immer öfter nahm ich unseren Besucher zur Seite, niemandem durften meine tollkühnen Verlautbarungen zu Ohren kommen, und versorgte ihn mit Neuigkeiten. Ich verabredete mich mit ihm hinter dichtem Gartengesträuch oder dem Schutzschild der in der Sommerhitze vor sich hindünstenden Mülltonnen.
Wir waren bald an einen Punkt gelangt, an dem ich mir jede Freiheit erlauben konnte. Ich eröffnete ihm, dass ich fließend russisch spräche und nicht nur das, die Sprache der Besatzer sei meine heimliche Muttersprache, ein Umstand, von dem nicht einmal die Eltern wüssten. Ich hatte aufgeholt und war übermütig genug, mich von dem Jungen auf die Probe stellen zu lassen. Er solle mir ohne Scheu alle möglichen Wörter zurufen, die ich ihm »ins Russische« übersetzen wollte. Ich hielt mich bei meinen Antworten an Klänge und Laute; reihte Fremdvertrautes aneinander. Lernwillig hatte er am nächsten Tag ein Stück Papier und einen Stift bei sich und begann, meine Angaben in krakeligen Buchstaben lautschriftlich festzuhalten. Ich hatte seinen nüchternen Jungenverstand, der nach einer Überprüfung der Talente und Herkunftsbedingungen der unheimlichen Gastgebertochter verlangte, unterschätzt und die mir gestellte Falle zu spät erkannt. Das Vergnügen, den kleinen Ferdinand aufs Glatteis zu führen, wuchs sich zu einer aufreibenden Beschäftigung aus. Seine Fragen ließen nicht lange auf sich warten. Gestern habe der Garten »benchnijow« geheißen, heute dagegen »rudinski«. Das Haus habe nach »wrodpraha« geklungen, nun aber nach »garaginjew«. Und was war mit der Uniform los? Heute hätte ich sie »unjiformjie« genannt, gestern »nasnistgorod«.

Vorhaltungen wie diese verlangten, um es in der Sprache des Vaters zu sagen, nach einem »Auf-die-Tube-Drücken«. Nun ging der Kampf nicht mehr nur um Wörter, sondern weitete sich auf ihre Geltungsbereiche, auf schlüssige Hinweise ihrer Anwendung aus. Der Garten konnte ein bepflanzter Nutzgarten sein, das andere Mal ein brachliegendes, unbebautes Stück Land, erklärte ich. Vorgarten, Blumengarten, Ziegenweideland. Im Innern ihres Panzers trugen die Soldaten andere Uniformen als außerhalb davon; natürlicherweise wechselten die Bezeichnungen dafür. Und ein Haus konnte bewohnt oder unbewohnt, es konnte von der Besatzung eingenommen oder vom ursprünglichen Eigentümer genutzt sein. Wir hatten uns in zwei schwergeprüfte Spielkameraden verwandelt. Der Junge verbrachte nun weniger Zeit mit seinen Kugeln, und ich hatte einen Zettel angelegt, auf dem ich nach den täglichen Sprachstudien aus dem Gedächtnis meine Erfindungen dem Klang nach aufs Papier zu bringen versuchte. Die Tatsache, dass ich meine Beredsamkeit aus einer Unwahrheit bezog, verlor mehr und mehr an Bedeutung. Man konnte meine Kenntnisse allein schon deshalb bald nicht mehr in Zweifel ziehen, weil in ihnen mindestens genauso viel Arbeit steckte, so viel zähes Ringen um Rede und Gegenrede, wie für das gewissenhaft betriebene, gezielte Sprachstudium notwendig gewesen wäre.

Ferdinand machte einen gefassten Eindruck, als er sich nach einer Woche verabschiedete. Er misstraute mir, konnte sich aber wohl nicht dazu durchringen, mich für eine Lügnerin zu halten. Als »Sohn des Tonmeisters« würde er keinen Sinn darin sehen, dass jemand sich die Mühe machte, eine Sprache zu erfinden. Nie und nimmer würde ihm dafür eine Erklärung einfallen. Es blieb ihm also gar nichts anderes übrig, als meiner »russischen« Herkunft Glauben zu schenken.

Schwarze, weiße, rote Autos

Ich befinde mich in einem Zimmer, in dem es niemals ganz still und niemals ganz dunkel ist. Vorbeifahrende Autos werfen nachts ein helles Licht durchs Fenster wie Sonnenstrahlen und lassen die Möbel leuchten, es kommt mir vor, als wollte mir die Stadt ihre Vertrauenswürdigkeit beweisen. Nach unserer Übersiedlung sind die Zeiten der gespensterhaft lautlosen Nächte vorbei. Totenstill ist es nachts im Haus gewesen. Und doch war aus irgendeiner Ecke ein Knistern oder Rascheln zu hören. Es konnte von einer Maus, von einem Zweig im Garten, einem Geist oder auch von meinem quälenden Lauschen selber herrühren. Es waren Geräusche, die von sich aus die Forderung stellten, ihnen stundenlang hinterherzuhorchen und sich in ihr abebbendes, ihr wiederauftauchendes oder unheimlich verstummtes Kommen und Gehen zu vertiefen.
Mein Bett ist von den am Haus vorbeigehenden Passanten weniger als ein Steinwurf entfernt. Ihr Rufen oder leises Sprechen klingt wie ein Schlaflied. Ein Straßengeräusch-Lied, komponiert aus dem Klang von Schuhen, die auf dem Pflaster aufsetzen, dem Ton vorbeifahrender Autos und dem entfernten Gekreisch der Straßenbahn. Sie verkehrt bis spät in die Nacht und meldet sich beim Einbiegen in die Kurve mit dem immer gleichen grellen Reibungsgeräusch im Zwanzigminutentakt zur Stelle.
Früh am Morgen ist mir oft der erste Vogellaut als Rettungsanker erschienen. Jetzt beginnt der Tag mit der Tür des gegenüberliegenden Zeitschriftenladens, die mit einem bestimmten Ton in die Angeln fällt. Vom Fenster aus kann ich die Kunden sehen, die ihre Morgenzeitung in der Hand hal-

ten. Im benachbarten Schaufenster zeigt sich der weiße Ärmel des Apothekers. Er greift über den Ladentisch und nimmt ein Rezept entgegen. Wenn er Geld in die silberne Kasse legen will, drückt er auf einen Hebel, und die Kasse öffnet sich. Weit und breit kein Obstbaum, dessen Zweige im Dunkeln so *sprechend* ausgesehen hatten. Dafür Autos in allen Farben, die über die Kreuzung fahren, mehrere Wochen lang führe ich eine Strichliste, um ihre am häufigsten vorkommenden Farben zu ermitteln.

Schon am ersten Abend ereignet sich im gegenüberliegenden Haus Unterhaltsames, im zweiten Stock, in Augenhöhe mit unserer Wohnung, ist ein Tisch zu sehen, in dessen Mitte eine weiße Schüssel steht; eine Frau füllt mit einer Kelle in die ihr zugereichten Teller Suppe ein. Niemals zuvor habe ich andere Leute aus einer solchen Nähe beobachten können. Ihr ruhiges Dasitzen und Suppelöffeln ist noch erregender, als den Kasperlefiguren zuzuschauen, die gerade noch mein ganzes Entzücken gewesen sind. Es hat Gründe genug dafür gegeben, dass die Kasperlefamilie grundsätzlich mit erhobener Stimme sprach und mit Stöcken um sich warf, bedauerlicherweise aber blitzte in den Röcken der Großmutter, die sich über die Rampe beugte, mehrmals der Ehering des Vaters auf; ein entscheidendes Manko der Holzpuppengroßfamilie. Ab und zu passierte es auch, dass seine Stimme nicht schnell genug von der tückischen Tonlage des Teufels hinüberwechselte in die laut schreiende Gretel-Stimme und deshalb, nur kurz, aber unverkennbar, die impulsive Gretel mit der leise hinterlistigen Stimme des Teufels gesprochen hatte.

Mit solchen Patzern hatte man bei der im gegenüberliegenden Fenster sichtbar gewordenen Familie nicht zu rechnen. Von einer Deckenlampe beleuchtet, ist die Frau deutlich zu erkennen mit ihrem dunklen, aus dem Gesicht nach hinten gebürsteten Haar. Ich würde, ohne mich an sie erinnern zu können, auf der Straße an ihr vorbeigehen. Und doch ist es verlockender, ihr zuzusehen, als dem prügelnden Kasperle und dem klumpfüßigen Teufel mit seinen Verstellungskünsten. Um die am Halsausschnitt der Frau befestigte Schleife und die Gesichter der Kinder genauer sehen zu können, habe ich den Kopf nah ans Glas des Fensters gelehnt. Nichtsahnenden Menschen bei ihren Tätigkeiten zuzuschauen, hat bereits nach diesen wenigen Augenblicken das Zeug dazu, zu meiner Lieblingsbeschäftigung zu werden. Plötzlich aber steht einer der Esser auf und zieht mit zwei schnellen Handgriffen eine Gardine vor das Bild, es ist mir nicht der Gedanke gekommen, dass ich für die Leute dort drüben genauso sichtbar bin wie sie für mich. Die Betrübnis über das abrupte Ende der Besichtigung ist schnell verflogen, ich weiß, wie es weitergeht. Die Suppe in den Tellern wird weniger und weniger werden, die Familie vom Tisch aufstehen, das Geschirr wegräumen, einer von ihnen wird die Stühle zurechtrücken, ein anderer die Lampe löschen, alles hat eine ins Auge springende Ordnung.

Ich soll die Mutter bei ihren Besorgungen in die Apotheke begleiten, vor dem Ladentisch stehend, stelle ich mir vor, wie ich in diesem Augenblick von meinem Fenster aus zu sehen bin. Der Apotheker macht der Mutter Komplimente. Sie trägt ein Paar Schuhe, die ich bei den Damen in den frühen Gesellschaftsmagazinen gesehen habe, Schuhe aus schwarzem Leder, in denen der Fuß aufrecht steht und auf den Zehenspitzen herumläuft. Berlin ist kein Ort für Gummistiefel. Die Mutter schaut dem Apotheker auf die Hände. Er zeichnet mit biegsamen Bewegungen Schnörkel in die Luft. Unentwegt lässt er im Gespräch mit ihr Wörter fallen, die auf »ös« enden. »Tendenziös«, »desaströs« und »spinös«.
Die Mutter lacht über ihn, lacht ihn aus und lacht ihn an,

sein Sprechen über nichts scheint ihr zu gefallen. Auch das Verabschiedungsgeplänkel. Sie hat ihr früheres Pflaster wiedergefunden, wenn auch ein in Mitleidenschaft gezogenes, ein von kraterartigen Einbuchtungen in die Tiefe gezogenes. Ein Pflaster, das von riesigen Schuttbergen hügelig aufgestockt ist, die sich wie geborstene Gipfel zwischen den Wohnhäusern behaupten. Wo man hinschaut, Zusammengescharrtes, in die Brüche Gegangenes. Unordentliche, konfuse Oberflächen. Panoramen der Ungereimtheit. Planlose Gebilde aus Stein und Glas, aus Eisen und Holz, das sind die Gärten dieser Stadt.

An den Rändern der Schuttberge haben sich kleine Steine abgelöst, die einzeln herumliegen, Vorübergehende heben sie auf, betrachten sie eine Weile und werfen sie auf den Haufen zurück. Manchmal klettern kleine Jungen staubbedeckt einen der Steinberge hinauf. Oben angekommen, heben sie triumphierend die Arme und schreien den Passanten ihre Begeisterung zu. Vom Spuk russischer Lastwagen scheint dieses Leben nichts zu wissen, hier passieren schwarze, weiße, rote, gelbe Autos von rechts und von links kommend die Kreuzung und achten genau darauf, wo sie hinfahren.

Die Arbeit des Vaters findet nun *um die Ecke* statt. Wenn er abends nach Hause kommt, bringt er geräucherte Bücklinge, Südfrüchte und Corned Beef in der Dose mit. Die Stadt ist nicht länger sein persönlicher, ureigenster Bereich, sie ist überall. Sie ist in den Straßengeräuschen und in mir. Der *Fliegende Holländer* hat heimgefunden, eine Entwicklung bahnt sich an. Es wurde Zeit. Man kann nicht ewig ein von Mysterien gebeuteltes Kind sein.

Der Einschnitt ist roh, ereignisreich, ergreifend. Berlin stellt Ansprüche und neue Schauplätze zur Verfügung. Es hat etwas Unmissverständliches an sich und erlaubt kein Stillstehen, aber es verlangt auch kein Stillhalten. Die Stadt ist ein Betätigungsfeld, die geradlinigen Korridore des Schulgebäudes können sich in den Pausen akustisch in die weitläufigen Gänge einer Kathedrale verwandeln. Den Schülern verleiht die Selbstverständlichkeit, mit der sie Städter und kleine Kinder sind, ein absichtsvolles, geradezu herausforderndes Aussehen. Es stellt sich für mich die Frage, wo ich mein exotisches Gepäck absetzen kann: das Los der brachliegenden Diseuse, die das Lied vom *Heinerle* nicht leiden kann und die Bilder von Augenpaaren und Augenweiden mit sich herumträgt, von Opernsängerkostümierungen und vergilbten Fotos mit ihrem Nachklang von Glanz, Geist und einem unbekannten Schicksal.

Schallplattenaufnahme

Abends gingen beide häufig aus, besuchten Veranstaltungen, man schaute aus nach neuen Talenten, nach guten Leuten für das ODEON-Nachkriegsprogramm. Leerstehende Säle früherer Grandhotels, die Aulen großer Gymnasien waren zu Studios umgebaut worden. Zu den ersten Interpreten gehörten *Die 3 Travellers*, Sonja Ziemann, Hans Albers, Adolf Wohlbrück, ihre Lieder hießen *Ich hab so Heimweh nach dem Kurfürstendamm, Nach Regen scheint Sonne, Ich hab' nichts, und du hast nichts, Gluck, gluck, gluck, die Ella, Dreht euch im Reigen nach alter Weise* und *Cement-Mixer*.
Sie kamen von einer Abendeinladung Paul Woitschachs, Komponist und Orchesterleiter, zurück, der seinen Gästen nach dem Abendessen ein von ihm neu komponiertes Lied vorstellte. Das ist ein Lied für dich, sagt der Vater beim Nachhausekommen, die Mutter macht einen mitgenommenen Eindruck. Ergriffenheit hinterlässt in ihrem Gesicht eine gerötete Nase und Augen, die schmerzlich in eine unbestimmte Ferne gerichtet sind. Einige der Gäste hätten nach dem Lied geweint, teilt sie mir mit, setzt sich, sonst so besorgt um meinen Schlaf, am Fußende des Bettes nieder und fängt an, ohne sich mit weiteren Erklärungen aufzuhalten, das gerade gehörte Lied nachzusingen; es nachzustellen.
Der Vater winkt im Schlafanzug vom Türrahmen aus kurz zu uns herüber, er hat es eilig, Dramatik liegt in der Luft. »Geh nur«, singt die auf der Bettkante sitzende Mutter in diesem Augenblick. Ihre Augen schauen mich durch einen Tränenschleier hindurch an, »geh nur und spiel, sagt die Mutter zum Kind, spiel mit der Sonne und spiel mit dem Wind.« Etwas Bestürzendes, Drohendes liegt in diesen Wor-

ten, etwas Gefährliches im Atmosphärischen. Es hat sich durch die mütterliche Stimme hindurch unbeirrt einen Weg gebahnt und findet in der nächsten Strophe eine schauerliche Bestätigung, die den Tod der Mutter bekanntgibt und unausgesprochen die Nachricht mitbringt: jetzt schaust du, du Kind. So schnell kann's gehen! Ja, jetzt ist's zu spät. Jetzt ist sie tot und an gebrochenem Herzen gestorben! Wärst du nur bei ihr geblieben, statt im Garten mit der Sonne zu spielen.
Lange würde ich dem Weinen der Mutter nicht mehr standhalten können. Ihr Gesicht ist nass, und auf der gepuderten Haut haben sich kleine, abschüssig verlaufende Wasserstraßen gebildet. Ihre Augen, in ein tuscheschwarzes Rondell eingebettet, haben das Aussehen von Gucklöchern angenommen, die Stimme schlingert, ein an die kompositorischen Schleifen und Wendungen sich herantastendes, unsicheres Instrument. Von leisem Schluchzen unterbrochen, nur bröckchenweise zu hören, klingen die unvorhersehbaren Abbrüche, Neueinsätze und Korrekturen so, als versuche jemand, kleine Trümmerstücke, aus einem Ganzen herausgesprengte Partien, erfolglos wieder zusammenzusetzen.
Auf diese Weise kann sich die Liedmutter, tot und Forderungen stellend, nicht vortragsreif zu Gehör bringen: ich kann ausweichen, mich wegducken. Die Kehle fühlt sich an, als sei ihr ein Stück Eisen eingesetzt worden. Der Hals ist unerwartet eng, für den Atem beinahe unpassierbar geworden. Noch lange nachdem sich die Mutter mit einem Gutenachtkuss verabschiedet hat, hämmert das Herz mit schnellen, trockenen Schlägen gegen den Brustkorb. Es kommt mir zum ersten Mal der Gedanke, dass eine Mutter sterben könnte, schon ihr Tod ist furchtbar, aber auch die Aufgaben, die in diesem Fall auf mich zukommen würden. Ich denke an die Extrawünsche des Vaters bei Tisch, die täglich frisch gebügelten Hemden, seine späten Schlafenszeiten. Vor allem be-

schäftigt mich der Gedanke an sein schwer erträgliches Schweigen, an die unerklärliche Stille, die bei einem Leben zu zweit unüberblickbare Ausmaße annehmen konnte. Die Vorstellung, ihn ganz für mich allein zu haben, ist dennoch von einem heftigen Gefühl der Zustimmung begleitet, für das ich mich schäme, weil es voraussetzt, dass der Mutter etwas zugestoßen ist und sie vielleicht niemals wieder zurückkommen wird.
Reuevoll horche ich noch eine Weile dem Lied hinterher und seiner sich in die Höhe schraubenden Melodie. Sie hört sich an wie eine Folge von Seufzern: ein Kind lässt seine Mutter nicht allein, sagen die Seufzer. Sonst wird sie sterben, und das Kind wird ihr in alle Ewigkeit hinterherrufen müssen: »Immer nur in süßer Geduld hast du gewartet auf mich.« Auch dem Vater hat das Lied keine Ruhe gelassen, ein Lied, immerhin, dem es gelungen war, sich eine ganze Tischgesellschaft untertan zu machen und Frau und Tochter zum Weinen zu bringen. Ein Lied auf Erfolgskurs. Der Studiotermin steht bereits fest, als die Mutter mir davon Mitteilung macht, dass ich als Refrainsängerin bei der Aufnahme anwesend sein soll.
In diesem Augenblick macht die Kindheit unvermutet einen Satz, sie macht einen Sprung, seitwärts, springt aus dem Bild heraus. Es verschiebt sich das Blickfeld, das Herz ist eine ganze Weile mitgelaufen, nun stimmt die Richtung nicht mehr. Die Mutter scheint etwas davon zu ahnen, dass sich eine ungreifbare Entscheidung anbahnt im Kind. Es ist doch nur ein Lied, sagt sie mehrmals; es klingt, als würde sie der Tochter den Kopf zurechtsetzen wollen. Hat sie ihre Tränen vergessen? Tränen, so heftig, dass sie den Vater in die Flucht geschlagen hatten? Erinnert sie sich etwa nicht mehr an ihren eigenen, von Seufzern und Naseputzen unterbrochenen Liedvortrag auf der Bettkante? Du weißt doch, sagt sie ener-

gisch, dass hier kein Mensch in Wirklichkeit stirbt. Ein Lied darf alles. Es darf alles Mögliche behaupten.
Ich musste davon ausgehen, dass die Mutter aus mehreren Müttern besteht, dass sie in verschiedenen Ausführungen auf der Welt war. Die eine hatte singend und schluchzend bei mir gesessen, die andere stand über den Dingen, dafür Sorge tragend, dass den Anweisungen des Vaters, der mich vor dem Mikrofon sehen wollte, Folge geleistet wurde. Sie hatte innerlich die Ärmel hochgekrempelt und hielt die nassen Puderspuren auf ihrem Gesicht wahrscheinlich längst für eine Einbildung.
Als wäre mir in diesem Moment ein mikroskopisches Instrument zugewachsen, macht sich mein Blick an die Mutter heran, dehnt und vergrößert ihre Umrisse, sieht sie in zwei Hälften auseinanderbrechen. Die eine sitzt mitfühlend, voller Kümmernis auf dem Rand meines Bettes, die andere, eine wendige Widersacherin, hängt ihre Fahne nach dem Wind und wünscht ihre Tränen zum Teufel. Ein Kammerspiel ohne Spielraum, nicht darauf ausgerichtet, den Beteiligten den nächstgelegenen Weg zu weisen. Das Spiel verlangte danach, mit welchem Recht auch immer, dass seinen Regeln Genüge getan wurde. Es musste erst alles seinen Gang nehmen, erst mussten die Substanzen zur Weißglut gebracht werden, erst musste es zum Äußersten kommen.
Nur der Refrain, so hieß es. Nicht mehr als vier Zeilen. Kaum mehr als eine Minute, vielleicht auch zwei. Nichts anderes als ein Lied. Vielleicht hatten sie recht, warum traute ich ihnen nicht? Während die Mutter den Refrain mit mir einübte, ließ mich die Frage nicht los, ob es möglicherweise noch weitere Mütter, andere Fassungen der Mutter gab und unter Umständen keine einzige darunter war, die zu einem anteilnehmenden Gegenüber taugte. Dieser Gedanke vergrößerte den Sprung, den die Kindheit machte.

Die Halle ist voll mit Menschen und mit Instrumenten, mit Chorknaben und Orchestermusikern, mit Gesichtern, Herrenjacketts und Stimmengetöse. Ich wundere mich darüber, dass sich die Chorknaben alle so ähnlich sehen, auf den ersten Blick kann man sie für *einen* Körper halten, der sich vervielfacht hat. Sie haben einen Seitenscheitel, eckig aufgesprungene Hemdenkragen und bilden ein gut sortiertes, überaus geordnetes Miteinander.
Ein Männer-Trio, *Die 3 Travellers*, zieht mit seinen Instrumenten vorüber, Gitarre, Bass und Akkordeon. Ich kenne ihre gut platzierten Synkopen und sprunghaften Akkorde und vermute, dass sie durch ein paar Tupfer von Bass und Gitarre das düstere Lied, wie es der Vater ausdrückt, aufpeppen sollen. Die Männer haben sich auf einer etwas höher gelegenen Ebene des Saales aufgestellt, wo die Kreppsohlen ihrer Schuhe gut zur Geltung kommen. Die Sohlen haben etwas Schmachtendes an sich, aber auch eine Aufmüpfigkeit, die über den modischen Effekt hinausgeht. Mit sanftem Knirschen begleiten sie jeden einzelnen Schritt, kleine Schiffe bildend, oder sind es vergilbte Sofakissen, die den Füßen einen entspannten Halt bieten. In diesen Sohlen nistet Amerika, spricht die Neue Welt sich aus. Überseeisches. Man war durch dieses weich knirschende Unterwegssein schon Teil von etwas Zukünftigem.
Ich entdecke den Vater, der mit Herrn Woitschach spricht, einem höflichen, angenehmen Mann, der mich ohne das Kindersprachen-Getue ins Gespräch zieht, wenn er uns besucht. So hätte ich ihn gerne weiterhin gesehen, nun aber ist er störend als Erfinder des *Mütterlein*-Liedes in Erscheinung getreten. Auch er gehört also der Gruppe der Zwei- bis Mehrteiligen an, offenbar bin ich zu Unrecht davon ausgegangen, dass allein dem Vater Umschwünge aller Art leicht von der Hand gehen, wie etwa auch in dieser Situation, in

der er einerseits seine Anordnungen trifft, ein inmitten des Saales stehender Herr in einem dunkelgrauen Anzug, daneben aber auch als jene andere Person ein Leben führt, die gerade noch in einem der märkischen Seen geschwommen und herumgeplanscht ist: in einer braunen Badehose, welche die Eigenschaft besitzt, sich im Wasser auf eine unglückliche Weise zu verformen. Sobald sich ihre Wolle mit Nässe vollgesogen hat, erstreckt sie sich bis beinahe zu den Schenkeln hinunter, was der Erscheinung des Vaters eine fast unerträgliche Privatheit verleiht.

Es ist schwer, sich zwischen diesen beiden Vätern zu entscheiden, welcher ist der richtige, welcher von beiden stimmt? Ist der Badehosenvater genauso gültig wie der in einem von Menschen und Musikinstrumenten angefüllten Aufnahmestudio als Hauptperson auftretende Vater? Sind alle Menschen mehrfach auf der Welt, zeitgleich in verschiedenerlei Gestalt? Unschlüssig bin ich mir auch darüber, welcher der beiden Väter der mir liebere, der mir geneigtere Vater ist: der noch immer über ein Notenblatt gebeugte, mit Herrn Woitschach in ein Gespräch verwickelte, hier allen bekannte Vater oder der allen anderen unbekannte, nur mir vertraute, seine braune Badehose tragende Inkognito-Vater? Ich entscheide mich für letzteren und umstelle ihn mit Bildern, die ihn, an einem See sitzend, als Angler zeigen, damit beschäftigt, einen Regenwurm auf den Haken der Angel zu spießen. Die Sonne scheint auf das weiße, an den vier Seiten mit kleinen Knoten versehene Taschentuch, das auf dem Kopf des Vaters eine luftige Mütze bildet. Ein anderes Bild zeigt ihn, wie er Nicky, dem Hund, das Sitzen, Liegen und Bellen vormacht, bis man glauben konnte, der bellende Hund sei weiter nichts als eine Nachahmung seines bellenden Herrchens.

Vor allem aber hat niemand der hier Anwesenden das Trep-

tower Abnormitätenkabinett mit ihm besucht. Niemand hat neben ihm die in ein mit Wasser gefülltes Bassin getauchte, tätowierte Frau betrachtet, deren Körper in einem Unterwasserreich voller wehender Pflanzenarme und beweglicher Flossenteile zu Hause ist. Für den Vater schien die unterseeische Frau mit den bunten Häuten eine alte Bekannte zu sein, er erklärte mir den Vorgang der Tätowierung und sprach vom Einritzen und Stechen der Hautoberfläche, von spitzen Nadeln und von Farbgebungen. Mir waren wegen der Nadeln und der gestichelten Oberflächen die zu Hause gestapelten Schallplatten eingefallen. Der Gedanke lag nahe, dass auch dieses ozeanische Wesen aus den Händen des Vaters hervorgegangen war.
Er hat inzwischen das Gespräch mit Herrn Woitschach beendet, nun schaut er zu mir hinüber, nun würde es losgehen. Sein Gesicht zeigt den amüsierten Ausdruck, mal sehen, sagt das Gesicht, was der kleine »Lorbass« auf die Beine stellen wird. In der Mitte des Saales befindet sich ein Podest, zu dem ich von einem Mann hingeführt werde, der mit einem dunkelblauen Kittel bekleidet ist. Gerade bin ich vor einem solchen Podest von meiner Lehrerin eindringlich gewarnt worden. In einem Aufsatz hatte ich das Wort »Pseudonym« verwendet und mich zur Vergewisserung seiner Schreibweise an sie gewandt. Sie hatte daraufhin an der Tafel mehrere Möglichkeiten ausprobiert, bevor sie die von mir verwendete bestätigte. Im gleichen Aufsatz hatte ich dem Wort »Banane« ein »h« hinzugefügt und »helfen« mit »ä« geschrieben. Die Lehrerin hatte zu Recht auf eine gewisse Unverhältnismäßigkeit verwiesen und mich aufgefordert, den Gebrauch von Fremdwörtern bis auf weiteres auszusetzen, um zunächst einmal die Grundschreibweise zu erlernen. Letztlich war alles eine Frage der Grundschreibweise, eine Frage des Fundaments und eines gut ausgelegten Bodens. Kein Podest,

das hatte die Lehrerin gemeint; keine unangebrachte Anschauungs-Höhenlage.

Nun bin ich schon wieder dabei, ein Podest zu besteigen, allerdings unfreiwillig. Auf dem Weg dorthin werde ich mit einem zigeunerisch blickenden schwarzhaarigen Mann, dem Konzertmeister, bekannt gemacht und dem Chorleiter vorgestellt; den Chef der Toningenieure, Herrn Woltersdorf, kenne ich bereits. Es ist offensichtlich, dass sie sich gegenüber den gefährlichen Fähigkeiten des Vaters, seiner Zaubererexistenz, vollkommen vorbehaltlos, geradezu unbekümmert verhalten. Vermutlich ahnen sie nicht einmal, mit wem sie es zu tun haben, sind selber bloß Laufburschen in der Welt des Taktstocks, der über ihnen als Zauberstab geschwungen wird. Freundliche Wesen, die sich, nach kurzem Begrüßungsauftritt, so prompt wie im Traum in eine hintergründige Komparserie zurückverwandelten. Sie schwirrten durch den Raum, Bestandteile eines großflächigen Bildes, in dem ich, ein ebensolcher Bestandteil, meinen Platz finden sollte. Ohne zu wissen, ob und wenn ja, was es sein wird, das splittern und auseinanderbrechen wird, das Bild oder ich oder der Platz, den man mir zugedacht hat. Alles scheint möglich bei diesem Gang auf ein Podest, auf eine Bühne, und das mit einem Lied, das ich verabscheue. Aber mein Widerwille hat kein Gewicht, ich bin keine Zauberin.

Musiker und Sängerknaben halten sich bereit. Es gibt keinen Grund, das Scheitern der Tochter des Produktionsleiters für möglich zu halten. Die Kleine macht das schon, denken sie wohl. Nur so lassen sich die Anzeichen der Sorglosigkeit erklären, mit denen sie die Stellung der Notenpulte, die Stimmung der Instrumente ein letztes Mal korrigieren und ihren Einsatz erwarten. Vom Tonraum aus höre ich die vom Mikrofon verstärkte Stimme des Vaters ausrufen: »Aufnahme, Ruhe bitte«, ein Ausruf, der alles Leben in dem dicht besetzten Raum zum Stillstand bringt. Er sorgt dafür, dass die Musiker und Sänger in einen Sekundentiefschlaf für die Einlaufrille der Schallplatte versinken, um dann als ein kehlkopftrainiertes, partiturkundiges, taktfestes und einsatzbereites Gesamtwesen schlagartig wach zu werden. Hinter der Glasscheibe des Tonraums ist der Vater zu sehen, umgeben von Skalen und von Tischen mit schwarzen Tasten und silbernen Knöpfen. Erwartungsvoll schaut er zu mir herüber und scheint vollkommen vergessen zu haben, dass es sich bei dem kleinen Mädchen auf dem Podest um die gleiche Tochter handelt, die schon einmal ein Lied, das vom *Heinerle,* vermasselt hat.

Einen kurzen Augenblick lang habe ich ein genaues Gefühl dafür, wie es sein könnte, hier, auf diesem Podium, als überwältigend bedenkenloses, begnadetes Kind zu stehen. Es würde, gezeichnet von seiner Leidenschaft für die Musik, aus vollem Hals über die Anwesenden hinwegsingen: eine unvergessliche Kinderstar-Verkörperung, die im väterlichen Kosmos ihren gefeierten Einzug hält. Du machst das schon, sagt der blaugekleidete Tontechniker in diesem Moment, während er das Mikrofon auf meine Höhe einstellt. Er erklärt mir, dass die überall an den Wänden schwer herabfallenden Vorhänge die Saalakustik verbessern und dass sie meiner Stimme zugutekommen würden. Wie schön man es im Leben als Tontechnikerkind hätte haben können! *Er* hätte es als Vater nicht in diese Situation gebracht. Er würde abends nach Hause kommen und es nach seinen Schulerlebnissen fragen. Geduldig würde er sich über seine Hausaufgaben beugen, du machst das schon, würde er wieder sagen und beim Abendessen von den besonderen Tücken im Umgang mit Kabeln und Mikrofonen erzählen.

Im Hintergrund entdecke ich die Mutter, deren Gesicht nicht erkennen lässt, ob sie zu mir herübersieht. Ihr blondes

Haar hebt sich kaum ab von den hellen, schallschluckenden Stoffbahnen hinter ihrem Rücken. Sie in eine solche Tiefe getaucht zu sehen, ist neu für mich. In eine solche Undeutlichkeit und Reglosigkeit. So schnell, so mühelos ist sie Teil des Saales, Teil einer gegenüberliegenden Welt geworden. Ein Gefühl der Betäubung lässt mich in aller Ruhe dastehen. Tröstlich, diese Teilnahmslosigkeit. Die Saalgeräusche machen sich nur noch gedämpft bemerkbar. Die Betäubung hat mir das dichte Fell eines Polarbären über die Ohren gezogen. Alles ist gut, das Haarkleid bietet Deckung und bringt ein leises Schweben mit. Ich bin, polarfellbewachsen, in einer höher gelegenen Etage dieser Geschichte gelandet. Von dort aus sehe ich auf die Sängerknaben hinunter, die zu einem bewegungslosen Block, zu einer zusammengeballten, eng verknoteten Figur geworden sind. Ihre Gesichter stechen in die Luft, und ihre Hemdenkragen haben etwas Militärisches angenommen, eine straffe Einvernehmlichkeit, dagegen kommen mir die blusigen Uniformen der russischen Soldaten, denen ich so oft gegenübergestanden habe, wie Schlafanzüge vor.

Das Orchester setzt ein, und unerwartet lässt ein bisher nicht in Erscheinung getretenes Damenquartett von sich hören. Es tupft, fast fächelt es einige rhythmisch akkurate, sprachlich undefinierbare Laute in die Streicherklänge hinein. Die gelockten Köpfe stoßen taktweise, ruckartig wie die Tauben, zum Mikrofon vor. Dennoch gelingen ihnen Laute, die das Lied in den Klang von Samt und Seide betten: »Immer nur in süßer Geduld hast du gewartet auf mich, dup-dudup-dup-dup-dup«. Dialogisch verschmelzen die Stimmen der Sängerknaben mit dem dunkel umschatteten Mezzosopran des »Mütterlein«. »Geh nur, mein Kind«, so ihre schmerzliche Aufforderung, »sagt die Mutter zum Kind«, so der Einwurf der Sängerknaben aus dem Off, dem sich die unheilbringen-

de Aufforderung des »Mütterlein« anschließt, »spiel mit der Sonne und spiel mit dem Wind«. Orchester und Chor, die gurrenden Rhythmusstimmen und der tragisch heruntergestimmte Sopran der ihrem baldigen Tod entgegensehenden Mutter verschaffen dem Lied eine klangliche Tragweite, die, vielstimmig, dicht instrumentiert, unverhofft eine rauschhafte Süße entfaltet. Ein Geist, ein Körper, eine Woge aus Tönen.
Der Vater scheint es tatsächlich für denkbar zu halten, dass ich mit der erschreckend makellosen Hall- und Schallorgie des Saales mithalten kann. Wenn er schon meint, auch meine Stimme abfangen zu müssen, um sie in eine Scheibe packen zu können, dann jedenfalls nicht mit dem hinterhältigen »Mütterlein«-Lied. Mit ihm nicht und nicht mit einer Stimme, die unausbleiblich blechern und belegt klingen würde, weder rauschhaft noch mit einem Tupferklang daherkam, noch in der Lage war, mit einem satten Mezzosopran aufzuwarten und sich in einem Rahmen zu behaupten, den einer von Vaters Arrangeuren beeindruckend verführerisch abgeliefert hatte.
Die Anwesenden nehmen es hin, sehen kaum auf, als mein Einsatz nicht kommt. Leiser und leiser werdend, sich im Klang verkrümelnd, hat das Orchester abgebrochen, die Knabenstimmen verebben. Noch ein Mal, ruft der Vater, er ist mit verpatzten Einsätzen vertraut. Der Techniker tritt erneut auf den Plan, er begleitet mich vom Podest herunter und soll, nun ebenerdig, ein anderes Mikrofon installieren. Noch einmal taucht der abendlich gedeckte Tisch seiner idyllischen Behausung auf, wo er, immer noch freundlich plaudernd, vor seinem Wurstbrot sitzend, seinen dunkelblauen Kittel trägt.
Wieder wird der Zauberstab »Achtung, Aufnahme!« geschwungen, und der Saal sinkt in den Dornröschenschlaf.

Dieses Mal reißt sich Herr Woitschach beinahe die Arme aus, um mir, viele Takte im voraus, beschwörende Appelle zuzusenden. Mein Refrainpart ist dazu verdammt, der Höhepunkt des Liedes zu sein. Aber aufs Neue läuft die in Gang gesetzte Maschine darauf zu, in der Sackgasse eines unhörbar bleibenden Refrains zu stranden.

Ich sehe den Vater aus dem Technikraum kommen und sich quer durch den Saal einen Weg zu mir bahnen. Denk an deine Trapezkünstler, sagt er mit Taschenspielerstimme, wie sie sich jeden Abend ihre seidenen Trikots anziehen und dann hoch oben in der Luft ihre Kunststücke machen. Sie müssen fliegen, du brauchst nur zu singen. Meine Beschäftigung mit den Zwanziger-Jahre-Magazinen ist ihm also nicht entgangen. Nur, dass meine Aufmerksamkeit nicht seinen geliebten Artisten gilt, deren Fotos ich schnell überblätterte, sondern den anderen, denen mit den Zigarettenspitzen. Den Rückenfreien. Den Gesichtern in Großaufnahme mit Bildunterschriften, die lauteten »Die Sängerin Mary Garden nach ihrem Rückzug von der Bühne, mit ihren Perlen tändelnd«. Das Foto hatte eine Entschlossenheit zum Ausdruck gebracht, die darauf hinwies, dass sich Frau Garden in ihrem Leben schrittweise auf einen Punkt zubewegt hatte, der sie schließlich als das zeigte, was sie am liebsten gewesen wäre: die Perlentändlerin mit Weltkarriere.

In Sekundenschnelle gehe ich die Anwesenden durch und mache mir ein Bild von ihnen, ich frage mich, mit welcher heimlichen Phantasie ist wer unterwegs und in Anspruch genommen. Ich schaue in den Saal hinein, auf das weite Feld der Köpfe, Schultern, Stimmen und Notenständergestänge, der blitzenden Blasinstrumente, der Tonmeister und Tontechniker. Konturen, Eindrücke in Windeseile. Das Foto der 3 *Travellers* ist ein Werbefoto, auf dem ihre Körper und Musikinstrumente zu sehen sind, die, zusammengewachsen zu einem sonnengelben Gebilde, an der Reling eines Ozeandampfers lehnen. Die Sängerknaben stehen stramm, Hüter ihrer frühzeitig in Erscheinung getretenen Begabung, ein Schatz, um den sie fürchten und um dessentwillen sie zusammenkleben wie die Kletten. In Vaters Fall ist es zu Mehrfachbelichtungen gekommen: menschlicher Tausendfüßler und Varieténummer in einem, die in ihrem Kern stillstehendes, regloses Leben wahren. Das Foto der Mutter zeigt eine Person mit Zuständigkeit, eine an ihren Rändern leise ausgefranste oder in der westpreußischen Redeweise des Vaters zerplieserte Skulptur. Eine Skulptur, die in einen Vulkan übergehen kann. Das Bild bleibt unfertig in der Luft stehen und ist ohne Anfang und Ende.

Es ist gut, daran zu glauben, dass nur ich erkennen kann, was in ihnen vorgeht, lautlos schiebt ein wohltuendes Hochgefühl die Wucht der Situation beiseite. Aber da stehen auf einmal zwei Herren vor mir, der eine hält eine Violine in der Hand, es ist der Konzertmeister von vorhin, und in dem anderen erkenne ich den Vater, der den Konzertmeister bittet, sich vor mir hinzuknien; ich vermute, um auf diese Weise das Gefälle, den Größenunterschied zwischen mir und den Anwesenden wettzumachen. Das Podium ist eine Nummer zu groß gewesen, nun, ebenerdig, ist mein Winzlingswuchs unter den anderen kaum mehr zu erkennen. Der Mann hat seine Geige mitgebracht und fängt an, mir leise den Refrain vorzuspielen. In dieser Stellung muss er zu mir hochschauen, schwarzäugig, als wären seine Augen aus Kohle gemacht. Als wären sie seit Ewigkeiten schon in ihrer festgefügten Dunkelheit da. Er ist bereit, dieser Mann mit den ewigen Augen, alles, was er hat, die Geige und das Geheimnis seiner Herkunft, auszuspielen, als Bürgschaft einzusetzen, um das unbegreifliche, gnadenlose Verstummen des Kindes zu beenden.

Der Vater hat umsichtig und unerbittlich auf seine Weise für den Fortgang der Situation gesorgt, ohne mich nach dem Grund für mein Verhalten zu fragen. Zu dieser Entscheidung mag ihn der Gedanke geführt haben, ich könnte erneut den mir abgerungenen Part in Zweifel ziehen; erneut meine Vorstellung, dass ein Lied mehr als ein Lied sei, eigensinnig und darüber hinaus in Mikrofonnähe für alle hörbar zum Besten geben. Der kniende Mann setzt zum zweiten Mal den Bogen an, seinetwegen hätte ich noch einmal mit mir reden lassen. Dann aber nur, wenn er sich nicht auf diese Weise vor mir hinwerfen würde: was war denn los im musikalischen Wunderland? War er Artist, ein Schlangenmensch bei seinen Bodenübungen? Der kniende Mann spielte das Lied auswendig, kein Notenblatt kommt uns zu Hilfe. Deshalb vertiefen wir uns gezwungenermaßen einer in des anderen Anblick: ein seltsames, vom dünnen Klang der Geige zusammengeschmiedetes Paar. Das hatten wir dem Badehosenvater zu verdanken, wie konnte er nur, vor seinen Mitarbeitern spielte er den Herrn Direktor. Fehlten nur noch Frack und Zylinder. Ein Manegenchef, der den auftretenden Künstlern abverlangte, sich ihm kniefällig zu nähern. Ein Klanganführer, der einen König seines Instruments mit einem unhörbaren Allez hopp zu einem geigenden Untertan gemacht hatte. Zu einem Lakaien, der im Beisein seiner Kollegen vor einem widerspenstigen kleinen Mädchen niederknien musste: nur um ihm ein paar mikrofontaugliche Töne abzuringen. Ich sehe ihm zu, dem Mann mit der Geige, ihm und dem ohnmächtigen Gleiten von Moment zu Moment. Sehe mich Fuß fassen in einem unwirschen Niemand-Sein.

Die erneute Aufforderung »Aufnahme! Ruhe!« klingt zuversichtlich. Wieder stecken die vier Damen ihre Köpfe zusammen, setzen wispernd und gurrend ihre rhythmischen Tupfer in den geordneten Orchesterklang. Die Knaben keh-

ren erneut in ihr schemenhaftes Einssein zurück. Die *Travellers* hüpfen tonweise in die weitläufige Dramatik des Liedes hinein. Der Sopran des »Mütterlein« arbeitet sich zu seinen schwerwiegenden Forderungen vor. Stufenweise baut das Lied sich auf, schiebt sich weiter und weiter vor bis zum Refrain. Aber als hätte die Wirklichkeit keine andere Möglichkeit für sie vorgesehen, gibt meine Kehle auch dieses Mal die Töne nicht frei. Sie bleibt im All der Notenköpfe hängen, im unhörbaren Bereich zurück. Jenseits von Quartett und Knabenstimmen, von Bassgitarre und Solovioline.
Aus dem Saalhintergrund nähert sich die Mutter, ernst und immer noch fremd. Sie zieht mich mit sich, hin zu einer dicken Dame, die neben ihr gesessen hat. Die Dame stammt aus Russland und wird mir als eine Frau Marikova vorgestellt, ihr weißes Gesicht sieht vertrauenerweckend aus und wie eine mit weichem Mürbteig ausgelegte Kuchenform. Frau Marikova wendet sich mir zu, mit einem innigen Blick, der schließlich bei einem Ausdruck des Schmerzes haltmacht. Lange schaut sie mich an und sagt dann, zur Mutter gewendet, in gefasstem Ton einen unfassbaren Satz: ihre Seele hat einen Riss. Nie im Leben hätte ich es für möglich gehalten, dass es eine Äußerung wie diese überhaupt geben kann. Dass der Seele je ein Missgeschick in dieser Form widerfahren könnte. Ein Riss kann einem Stoff zustoßen, einem Haarband, einem Fingernagel. Stoff und Haarband lassen sich wieder zusammennähen, ein Fingernagel kann nachwachsen. Wie aber ergeht es einem Seelenriss? Vor allem aber dem Inhaber einer derart unvollkommen abgedichteten inneren Ausstattung?
Erwachsene sind Ungeheuer, niemand hat Frau Marikova um ihr Urteil gebeten. Dennoch verabschiedet sich die Mutter von ihr mit einem herzlichen Händedruck und führt mich, am Orchester und an den Sängerknaben vorbei, zum

Ausgang. Die *Travellers* grüßen höflich. Die Sänger und die Musiker verschmelzen noch einmal zu einem stimmigen, harmonischen Bild. Jeder für sich hat dazu beigetragen, das Lied vom »Mütterlein« aufführungsreif zu machen. Als Spielverderber zieht man unliebsame Blicke, unwillkommene Befunde auf sich. Du kennst doch die Russen!, tröstet mich die Mutter, als sie mir an diesem Abend den Gutenachtkuss gibt, so ein Wort bedeutet ihnen gar nichts, sie wissen selber nicht, was sie reden.

Trotzdem, an diesem Tag habe ich mir nichts sehnlicher gewünscht als ein Leben ohne Musik.

Hände wie Vögel

Man kann nicht wissen, wann er welches Pedal betätigt und in welchen Abständen: das linke, dämpfende oder das rechte, den Ton haltende Pedal. Ich sitze unter dem Dach des Instruments wie in einer Stube. In die Stube passt nur die untere Körperhälfte des Vaters hinein. Zwei gehorsame Füße und zwei glänzend geputzte Schuhe.
Von hier aus gesehen besitzt er die Größe eines Riesen, sogar die Taschenpatten des Jacketts ragen über die Stube hinaus. Oberhalb von ihr befindet sich die unsichtbare, die aus dem Instrument herausgewachsene Hälfte des Vaters. Das schwarze Haar aus Ebenholz, die Finger, in Bewegung gesetztes Elfenbein, die Augen, klein und genau wie Notenköpfe.
Eine Klavierlehrerin wird engagiert, Fräulein Tiburtius. Ich weiß genau, was ich von ihr will. Es geht mir um eine bestimmte Art und Weise, am Flügel Platz zu nehmen, den rechten Fuß auf das Pedal zu stellen, die Hände auf der Tastatur abzulegen, mit dem Spiel zu beginnen und dabei eine Silhouette zu bilden. Die Silhouette eines Spielers, der Töne aus den Tasten herausholt, als wäre es Atmen oder Kirschenessen. Töne, aus dem Handgelenk geschüttelt. Hände, schwebend im Flug über die Tastatur, die aussehen wie Vögel, huschend, hüpfend und mit kleinen Segeln versehen.
Fräulein Tiburtius lässt mich Tonleitern üben. Sie ist besessen von der Technik des kraftsparenden Fingersatzes. Ihre Spezialität ist die Kunst der parallel geführten Handrücken; Handrücken, die das Aussehen geduckter Nagetiere annehmen sollen. Es ist offensichtlich, dass sie mich nicht richtig verstanden hat. Ich zeige ihr ein Foto, auf dem der Vater als

Zwölfjähriger vor dem Pianoforte sitzt, vor sich ein Album mit der Aufschrift *Jahreszeiten der Liebe von Victor Hollaender*. Es muss ihr doch bei diesem Bild wie Schuppen von den Augen fallen! Von diesem Jungen hat kein Mensch je verlangt, unter heftigen Ermahnungen im Ton-für-Ton-Verfahren das Klavierspiel zu erlernen. Nehmen Sie sich das Bild mit nach Hause, sage ich, und schauen Sie es sich in Ruhe an.

Sie würde erkennen, dass es Jungenhände waren, die, während sie greifen, musikalische Vorgänge begreifen. Punktgenau aufsetzende Fingerspitzen mit dem Gefühl für Übergänge, die reich verzweigt in alle Richtungen führten. Stimmungsbögen, schwungvolle Anschlüsse, fortlaufendes Leben in einem perlend wippenden Spiel.

Unerfreulicherweise verlangt man mir weiterhin die genaue Betrachtung von Notenhälsen und -köpfen ab und versteift sich auf Liniensysteme, auf Takt- und Tonartenvorgaben. Auf diesem Wege würde ich es niemals zu den eigenwilligen Girlanden, den Vorschlagtrillern und rhythmischen Gegenbewegungen im Klavierspiel des Vaters bringen. Niemals zu dem zerstreuten, die Tastatur überfliegenden Gefieder, das die Kompositionen von allein zu Stimmsträngen werden lässt, zu Klangwirbeln, zu Akkorden, die sich blindlings zurechtfinden und hineingreifen in die von achtundachtzig schwarzen und weißen Zähnen bewohnte Höhle der Musik.

Unter allen Umständen

Ich soll, alphabetisch geordnet, die von den Musikverlagen eingesandten Lieder abheften, außerdem im Wochenprogramm der Radiozeitung *Hör zu* nach neuen, häufig gespielten Titeln Ausschau halten. Dieser Auftrag gibt mir die Gelegenheit, das eigenschaftslose Kind in einen gut sichtbaren Rahmen zu stellen. Für das Auge des Vaters erkennbar zu sein, hat bis jetzt nicht so richtig geklappt, es ist beim Wünschen geblieben; nicht zufällig und nicht ohne Grund. Je sichtbarer, je ins Auge springender ein Gegenüber auftritt, desto naheliegender der Wunsch des Zauberers, sich darüber herzumachen und es in einen Pingpongball zu verwandeln. Es bietet sich die versteckte, die schlummernde Oberfläche an. In der Rolle der umsichtigen Sachbearbeiterin aber fühle ich mich geschützt, es wäre vom Zauberer unklug, geradezu leichtfertig, der eigenen Beraterin die Form eines Hühnereis oder einer Haarbürste zu geben; diejenige aus dem Feld zu räumen, sie etwa in Form eines Violinsolos in nachtschwarzen Lack zu betten, die tagtäglich für ihn die neuesten Informationen über den deutschen Musikmarkt studieren und geschäftig ihre Augen überall haben würde, um ihn bei seiner Arbeit zu unterstützen. Ich rechne damit, dass seine Verwandlungskünste umgeleitet, weniger dringlich auf mich gerichtet sein würden, sollte es mir gelingen, mich unverzichtbar zu machen.

Ein Mal täglich erstatte ich Bericht und erweitere mein Aufgabengebiet, indem ich Vorschläge mache und diese mit glühendem Nachdruck an den Mann bringe. »Unter allen Umständen« müsse man sich um den Kontakt mit der in höchsten Höhen und tiefsten Tiefen bewanderten Gesangskünstlerin Yma Sumac bemühen; »unter allen Umständen« den neuesten, durch die Schulpausen geisternden Ohrwurm mit dem Titel *Bravo, bravo, beinah wie Caruso* für die eigene Produktion vormerken. Als Zugabe, um die eindringlichen Mitteilungen angenehm ausklingen zu lassen, folgen die guten Nachrichten. Das Musikmagazin *vier Viertel* sei in einem Artikel über neueste ODEON-Einspielungen zu der Auffassung gekommen, *Ein Amerikaner in Paris* habe atmosphärisch »Amerikanischeres« zu bieten als die Amerikaner selbst. Ein anderer Beitrag des Magazins äußert sich zustimmend über den Titel *Pick yourself up*, gespielt vom Rediske-Quintett, der dank seiner kammermusikalischen Qualität sogar den Gegnern des *Cool Jazz* ans Herz gelegt wird.

Unversehens ist mir die Rolle der Glücksbotin zugefallen. Ich bin der paradiesnahe Engel, von dem man sich hilfreiche Hinweise, bedenkenswerte und aufschlussreiche Überlegungen erwartet, Lob und Ratschlag. Dafür lasse ich die Schularbeiten ausfallen und schreibe Fünfen in Mathematik, Physik und Chemie. Die wirklich wichtigen Nachrichten beziehe ich aus den aktuellen Musikmagazinen, den täglich eingehenden Noten der neuesten Kompositionen und aus dem Musikprogramm diverser Radiostationen, deren sorgsam notierte Sendezeiten dem Tag sein Gesicht geben. Während ich die Ausbeute meiner Suche auswerte, stehe ich unter Hochspannung wie ein Elektrogerät. Ich muss die Ergebnisse, bevor ich sie an meinen Auftraggeber weiterreiche, aufbereiten, muss sie arrangieren; ihre Abfolge planen wie den Programmablauf eines Abends, den der Auftraggeber als unterhaltsam bezeichnen würde; die leise, den bloßen Fingerzeig, den Wink ankündigende Nachricht war im Ton zu unterscheiden von den wichtigen Meldungen, deren Versäumnis möglicherweise schwerwiegende Folgen haben könnte. Diese werden mit großem Trara, aufwendigen rhe-

torischen Ausschmückungen zum Besten gegeben und mit dem Hinweis auf ihre Unaufschiebbarkeit versehen. Von der Mächtigkeit meiner Mitteilungen teilt sich ein Lichteinfall ab und zielt direkt auf mich, am liebsten würde ich mich mitten in ihn hineinpflanzen und aus allen Poren kleine Funken der Bedeutsamkeit aussenden; so hat mich der Vater noch niemals gesehen.
Martha Eggerth und Jan Kiepura sind aus Amerika zurückgekommen, deine alten Freunde, sage ich, sie sollen in der Verfilmung des *Land des Lächelns* spielen, die Hauptrollen. Der Vater weiß schon davon, werden sie uns einmal besuchen? Ich unterdrücke den Hinweis auf eine Anspielung, die der Artikel im Hinblick auf die Sprachfähigkeit des Paares enthielt. Beide, so hieß es dort, hätten sich bemüht, nun wieder deutsch zu sprechen. Wie man es auch dreht und wendet, an irgendeinem Punkt erwischen sie mich, die Anspielungen. Anspielungen oder Alarmzeichen. Die Indizien in einer Kette von Vorgängen und Zusammenhängen, die alle mit dem Fortgehen, dem Verschwinden und Wegbleiben oder dem plötzlichen Wiederauftauchen von Menschen aus Deutschland zu tun haben. Manchmal kaum dazu bereit, sich seiner Sprache zu bedienen.

Galerie 6

Nach dem Umzug in die Stadt muss ich der Mutter zuliebe ein aus grauem Filz gearbeitetes Hütchen mit kreisrunder Krempe tragen, ein Tropenhelm, der sich nach Wilmersdorf verirrt hat. Immer wieder wird an meinem Erscheinungsbild nachgebessert und der Versuch gemacht, ihm auf die Sprünge zu helfen. Auf den Helm folgt die Frisur; in den vergeblichen Bemühungen der Mutter, mich stadtfein herzurichten, lebt ihre Bewunderung für die ausgeklügelte Eleganz der Vorkriegsfrauen aus den besseren Kreisen auf. Bei einem Friseur in der Uhlandstraße, dem sie genaue Anweisungen erteilt, glaubt sie mich in guten Händen. Man ist sich einig, wie und in welchem Stärkegrad die Dauerwelle für die Tochter beschaffen sein soll. Nach zwei Stunden werde ich abgeholt und habe mich unter den emsigen Fingern des Friseurs in eine zur Kirmes hergerichtete Weinkönigin verwandelt. Unter Einsatz einer anderen, wiederum ätzend riechenden Flüssigkeit wird dem Haar die Welle wieder ausgetrieben, das heißt Strähne für Strähne lahmgelegt, ich darf mit der Mutter nach Hause gehen.

Offenstehende Häuser

Nachmittags wandte sich die Wohnung einem undefinierbaren Eigenleben zu. Die Weltordnung zeigte Verantwortungsgefühl, der Vormittag gehörte der Schule und den Blamagen, die Nachmittage verbrachte ich in Freiheit vor den ebenholzfarbenen Schränken, in denen sich hinter Glas gehaltene Bücher befanden. Vor dem Umzug in die Stadt waren die alten Gesellschaftsmagazine und Illustrierten aussortiert worden, lediglich »die Literatur« war mitgekommen, ein Wort, mit dem ich mich befreundet fühlte, vielleicht deshalb, weil es in unserem Leben keine große Rolle spielte, es klang frisch und unbenutzt, es war ein unbewohntes Wort, das sich in Bucheinbände und hinter Schranktüren zurückgezogen hatte. Anders als die Musik, die das Leben wie ein Haustier mit uns teilte, wenn auch ein von weit her zugereistes.
Die »Literatur« hatte einen Zaun um sich gezogen und brütete vor sich hin, sie brütete etwas aus. Dabei musste es sich um etwas Kostbares handeln, nur Kostbarkeiten stellte man hinter Glas. Sie wusste etwas, sie war an einer Sache dran. Und weil ich keine Vorstellung davon hatte, worum es sich dabei handeln konnte, legte ich ihr etwas in den Mund und dichtete ihr etwas an. Ich wünschte mir von ihr, dass sie für mich etwas herausfinden möge. Dass sie für mich Erkundigungen einzog wie ein Spion. Sie sollte vom Leben der Erwachsenen berichten, es auskundschaften und systematisch meine Wissenslücken auffüllen. Im Ort die bombardierten Häuser, aber in Vaters Musik knallten die Sektkorken, und ein Krokodil saß am Nil. Die Mutter schaufelte im Keller Koks in eine Strohtasche, dabei dachte sie an ihre Kinohelden: wilde Kerle, mit denen sie durch dick und dünn und auf

Safari ging. Die tüchtige Mutter mit ihrem schnellen Blick für Notwendigkeiten hatte etwas Geträumtes an sich. Der Vater etwas Kometenhaftes: mit einem Instrumentarium hantierend, das ihn von einer Minute zur anderen in einen Unterhaltungskünstler oder einen Zauberer verwandeln konnte. Und die Großmutter wusste nicht beredt genug ihre Beine zu rühmen; Beine, wie geschaffen für die ganz großen Bälle. Untenherum war alles in Ordnung, nur ihre gichtigen Finger konnte sie kaum noch rühren. Die Menschen waren voll von zweiten, dritten, vierten Leben. Ich erwartete von der »Literatur«, dass sie über alle diese Dinge Auskunft geben konnte, sie war meine letzte Hoffnung. Bücher verkörperten Eintrittskarten. Ich wünschte mir, mit ihrer Hilfe in den vielen Leben der Großen ein und aus zu gehen.

Die schwarzen Schränke sind leicht zu öffnen, ich drehe einfach die Schlüssel herum und greife mir ein Buch heraus. Meine tägliche Lektüre wird von einem wohligen Taumel begleitet, noch ist es nicht so weit, noch habe ich Zeit, bevor das Schicksal des Erwachsenseins schonungslos nach mir greift und ich Teilnehmer ihrer unklaren Verhältnisse werde: Mitläufer von Treuebrüchen, von unlösbaren Gewissensentscheidungen, Anfechtungen und Versagungen. Es hat etwas Prickelndes, Bewegendes, ihnen auf diese Weise in Augenhöhe gegenüberzustehen. Ibsens *Baumeister Solness* etwa, in dunklen Verhältnissen zu Hause, wird nach einer gut getarnten Untat mit einem Sturz aus großer Höhe bestraft. Ein anderes Buch, es ist von Jean-Jacques Rousseau, berichtet gleich auf den ersten Seiten vom Uhrendiebstahl des Verfassers. Vermutlich als Folge seines schon auf Seite zwei erfolgenden, freimütigen Geständnisses hat er die besseren Karten als der düstere Baumeister. Schuld schien ein großes Thema zu sein, ebenso das Zusammenleben der Paare, ihre Geschichten enthielten Wissenswertes über Mann und Frau.

Es kam vor, dass sie tage- und nächtelang allein in einem abgedunkelten Raum verbrachten, nur eine vertraute Magd durfte hin und wieder eine Schale frischer Weintrauben ins Zimmer bringen. Ich dachte eingehend darüber nach, was sich in den im Dunkeln verbrachten Stunden abgespielt haben konnte. Lange hielt ich an der Vorstellung fest, dass die Liebe mit nachtschwarzer Düsternis und schwerem Mobiliar zu tun hatte; vor allem aber benötigte sie eine Vertrauensperson, die frisches Obst vorbeibrachte und einen vorm Verhungern bewahrte.

Eine Reihe in Blau gehaltener Bücher rühre ich lange nicht an, bilderlose, schlichte Einbände, die, nach außen hin sofort sichtbar, dem Leser die Mitteilung machen, es stünde jedermann frei, sich mit ihnen zu beschäftigen. Kenner wissen, was sie an uns haben, sagen die Einbände. Ich bin kein Kenner, ich blättere ziellos in ihnen herum: die skizzenhaften Eintragungen erinnerten an offenstehende Häuser, in denen man sich kurz aufhält, um weiterzulaufen ins Nachbarhaus. Die Sätze hingen in der Luft und brachten lauter böhmische Dörfer mit. Eine komische und kuriose Form der Unerforschlichkeit machte sich in ihnen breit, die ich am liebsten, so, wie sie war, in die schwarzen Schränke zurückstellen wollte. Aber ich lese weiter und setze darauf, dass der Verfasser sich fängt, dass sich sein nachlässig hingeschriebenes, hingekleckertes Werk doch noch erholt und besser wird, aber das tut es nicht, es breitet Seite um Seite die gleiche verrückte Welt vor mir aus; kurzgefasste Stücke, Skizzen eigentlich nur. Gesundheitsempfehlungen, romantische Gebirgsbeschreibungen, Kaffeehausszenen und Dienstmädchenphilosophien. Statt mir Einblicke zu geben und mich mit Kenntnissen auszustatten, gerate ich auf ein Gelände, dessen Unüberblickbarkeit es leicht mit der in meinen Verhältnissen herrschenden aufnehmen kann; der Name des Autors ist Peter Altenberg.

Manchmal vertiefe ich mich in die Titel der Geschichten. *Die Zuckerfabrik. Annie Kálmar. Eisenhandlung, Wien. Ich trinke Tee. Warum ich nicht aufs Land gehen kann. Der Nebenmensch.* Ich kann mich nicht genug darüber wundern, dass es jemand für lohnend hält, über eine Zuckerfabrik zu schreiben, über eine Eisenwarenhandlung; Hintergrund und Hintergründigkeit sind diesem Mann keine Zeile wert. Die Eisenhandlung gibt Anlass, die Erfindung schwedischer Wandbildhaken zu feiern, während die tägliche Teezeremonie zu einer geradezu göttlichen Vergnügung erhoben wird, weil sie den Vorzug besitzt, sich unabhängig von Schicksalswirrnissen aller Art, pünktlich gegen siebzehn Uhr ereignen zu können.

Ich lehne mich während des Lesens an einen Sesselrücken, wenigstens der Sessel schien eine stabile, Halt versprechende Größe zu sein. Dieser Altenberg macht, was er will. Er dachte gar nicht daran, die ungewohnte Seite der Dinge näher zu befragen, die er bei Gott und der Welt zu sehen meinte. Es reichte ihm, sie zu behaupten, er fuhrwerkte mit seinen Befunden herum, als hätten sie das Recht, jener »Literatur« anzugehören, die es in den schwarz lackierten Bücherschränken von Osthavelland bis nach Berlin geschafft hatte. Ich wäre gern die Schauspielerin Annie Kálmar gewesen, die mit ein paar verehrungsvollen Zeilen bedacht wurde und der Äußerung, sie habe die eigentlichen Pläne des Schöpfers sichtbar gemacht, ein Wort, das große Wirkung auf mich hatte, obwohl ich mir im Unklaren darüber war, was es bedeutete. Jedes Haus, in das mich der skurrile Sammler von Eindrücken hineinlaufen ließ, erfasste von einem anderen Fenster aus das vor dem Haus sich abspielende Leben. Die in Altenbergs Gesellschaft verbrachten Nachmittage hatten etwas Verstörendes an sich; ein Anknüpfungspunkt, der sich als ein tragfähiger Boden erwies. Verstörungen ließen es nicht zu, sie zu übersehen, sie peilten mich an, weil ich Angst vor ihnen hatte und sie dafür eine Witterung besaßen. Sie hatten etwas Ausdauerndes und Halsstarriges an sich, es blieb mir nichts anderes übrig, als mich um sie zu kümmern und alle Hebel in Bewegung zu setzen, aus ihrem inneren Gefüge klug zu werden. Und mich schließlich überall dort einzuschleichen, wo sie sich in den Vordergrund spielten und Wind von sich machten. Auf den fremden Bühnen der Gesichter. Bei Schauspieler, Tänzer, Sängerin. In den Aufbruchsphantasien der Fleißer, Plath, Riefenstahl oder Woolf. Im turbulenten abendländischen Leben unter der Schädeldecke von Apollinaire. In der fernen Natur der Schallplatte.

Manche Geschichten Altenbergs kamen mir wie des Kaisers neue Kleider vor, sie trugen ein Pokerface und lachten sich ins Fäustchen. Andere wieder waren von mehreren Ausrufungszeichen halbtot geschlagen worden und hatten das Gewicht von Offenbarungen. *Vor dem Konkurs* war eine Zeitlang meine Lieblingsgeschichte. Ich kannte das Wort aus Gesprächen über den Krieg, sie brachten meistens den Hinweis auf Konkurse, Krisen und die Inflation mit sich. Bei Altenberg sieht man eine Familie durch den Kurpark spazieren, es ist von lila Schwertlilien die Rede und von Massenet-Ouvertüren des Kurorchesters. Der Konkurs spielte sich nicht in den Brieftaschen und an der Börse ab, er war den Ouvertüren in die Glieder gefahren, zeigte sich im Frösteln des Familienvaters, der ohne Anzugjacke erschienen war, und hatte sich der Schwertlilien bemächtigt, die sich wie Pendel bedrohlich auf und ab bewegten und an Uhren erinnerten, die das Ende glücklicher Zeiten ankündigten.

Neben den Wiener Spaziergängern Altenbergs, die ihre dünnen und durchlässigen Außenhäute durch den Rathauspark trugen und den quälenden Reiz von Fremdkörpern aussandten, nahmen sich die Gnome, Feen und Naturgewalten meiner Märchenbücher, die nächtlich aufmarschierenden Zinnsoldaten, Sandmänner und Nussknacker wie dräuende Schwergewichtler aus, die ihre verlangsamten Bahnen durch »alte Zeiten« zogen. Dagegen hatte man an den Altenberg-Nachmittagen auf der Hut zu sein, die Leute hier hatten sich eine Art Telegrammstil zugelegt, in den sie sich offenbar mühelos eingefädelt hatten: abrupt gesteuert von Gedankenstrichen, gebeutelt von Zeilenumbrüchen, von Halbsätzen gefetzt. Kaum sieht man sich in ein Schreibbüro versetzt, da hat sich zwischen dem Autor und dem Schreibmaschin-Fräulein schon ein Sekundenerlebnis, eine Affäre mit offenem Ausgang abgespielt. Ein kurzer Dialog, ein schneller Blick auf die maschinschreibenden Hände, eine einfühlsame Finesse, die dem Fräulein zu besserer Bezahlung verhilft: War es der Anfang, war es das Ende? War es beides? Abgesehen davon, dass es darauf ohnehin keine Antwort gab, hätte am allerwenigsten der Autor selbst sie gewusst.

Eine Leihbibliothek hatte in der Nähe eröffnet, ein weiteres nachmittägliches Revier der Begehungen. Ich lese andere, neue Bücher, andere Autoren. Schnell, schon fängt die nächste Geschichte an, und Altenbergs Schreibmaschin-Fräulein ist vergessen; ist nicht vergessen.

Blitzschnell, Konturen

Die Geschichtslehrerin redet von einer »geschichtslosen Zeit«, und im Deutschunterricht wird das Gedicht *Der Pilger* von Rudolf Alexander Schröder besprochen. Dagegen haben die Gespräche zu Hause die Qualität wahrer Lektionen: aus hingeworfenen, abgerissenen Erzählsträngen heraus formen sich Bilder, aus biographischen Details, unverbunden und doch die immer gleiche Früh- und Vorgeschichte meines Landes im Blick, ein Fluidum. Neben der Neigung zum angespannten Zuhören habe ich den Hang zum Nachhaken, zum »Löchern« entwickelt, wie es die Mutter nennt. Man spricht über den Selbstmord durch Gas des Schauspielers Joachim Gottschalk und seiner jüdischen Frau, die den kleinen Sohn mit in den Tod genommen haben. Es waren furchtbare Zeiten, aber dem Kind hätte man das nicht antun dürfen, sagt die Mutter. Ihre Bemerkung lässt die erwähnten furchtbaren Zeiten in den Hintergrund treten, schon bilden sie nur noch eine Art Einfassung, übernehmen die Rolle eines Bilderrahmens. Man ahnt sie nur noch, übrig bleibt das schuldig gewordene Paar.
Renate Müller. Ihr Name steht für eine andere Höhlung, in die sich das Sprechen wie in einer im Fußboden nur nachlässig abgedichteten Stelle verliert. Eine von den ganz Großen, meint der Vater. *Liebling der Götter*, *Viktor und Viktoria*, zwei ihrer Filme. Die Zeit muss anders gewesen sein als alles, was ich mir vorstellen kann. Übermut und Unterhaltsamkeit standen auf eine schockierende Weise mit dem Unheimlichen auf Du und Du, waren ununterscheidbar ineinander verwoben. Dem Götterliebling ist ein Ende beschieden, über das im Ton der Mutmaßungen gesprochen wird, im tödli-

chen Sturz aus dem Fenster durchkreuzen sich Spuren und Linienführungen. Hatte Alkohol dazu geführt? Ein Zufall? Waren es die Drogen gewesen? Die Liebe zu einem jüdischen Mann? Das Wort Gestapo fällt.
Im Austausch der Eindrücke und Meinungen treten blitzhaft Konturen hervor, öffnen sich Spalten, die Einblicke zulassen, ein tastendes Erspüren der Zusammenhänge und Ausstrahlungskräfte im Kern der Vorgänge: die, kaum überblickbar, danach verlangen, angeschaut und ausgesprochen zu werden.

Endlosband

Das schlaffe Material nahm sich in den Händen des Vaters schäbig aus, ich hatte geglaubt, die Hände seien auf ewig mit der Tiefenschrift der Schallplatte verbunden. Das spillrige Band schlüpfte ihm, matt, schwächlich, wenn auch unzerreißbar, durch die Finger. Man konnte gar nicht anders, als beim Zusehen an eine Frau zu denken, die ihr Wollknäuel zu bändigen versucht. Anstelle der schwarzen Scheiben verwendete die Firma TEFIFON ein flexibles Endlosband, das ein mehrstündiges Aufnahmeverfahren ermöglichte. Das zu Rädern gewickelte Kunststoffmaterial war im offiziellen Verkauf von einer Kassette geschützt, ich kenne nur die weiche Substanz des Probebandes mit seiner Eigenschaft, sich lagenweise zu lösen und nach unten wegzubrechen. Durch eine ungeschickte Bewegung konnte der erste Satz einer Schumannsymphonie auf dem Teppich landen. Noch eine Unvorsichtigkeit, und man hatte nur noch das Finale in der Hand.
Ich beobachtete den Vater ungern dabei, wie er das spröde Material zu überlisten versuchte. Wie er sich damit abmühte, das Band, wenn es sich selbständig gemacht hatte, wieder in seine ursprüngliche Form zu bringen. Ich machte den Versuch, die unerwünschte Neuerung zu ignorieren, wurde aber eindringlich auf das winzige Format eines Kassettenmodells hingewiesen, das, niemals ausgepackt, unbenutzt, im Wohnzimmer herumstand. Wie man mir sagte, war das auf Bezugsschein erhältliche Modell ausschließlich für Bergleute bestimmt, denen es auch unter der Erde nicht an Musik fehlen sollte. Denk nur, sagte der Vater.
Für die Bergleute war es zweifellos ein großes Glück. Wegen

der geringen Größe des Gerätes war es im Dunkeln, in unvorstellbarer Enge möglich geworden, während der Grubenarbeit stundenlang die schönste Musik zu hören. Dabei war zu Hause bis zu diesem Tag niemals auch nur ein Wort über die Lebensverhältnisse der Bergleute gefallen. Nun, da sie Vorzeigebergleute geworden waren, sollten sie, arglose Menschen unter Tage, dafür herhalten, mich unter anteilnehmendem Kopfnicken für das neue Verfahren zu begeistern.

Es war ferner von Effizienz und von Wandel die Rede; von Umwälzung. Mit dem Fortschritt war nicht gut Kirschen essen, er brachte im wahrsten Sinne des Wortes Verwicklungen mit sich und riss sich ganze Zauberreiche unter den Nagel. Ihm war es zu verdanken, dass aus einem magischen Vater ein in die Pflicht genommener Tüftler zu werden drohte. Dass ein Bandwurmband Einzug gehalten hatte und mit ihm ein ermüdendes, zeitraubendes Drumherum. Das Material, flattrig bis zur Zerzaustheit, hatte etwas durch und durch Fragwürdiges an sich, mir fielen immer neue Dinge an ihm auf, neue unangenehme Eigenschaften. Schon vor Gebrauch sah es bereits verschlissen aus, und es hatte die Farbe von Durchfall.

Dabei gab es Gründe genug, mich über die Veränderung zu freuen. Den schwarzen Objekten in ihrer abgründigen Undeutlichkeit war ich lange genug eine geduldige Gefährtin gewesen. Aber ein Gefühl, neu für mich, warf einen Blick zurück, so, als hätte es ein Auge. Es tastete hingebungsvoll das sich verabschiedende Gegenüber ab. Kreisende Schwärze, blinkende Oberfläche. Ein Spielwerk, das aus einem geräuschvollen Knistern Musik machte. Der Urgrund aller Sehnsucht, aller Täuschungen. Alles traf hier den richtigen Punkt. War genau da, wo es hingehörte.

Der Kinderwunsch, einen ordnungsgemäß berufstätigen Vater zu haben, hatte sich erfüllt. Ich dachte jetzt anders an ihn, wenn ich ihn mir in die Erinnerung rief. Daran änderte sich auch nichts, als die kurze Tefifon-Episode vorüber war und er zur Schallplatte zurückkehrte, die jetzt eine Langspielplatte aus biegsamem Vinyl war. Die Schallplatte hatte Kreide gefressen, sie war zur wendigen, unzerbrechlichen Scheibe geworden: das fügsame Tefi-Material war in den Lack gefahren. Der Vater konnte gar nicht genug bekommen von dem neuartigen Medium und engagierte einen jüngeren Tonmeister. Ich muss mir in dieser Zeit alt vorgekommen sein, wie ein Kind aus einem früheren Jahrhundert; beladen mit Stimmungen, über die die Tage hinweggegangen waren. Eine Musiktruhe, groß wie ein Schrank, hatte Einzug ins Wohnzimmer gehalten, im Keller wurde ein Archiv für die neuen Platten angelegt und in den weitläufigen Räumen des Hotel Esplanade war ein Aufnahmestudio eingerichtet worden.

Der Vater war sich treu geblieben, er ließ das eben noch gerühmte, spiegelglatte Endlosband fallen, auf seine Weise beflügelt, befreit von dem anfälligen Material und der begrenzten Spieldauer der Schellackplatte. Es war eigentlich nicht einzusehen, dass ich nicht froh, heilfroh war, deren Tiefe und Verschwiegenheit entkommen zu sein: mich nicht länger dicht und atemberaubend von ihnen eingeschlossen zu fühlen.

Krokodil-Lied

Befreundete Komponisten und Musikverleger versorgten sie mit neuen Melodien, für die sie, unter Verwendung eines Pseudonyms, die Texte schrieben. Abends zog sich das Paar hinter verschlossene Türen zurück, um an seinen Liedern zu arbeiten. Der Vater würde sie im Studio aufnehmen und sie dann auf den Markt bringen, das brachte Tantiemen. Je später der Abend, desto gedämpfter legten die beiden ihren Sprechgesang an, desto schonungsvoller, im Klang verwaschener, gab sich der Anschlag des Klaviers. Flacher konnten sich die Flunderhände des Vaters nicht über die Tasten breiten. Es wurde draußen bereits hell, als ich noch immer die gleichen Phrasierungen, die sich ins Wort fallenden Stimmen hörte.
Die Liedtexte entstanden nach der »Schimmel«-Methode. Eine vorläufige Zeilenfolge wurde gefunden, die sich, ohne Rücksicht auf den Sinn, rhythmisch genau an das vorgegebene musikalische Thema hielt. Etwa »Regenschirm und Achterbahn bellen rote Reiter niemals an«. Nach und nach filterten die nächtlichen Sprechgesänge aus den behelfsmäßigen Zeilen Wort für Wort den endgültigen Text heraus. Der mehrstündige Wortumschmelzungsvorgang verdichtete sich im Hintergrund zu einem ununterbrochenen, ausdauernden Rauschen, das der Nacht einen Halt gab, während ich schlief. Am Morgen war aus Regenschirm, Achterbahn und rotem Reiter die Refrainzeile »Benjamin, ach Benjamin, bist der schönste Mann von ganz Berlin« geworden: ein abgeschlossener, mit drei Vorversen versehener *Song*, der nichts mehr ahnen ließ von überfüllten Aschenbechern. Nichts von den stotternd sich vortastenden Klangpartikeln,

den pianistischen Einschüben, nichts von Gesumm und Gestammel.

Ich machte die Entdeckung, dass der Vater arbeitete. Die Lieder sprangen nicht aus ihm heraus wie Vögel, er musste sich für sie ins Zeug legen. Seine Lieder waren angefertigte Lieder. Dafür hatte er sich einen Weg durch die sinnlose Silbenansammlung des »Schimmel« zu bahnen und aus dem Massiv der vorstellbaren Wörter Zeile für Zeile mühselig herauszuklopfen. Das alles fiel ersichtlich nicht vom Himmel, geschah nicht zwanglos, herbeigerufen durch ein magisches Winken, sondern entsprang der sorgfältigen Planung von Takten und Texten. Das Bild des im märkischen Winter Schnee schippenden Vaters tauchte auf, ein anderes zeigte ihn mit dem Beil und einem Holzscheit, das er auf einem riesigen Klotz in kleine Stücke zerlegte.

Die nächste Nachtmusik handelte von einem Krokodil und hieß »Es sitzt ein Krokodil am Nil, eia kucke da, / putzt sich die Zähne mit Persil, eia kucke da.« Für die Erwähnung von »Persil« wurde der Firma ein Werbehonorar in Rechnung gestellt; ein Ansinnen, das mir gewinnsüchtig und kleinlich vorkam. Das schwer erarbeitete Krokodil-Lied ließ die Dimensionen schrumpfen, in denen die Musik bisher ihr Geheimnis präsentiert hatte: ihrem unerfindlichen Ursprung in einem schwarzen Glänzen, in Dramatik und Überschwang.

Die Großmutter und ich, zu zweit am Silvesterabend, haben lange versucht, in dem kleinen Radiogerät einen störungsfreien Sender zu finden, auf einmal bricht mit seinem holprigen Charme das *Krokodil*-Lied ins Zimmer herein und seine verwegene Aussage, ein Tier dieses Kalibers würde sich in sitzender Haltung zähneputzend am Nilufer niedergelassen haben. Wir wagen nicht, uns zu rühren, halten die Luft an, um bloß keinen Ton zu verpassen. Auf eine in diesem Augenblick nicht genau erkennbare Weise hat der aus dem Radio herausposaunte Auftritt des elterlichen Reptils das Lied verändert. Es klingt vertrauenswürdiger als zu Hause auf dem Klavier und hat etwas überaus Einleuchtendes angenommen. So, als hätte das Radio selbst das Lied erfunden. In Wohnzimmernähe hat das Krokodil höchstens müde geblinzelt, jetzt ist es in den Wachzustand übergegangen; ein übermütiges, gutgelauntes Ungeheuer. Auf seinem Weg vom Wohnzimmer zur Radiostation ist aus ihm ein zwar unerreichbares, aber vorstellbares Krokodil geworden, ein vierbeiniger, verrückter Nil-Bewohner, der auf sich hält und es sich gutgehen lässt.

Eine andere in nächtlicher Schwerarbeit entstandene Komposition hieß *Kommen Sie gut nach Hause* und wurde bei großen Radioveranstaltungen zum Finale gespielt, das Publikum sang mit und verließ rhythmisch klatschend den Saal. Ein gleichzeitig auftauchendes, konkurrierendes Lied hatte den Titel *Auf Wiedersehn, auf Wiedersehn, bleib nicht so lange fort;* es wurde häufiger gespielt und hatte mehr Erfolg. Die Mitschülerinnen sangen es in der Pause, und eine von ihnen, ohne meine Verstrickung in den Wettlauf der Kompositionen zu kennen, sprach es aus: Dieses Lied gefiele ihr besser als jenes andere, wobei sie den Titel der Eltern nannte.

Es fuchst mich, dass sie offen ausspricht, was ich mir verkneifen muss. Das fremde Lied, ein melodiös in Moll gehaltenes Liebeslied, ist insgeheim auch mein Favorit. Aber die beiden verschworenen Nachtarbeiter auf diese Weise in die Lage von Verlierern gebracht zu sehen, löst eine unerwartet schmerzhafte Empfindung in mir aus. Wenn nicht sie die Herrscher des Musikreichs waren, wenn auf einmal der Vater die für unauslöschlich gehaltenen Merkmale des Tonreich-Eroberers eingebüßt haben sollte, dann waren schlagartig einer ganzen Reihe von Fragen Tür und Tor geöffnet. Wenn er tatsächlich gestrauchelt war im Königreich der Töne, ließen sich die unbeantworteten Fragen der Musik nicht weiterhin auf dem Rücken unerklärlicher Mächte abhandeln. Auch stand auf einmal die frühe, als Heilmethode ausgegebene Behandlung mit dem nasskalten Laken, meine nächtliche Bandagierung, auf schwachen Füßen. Eine solche Macht des Schicksals konnte sich in meinen Augen nur ein konkurrenzfähiger, ein unangefochtener Vater erlauben, nicht aber ein Liedtexter, dessen Titel nicht mithalten konnte und in den Schulpausen von den singenden Mitschülerinnen verschmäht wurde.

Der Zauber-Berg machte Anstalten, zu Boden zu gehen. Das stolze, uneinnehmbar erschienene Bergmassiv, unerträglich und paradiesisch zugleich, war zugänglich, schien verfügbar geworden zu sein. Der Herr des Berges nahm eine ebenerdig und firmengeschichtlich umrissene Erkennbarkeit an. Wie es von dort aus für mich weitergehen sollte, lag nicht im sichtbaren Bereich, lag hinter dem Berg. Ich malte mir eine Gegend aus, in der man auf alle Fragen eine Antwort wusste. Ein Gelände, das mit allen Geheimnissen vertraut war, die dieser Berg jemals ausgespuckt hatte. Mit all den Schauplätzen, die sich im Schatten verkrochen hatten. Schwarze Scheiben und weiße Hände. Taumelnde, züngelnde Tierköpfe. Schattenwesen, aus den Fingern des Vaters entspringend. Auch Zwiegespräche waren Schauplätze, Gespräche am Frühstückstisch, bei denen Namen mitgeteilt wurden, die förmlich in Schweigen eingepackt waren. Überzogen mit einer Lasur der Unberührbarkeit. Personen, von denen nur in einer Haltung der Gefassstheit gesprochen wurde, als wollte man den vom Erdboden Verschwundenen nachrufen, man habe nur schweren Herzens von ihnen Abschied genommen, dennoch aber der Unumgänglichkeit des Lebewohls nichts entgegenzusetzen vermocht. Unbelichtet die Gesichter, die in den abgelegten Jahrgangsbänden der *Berliner Illustrirten Zeitung* so aussahen, als würden sie aus einer anderen Menschheitsgeschichte zu uns herüberschauen. Aus einer Entfernung grüßend, die aufgeladen war mit unerzählten Geschichten, mit Einschüben der Beunruhigung und des Zweifels.

Foxtrott

Der Herr beginnt mit dem linken Fuß und macht einen Schritt nach vorn. Der Foxtrott, sagt der Tanzlehrer, heißt zu Deutsch Fuchsgang. Man spielt *My baby just cares for me,* im Vierviertakt schlage ich mir mit meinem Partner eine Schneise durch den weitläufigen Saal der Tanzschule Fink. Der gut aufgelegte Gymnasiast macht den Versuch, seinen jüngsten Lektüreerfahrungen akustisch zu ihrem Recht zu verhelfen. Der Name des Autors, den er mehrmals laut in den Raum hineinruft, klingt so ähnlich wie Adorno, fremd und neu und ein wenig wie erfunden. So könnte ein ganzer Artistenclan heißen; Turner, Trapezkünstler. »Die fünf Adornos«. Der junge Mann hat glücklicherweise eine kräftige Stimme, sonst würden seine Worte sich kaum gegen die Tanzmusik behaupten können. Aber sie kommen mit ihrer Umgebung gut zurecht. Die Lautstärke macht ihnen nichts aus, die Wörter sind wie Wände so hoch. Mein Tanzpartner hat die Wände schon hinter sich gelassen, er hat den Sprung in die andere Blickrichtung, von der er gerade spricht, schon geschafft, dabei ist mir sein Gesicht ganz nah und auch das Gefühl für seinen unbekannten Körper, der sich mit mir im Foxtrottschritt dreht. Dass wir in den Schuhen von Odysseus steckengeblieben sind, ruft er mir zu: nur mit List und Tücke, angebunden und mit verstopften Ohren hätte sich der Mensch auf dem Erdball behauptet.
Herr Fink, der seine Augen überall hat und korrigierend von Pärchen zu Pärchen huscht, hat an uns nichts auszusetzen. Als Foxtrotttänzer machen wir uns gut, aber jenseits des Vierviertakts sind wir Ungeheuer: vollkommen vergeblich sei es gewesen, Hoffnung auf die menschliche Vernunft zu

setzen, teilt mir der blonde Schüler mit. Die schlechte Nachricht macht ihm offenbar nichts aus, im Gegenteil, sie scheint etwas Anregendes, Mitreißendes an sich zu haben, das muss an dem Mann, der Adorno heißt, liegen. Um das Orchester zu übertönen, ist mein Gegenüber inzwischen in der Stimmlage eines öffentlichen Kundgebers angelangt und lässt mich lauthals wissen, dass selbst unser Foxtrott das Verhängnis in sich trägt. Eine Mitteilung, die nach Damoklesschwert klingt, aber auch nach einem *Coup*, ein Wort, das der Vater von seinen Varietéabenden mitbrachte.

Die neben uns tanzenden Paare sind mit weitaus weniger aufreibenden Gesprächen beschäftigt, die meisten von ihnen schweigen. Es ist ihnen nicht anzusehen, ob sie sich langweilen oder in ihrer Stummheit hingerissen voneinander sind. Kurz taucht der Gedanke auf, dass ich gern in ihrer Lage wäre, allerdings nur in Form der zweiten Variante.

Ich hatte mir eingebildet, die Tanzstunde würde in einem Ballsaal stattfinden mit Kronleuchtern und Säulen, dabei hätte ich froh sein können, dass es die Tanzschule am Funkturm mit ihren leidenschaftslosen, beherrschten Räumen war. Hier konnte man sich blicken lassen mit einem Haar, das zu keiner Frisur befähigt schien. Man konnte blass sein, dünne Arme haben und was nicht alles an roten und rosafarbenen Knubbelchen im Gesicht. Möglich, dass ich es ihnen und ihrer Unansehnlichkeit zu verdanken hatte, in ein Gespräch über einen Mann mit Namen Adorno verwickelt zu werden, der, wie ich erfuhr, ein aus Los Angeles zurückgekehrter Philosoph war. Dass es allein mit ihnen, diesen unerfreulichen Verursachern eines irregulären Hautbildes zu tun hatte, wenn der schöne Junge lieber über die aus dem Ruder gelaufene Erdbevölkerung auspackte, statt mich in vielsagendem Schweigen durch den Saal zu führen und dem Gefühl nachzugeben, dass wir beide beachtlich verschiedenartige Körper übers Parkett der Tanzschule bewegten und verbunden mit ihnen jenes beunruhigende Gemisch von Anziehungskräften, von denen mit oder ohne Adorno, wie ich fand, in Wirklichkeit doch keine Sekunde abzusehen war. Dafür aber schien sich nun auch für mich der Weg in die andere Blickrichtung abzuzeichnen, zeigte sich eine Fährte, die möglicherweise direkt zu den zeitfernen Menschen, den hintergründigen Mitspielern meiner Kindheit führte. Zu den Frauen und Männern, von denen immer nur im Imperfekt die Rede war. Ich brannte darauf, vom Verhängnis des Foxtrotts zu erfahren und warum auch er bereits das Kainszeichen des Untergangs in sich trug. Der Gedanke brachte eine kleine elektrische Ladung mit, einen Funken, und in den Funken hinein rief mir der Junge ein Wort Mr. Adornos zu: »Fun ist ein Stahlbad.« Er lachte und sah erschrocken aus: auch der Foxtrott, der in diesem Augenblick mit schmetternden Schlussakkorden des Orchesters endete, war »fun«. Die Überlegung, dass wir unseren Tanz in einem Stahlbad verbracht hatten, gemeinsam mit Fink und »fun« und Foxtrott, schien mir erwägenswert, sie hatte etwas Überzeugendes und zugleich Abenteuerliches an sich, auch ohne dass ich eine Vorstellung davon hatte, was ein Stahlbad bedeuten könnte. Das Wort klang gefährlich und festgefügt, in ein Stahlbad hätte man sich unter gar keinen Umständen begeben mögen. Der Junge schaute mir in die Augen, beobachtete er mich? Um zu sehen, wie ich dem wagemutigen Wort hinterherhorchte, seiner Bodenlosigkeit nachspürte, so, wie er selber es getan hatte?

Die Paare formierten sich neu, *Diesmal muss es Liebe sein* hieß der nächste Tanz, ein freundlicher Brillenträger stand vor mir, während ich mit dem Gedanken beschäftigt war, dass ein Mann, der in einem kurzgefassten Satz die Wörter »fun« und Stahlbad zu verknüpfen verstand, das Zeug zu einem weiteren, einem neuen Zauberer hatte. Dieser hier werkelte nicht wie der Vater mit Schellack, versteckten Hühnereiern und Vogelköpfen herum, sondern gab den Ausrufer, er machte es mit den Wörtern. Mit ihnen konnte er die Welt wie die Sonne untergehen lassen. Schwupp, die Welt war weg. Hinterm Horizont verschwunden, die große Illusion. Was für den Vater die Ledertasche war, die den schwarzen Zauber barg, war für den Ausrufer das Buch: ich entdeckte es in der Auslage einer Musikalienhandlung in der Uhlandstraße. Es sah ähnlich zurückhaltend und vertrauenswürdig aus wie die väterliche Ledertasche, es neigte zu Eselsohren und tat unschuldig. Unschuldig und ehrenwert. Die seriösen Titelwörter lauteten »Philosophie« und »Neue Musik«, in Wirklichkeit waren es natürlich Tarnnamen. Denn kaum hatte ich das Buch aufgeschlagen, ging der Zinnober schon los. Die Zaubersprüche setzten der Welt und der Musik den Stuhl vor die Tür, die Zeiten waren nicht so. Finito, nichts geht mehr.

Wusste der Vater davon, dass die Musik, dass sein Tonreich dabei war, wie ein Kartenhaus in sich zusammenzufallen? Hatte er mitbekommen, dass seine Lieder, die »in den Himmel hinein« tanzten, »in den siebenten Himmel der Liebe«, durch einen anderen Zauberer mit Sack und Pack aus dem Verkehr gezogen wurden? Dass sie deshalb auf einmal so klingen wollten, als wäre ein dickes Heizkissen über ihnen abgelegt worden? In Gedanken sah ich den Vater im Aufnahmestudio die furchtbare Nachricht entgegennehmen. Ein Saaldiener überbrachte sie ihm. Ein Toningenieur. Der höfliche Willy Sommerfeld, Vaters Favorit unter den Arrangeuren, würde an der Gartentür klingeln und sich mit den Worten »das war's« auf Nimmerwiedersehen verabschieden.

Die gläsernen Schuhe

Kindheit? Hineingeboren in ein musikalisches Haus, in einen Krieg. Wessen Krieg? Wer kannte sich in den Zusammenhängen aus? Wer musste gehen, wer durfte bleiben? In vollen Häusern die gefeierten Künstler, hatte der Vater gesagt. Gehört, gesehen und hingerissen applaudiert, bis hin zum letzten Lied, zum letzten Auftritt. Ich frage, und was kam danach? Man spricht nur widerstrebend über Deutschland, die Gesichter nehmen einen Ausdruck der Besorgnis und des Kummers an: ein unvorsichtiges Kind scheint in Gefahr, dem im Winter die Eisdecke unter den Füßen weggebrochen ist. Aber an diesem Nachmittag mischt sich Welt und Geschichte in das Bild. Es wird der Besuch einer mit der Mutter befreundeten Dame erwartet, die kürzlich aus der amerikanischen Emigration zurückgekehrt ist. Dem entscheidenden Wort, Emigration, fehlt dieses Mal der hervorgehobene, feierliche Klang, bei dem ich immer an Kirche und Schicksal denken muss, zumindest aber an einen gerafften Vorhang, der sich über Beiseitegeschobenes und Ungesagtes legt.

Die angekündigte Besucherin trägt hochhackige pinkfarbene und überraschenderweise vollkommen durchsichtige Schuhe, ich hatte eine von den Strapazen vielfältiger Fluchtwege geschwächte, alte Frau erwartet. Die Schuhe lassen Füße und Zehennägel sehen, sie sind aus einem Material gemacht, das wie Glas aussieht, aber wie weiches, formbares Glas. Eine sommerlich weiß gekleidete Frau, deren strahlendes Lächeln jene quadratisch schneeweißen Zähne sehen lässt, die ich von den alten Modemagazinen her kenne und die auf den Fotos überall im Haus zu besichtigen sind. Eines jener gerahmten Schwarzweiß-Gesichter um 1930 blickt mich an, ein Gesicht wie eine Erfindung. Zähne, die nach viereckigen Perlen aussehen und ein Haar, schwarz, kurz gehalten und glatt, von einer leichten Welle angehoben. Das Verhältnis zwischen Fotofrau und dem von der Mutter eingeladenen Nachmittagsgast verändert sich von Augenblick zu Augenblick. Einmal ergibt sich eine Schnittstelle, an der die Frau untrennbar beides zugleich ist. Als sie direkt vor mir steht, haben die Bilder sich wieder getrennt, und die mir freundlich ihre Hand entgegenstreckende Fremde ist zurückgeschnellt in den Umriss der Besucherin, von der ich weiß, dass sie die Frau des Dirigenten Adolf Wreege ist und gleich mit der Mutter auf der Terrasse sitzen und Erdbeerkuchen essen wird.

Frau Wreege muss wohl schon von meinem Klavierspiel, den Partiturstudien erfahren haben, denn sie fragt mich sofort danach aus, und ich sage, viel sei uns nicht geblieben, Mahler vielleicht und Schönberg, sie müsse unbedingt das Buch von Adorno lesen, der sich klar dazu geäußert und aufgedeckt hätte, was alles den Bach hinuntergegangen sei, und zwar für alle Zeiten; für immer. Viel lieber hätte ich mit Frau Wreege über Menschen geredet, die nur als Fotografierte existieren. Über Fortgegangene. Oder Unauffindbare. Darüber, in welcher Zeit sie selber zu Hause ist, auf welchem Boden, in unserem Garten, in ihren Erinnerungen?

Ich will mir später nicht vorwerfen müssen, nicht aufmerksam genug jede Einzelheit dieser Begegnung beobachtet zu haben. Ich muss ganz schnell blicken, damit die Augen möglichst viel, möglichst alles sehen. Es fallen die Namen von Johann Strauss und Gioachino Rossini, Frau Wreege lächelt, während sie mir ihre Lieblingskomponisten nennt. Lieber Himmel, sie befand sich in der Foxtrottzone! Im Gebiet des Verhängnisses, in Regionen von Dur-Klang und Dreivierteltakt. Sollte denn die aus Amerika in fremdartigen Schuhen Zurückgekehrte ihr eigenes Leben nicht begriffen haben? Konnte es sein, dass ihr Blick auf die eigene Geschichte ein ganz verkehrter, ein irrtümlicher Blick war? Dass sie den Abgrund, der sich zu Füßen ihrer Existenz geöffnet hatte, nicht weitgehend genug überblickte? In diesem Fall hätte sie doch längst einen Schlussstrich unter jede Art von Musik gezogen, die auch nur von fern an dreiklangsgetreue Karussellmelodien erinnerte. Weshalb nur hatte sie sich anders entschieden? In diesem Augenblick, an einem Tag in den fünfziger Jahren, fand ich keine Erklärung dafür: nun endlich war ein solches Wesen, emigriert und aus dem fernen Amerika zurückgekehrt, greifbar da und brachte von oben bis unten und mit jedem Wort neue Ungewissheiten mit. Gleichzeitig fragte ich mich, während wir uns gegenüberstanden in diesen langen Minuten, ob sie sich wohl ihrerseits Gedanken machte über das Kind, das ihr im Garten der früheren Freundin begegnet war. Ein scheues, junges Ding, so dachte sie vielleicht. Scheu und eigensinnig. Ein Widerspruch? Ein Kindergesicht. Behütete Tochter: wenn es so etwas überhaupt noch gab.

Der Besuch hinterließ ein unentschlossenes, verlegenes Gefühl in mir, damit musste man rechnen, dass die Fragen niemals Pause machen würden. Die Besucherin hatte unter der riesigen Kiefer etwas Märchenhaftes angenommen. War die Welt nun eigentlich gescheitert oder nicht?

Große Töne

Mühsam nährt sich das Eichhörnchen, sagt Fräulein Tiburtius: das Missverhältnis meines Tastentrainings zur Meistersilhouette des Vaters hat sich eingespielt. Die Möglichkeiten scheinen ausgeschöpft, in seiner Welt einen Platz zu finden. In einer Musik, die aus dem Handgelenk geschüttelt und von Händen hervorgebracht wurde, die so aussahen, als würden sie keinen Finger rühren, wenn sie über die Tasten jagen. Ich halte es für einen rettenden Gedanken, mich auf die andere Seite zu schlagen; mich mit allergrößter Konzentration den Komplikationen des Klavierspiels zuzuwenden und mich dazu durchzuringen, dem korrekten Fingersatz ohne Feindseligkeit gegenüberzutreten; darüber hinaus das Umfeld der in italienischer Sprache gefassten Vortragszeichen auszuloten; mich eingehend mit den rhythmisch vertrackten Triolen zu befassen und dem Phänomen der enharmonischen Verwechslung auf den Grund zu gehen. Wenn es mit Mühelosigkeit nicht ging, dann eben in Form von Problemstellungen.
Fräulein Tiburtius teilt meine Vorliebe für die grelle Sekundreibung; nach Chopin und Schumann, nach Mozart und Debussy schlägt sie mir die Klaviersonate von Alban Berg vor. Es ist offenkundig, dass die Musik ein Austragungsort ist. Sie hat, geologisch gesehen, den Zuschnitt einer Primärformation, stellt Grund und Boden der Abgründe dar. Frühgeschichte der Erschütterungen. Das Feld ist abgesteckt, unter der herrschenden Besatzung unzugänglich geworden. Es wurde Zeit, sich aus dem Hintergrund nach vorn zu tasten; sich neu ins Spiel zu bringen. Es hätte Möglichkeiten gegeben. Möglichkeiten eines überlegten Für und Wider. Die

Synthese. Den sanften Ausgleich. Austüftelung eines Gleichgewichts. Das Leben ist in eine andere Umlaufbahn hineingeraten; ist es schneller geworden? Es ist in Stellung gegangen.

Mit keiner anderen Komposition konnte man so kämpferisch über die Tasten stürmen wie mit Bartóks *Allegro barbaro*. Das Musikstück, das Fräulein Tiburtius mir mit wildem Gefuchtel vorgespielt hatte, erwies sich als ein Glücksfall: ein ununterbrochenes Fortissimo und Kaskaden effektvoll rhythmisierter Misstöne. Ein Schwerthiebe versetzender Dschingis Khan tobte durchs Wohnzimmer; jede Taste ein Krater, jeder Tritt aufs Pedal ein Krachmacher. Tagsüber gehörte mir das Instrument, nachts dem textenden Paar, das, überwach durch schwarzen Kaffee, am frühen Morgen die aus ein paar Noten bestehende Liedvorlage beiseitelegte und dem nächtlich ausgebrüteten Werk, Schlager, Schnulze oder Chanson, die letzte Weihe gab, indem die Mutter den Deckel ihrer Schreibmaschine abhob und dem Resultat der gemeinsamen Arbeit eine druckfertige Form gab. Das neue Lied, das vom Wohnzimmer aus seinen Weg in die Repertoires der Tanzorchester und in die Redaktionen der Radiosender finden sollte, hieß *Schlaf ein, mein kleines Baby*, ein sanftes Wiegenlied, dessen versteckte Absicht es vermutlich war, beruhigend auf die unbequeme Tochter einzuwirken.

Für Bartóks *Allegro barbaro* leichtes Spiel, es schlug auf das zum Schlaf verurteilte Lied-Baby genauso unerbittlich ein wie auf all die anderen Geschöpfe, die Einzug bei uns gehalten hatten und die ich, ohne mit der Wimper zu zucken, dem Untergang zuführen wollte. Eine furchtbare Macht trampelte auf ihren Köpfen herum. Diese Macht hatte nicht darum gebeten, eintreten zu dürfen, sie war schon da und besaß den Klang der aufgehenden Sonne. Tastenschlagend hetzte ich das rohe Allegro auf das Nil-Krokodil, der schöne Benjamin vom Tauentzien suchte Deckung in einem Hauseingang, und das zum Einschlafen verurteilte Baby fasste sich an den Kopf und taumelte in seine Wiege zurück. Der unerschütterliche Rhythmus der Komposition kannte kein Sitzen, Wohnen oder Bleiben, pausenlos prügelte und hämmerte er auf die traulichen Gefühle, die erschöpften Rituale der Zimmerbewohner ein.

Dabei konnte ich nicht einmal sicher sein, dass das pianistische Getöse richtig verstanden wurde: als ein bitterernstes Bekenntnis zu Einsamkeit und Unleidlichkeit. Es war denkbar, dass die schonungslosen Klänge den Vater an die Solonummer eines asiatischen Varietétrommlers erinnerten. An einen Artisten, der mit seinen Stöcken nicht nur trommeln, sondern außerdem noch jonglieren konnte und sie am Schluss seines Auftritts verspeisen würde. Und die Mutter, sie mochte von dem hämmernden Auf und Ab in einen Zustand geraten, in dem ihr, einem ihrer Lieblingswörter zufolge, »unerhörte« Dinge einfielen: zum Beispiel, dass sie von zwei aus dem Dunkel sich kühn ihr entgegenstreckenden Armen hoch auf ein vorwärtsstürmendes Pferd gezogen wurde und sie auf Nimmerwiedersehen mit Ross und Reiter in der Wüste verschwand.

Jetzt, am Ende meiner Exerzitien, lockte es mich zum ersten Mal, das Gehäuse anzusehen, das sich unter dem schwarzglänzenden Deckel des Flügels befand. Die Überzeugung, dass Wurzellosigkeit und Dunkel ihrer Herkunft eine der wesentlichen Eigenschaften der Musik ist, formt, feilt und schleift einen Blick; lenkt ihn ab, lenkt ihn um. Richtet ihn in die Ferne, fängt ihn ein, legt den Einstellungswinkel fest. Man konnte nicht anders, als einerseits andachtsvoll und andererseits geschockt auf den geregelten Verlauf der verleimten Hölzer und Kupferverdrahtungen zu schauen und den eigenwilligen Bau der filzüberzogenen Hämmer, der Saiten und Dämpfer zur Kenntnis zu nehmen. Dies alles war tätig und bereit gewesen, mir etwas von den Tönen und Farbtönen, von den Klängen und deren Zustandekommen zu erzählen. Ihr anonymes Leben hatte etwas Feierliches an sich, es ließ mich an die Besteckkästen denken, in denen die Großmutter auf Ordnung hielt. Man konnte nicht wissen, selbst wenn man sich noch so sehr in sie vertieft hatte, ob sich in dem ebenholzschwarzen Gewölbe nicht weitere unterirdische Lebenssysteme befanden, die sich einen Dreck darum scherten, ob man sie begriffen hatte oder nicht. Sobald man nämlich die steil aufragende, von einem schmalen Stab gestützte Flügeldecke auf den Instrumentenboden zurücksetzte, war alles wie weggeblasen: die Hölzer, Dämpfer und Saiten. Man musste zusehen, dass man sich ihren Anblick immer wieder ins Gedächtnis rief, ihr Abdruck blieb schwach, durchscheinend wie dünne Haut, die an ihrer Oberfläche nicht ganz zusammenhielt.

Skrjabins Sonate, ein hochformatiges Notenheft, lag auf dem Geburtstagstisch neben einem aufrecht stehenden Petticoat, dessen steif gestärktes Perlon so hart wie ein Brotmesser war. Ich hatte mit der Klavierlehrerin ein Abkommen getroffen: sobald ich in der Lage sein würde, das schwierige Stück, das ich von einer Radioübertragung her kannte, fehlerlos zu spielen, wollten wir mit dem Unterricht aufhören. Das Notenbild zeigte neben dem gebräuchlichen, zweistöckigen Liniensystem eine oberhalb davon thronende weitere Ebene von Noten, wie Dolden, aufgestockt. Man sah der Sonate die großen Töne geradezu an, die sie lärmend ins Zimmer spucken würde. Und tatsächlich, ihre Mehrfachnotationen klangen so, als würden sämtliche Tasten des Klaviers gleichzeitig angeschlagen werden. Dann und wann standen sie in dieser Ballung still, pausierten erschöpft. Rafften sich wieder auf, um sich, ruhelos neue Strudel bildend, in den nächsten Akkord fallen zu lassen. Jeder Ton eine schallende Behauptung, jedes Aussetzen des Tons eine Gleichgewichtsübung.

Warum ich mich nicht überhaupt dafür entschieden hatte, weiterhin nur Zuhörerin der Musik zu sein, lag an den raren Momenten, in denen mich die Tastatur, fügsam, butterweich, als ihre Herrin respektierte. Zwischen uns gab es niemals eine romantische Beziehung, sondern nur einen skurrilen Pakt. Jedes Danebengreifen, jeder Patzer schepperte in meinen Ohren, dröhnte und klagte mich an; die Tasten liebten mich nicht. Ich war davon überzeugt, dass sie mir meine Fehler nicht verzeihen würden. Skrjabin setzte den Schlusspunkt unter das aufreibende Training. Die Klaviertasten zogen sich lautlos wieder in ihre schimmernde, zwischen Elfenbein und Ebenholz angesiedelte Unangreifbarkeit vor mir zurück.

Galerie 7

Ein Notenblatt: die Gitarrenstimme des Liedes *Heut' geh ich alleine aus,* der Name des Arrangeurs ist angegeben und lautet Herbert Turba. Er hat die Gitarrenakkorde, in Form einer Gitarrentabulatur, durch Ziffern und Buchstaben gekennzeichnet, F6, Bb6, F#7, Gm7, D9, Dm6 ... Eigentlich wären die puren Bezeichnungen vollkommen ausreichend, die üblichen Notenlinien sind im Grunde überflüssig: ginge es nur um die Akkorde selbst! Aber was wären sie ohne dynamische und rhythmische Ausgestaltung. Ohne Vortragszeichen, ohne die Vorgaben eines Crescendo, Ritardando, Piano ma non troppo. Eben dafür werden sie gebraucht, die Linien und die Taktstriche, als Zeitschiene und Stimmungs-Gerüst des Liedes: eines von den vielen, die den nächtlichen Rückzügen des Paares entsprungen war; im Wettstreit der väterlichen, den Ton angebenden Klavierstimme und der mütterlich improvisierenden, das Blaue vom Himmel herunterphantasierenden Textstimme. Textzeilenangebotsstimme. So entstand *Heut' geh ich alleine aus / meine Frau, die bleibt zuhaus./ Denn sie weiß, ein Mann / muss dann und wann / allein sein* ... Mit den Tantiemen dieses Liedes wurde der Tochter das Philosophiestudium bei Theodor W. Adorno finanziert: das Leben ist nicht absurd, es ist erfindungsreich.

Mitlaufende Zeit

Ein Mensch der Lyrik trägt keine Uhr, mit dieser Bemerkung gebe ich Großmutter Mira die schmale Schatulle zurück, die eine Armbanduhr enthält und neben den Gedichten von Benn und Rilke auf dem Tisch mit den Konfirmationsgeschenken liegt. Sie hat für die Uhr ihre monatliche Rente verpulvert, die *un*säglichen Worte sind ausgesprochen und von den Anwesenden befremdet zur Kenntnis genommen worden. Die Schatulle wird kommentarlos zurückgenommen und mir einige Jahre später nochmals zum Geschenk gemacht, wohl in der richtigen Annahme, ich könnte unterdessen herausgefunden haben, dass der Boykott des Zeitlichen keine unerlässliche Voraussetzung für ein störungsfreies Verhältnis zu den Dichtern sei. Die Mutter wirft mir mein ungehöriges Verhalten vor, sie nennt es bodenlos, sieht unglücklich aus und streng und zornig, und zwischen ihren Augenbrauen hält sich stundenlang eine steil aufragende Falte. Bachs hoheitsvolles *Air* setzt ein, es ist Vaters Tribut an den Konfirmationssonntag und lässt auch noch die letzten trübseligen Versuche einer Konversation versanden. Unter dem Eindruck der frommen Musik können sich die Disharmonien im Raum so recht zur Geltung bringen und Blüten treiben, der Vater wäscht seine Hände wieder einmal in Unschuld, das Gesicht der Mutter sieht aus, als könnte es sich niemals wieder von seinem Zorn erholen, und der Mensch der Lyrik beißt sich beinahe die Backenzähne aus, um sich auf einen Schmerz zu konzentrieren, der nichts zu tun hat mit dem Unglück der häuslichen Situation.

Wenn ich mich heute in den Anblick der Uhr, in die Ziselierungen, die gedrechselten kleinen Blätter, in die winzigen goldfarbenen Roccaillen der Fassung vertiefe, glaube ich die Überlegungen zu verstehen, die dazu führten, mir ausgerechnet ein solches Geschenk zu machen. Es war einem freundlichen, geschmückten Mädchen zugedacht, das auf selbstverständliche Weise erwachsen wird mit der an seinem Handgelenk befestigten mitlaufenden Zeit.

Clara Tabody

Aus Budapest wird Clara Tabody eingeflogen, die auf der Suche nach geeigneten Liedern für ihr Abendprogramm ist. Nach ihrer Abreise zeigt man mir ein Foto, auf dem eine in einen ausladenden Pelz gehüllte, dunkelhaarige Frau zu sehen ist. Neben ihr steht die Mutter, deren Mantel eine bescheidene Fellauflage in Schulterhöhe zeigt. Der rechteckige Besatz sieht aus wie das Relikt einer Rüstung, man kann sich vorstellen, dass er in mittelalterlichen Beschreibungen als Nackenteil bezeichnet wurde. Während ich noch mit den Mänteln der beiden Frauen beschäftigt bin, sagt die Mutter im beiläufigsten Ton der Welt, dass die Frau auf dem Foto eine berühmte Nackttänzerin ist.
Diese Bemerkung gleicht einer Sensation: eine Nackttänzerin! Es handelt sich um ein Wort, das langsam, sorgfältig und methodisch eingekreist werden will und dem ich mich nur schrittweise zu nähern wage. Zweifellos stellte die nackte Frau an sich etwas Unerlaubtes dar, demnach war die sich vor aller Öffentlichkeit nackt zeigende Frau fast schon eine Gesetzesbrecherin. Das Phänomen einer vor aller Öffentlichkeit nicht nur nackten, sondern gleichzeitig dabei tanzenden Frau benötigte dagegen eine ganz eigene, eine auf diesen besonderen Fall zugeschnittene Herangehensweise. Ich halte es für denkbar, dass der flächendeckende Fellmantel, die ins Auge springende Pelzverbrämtheit der Tänzerin und demgegenüber der unaufwendige kragenförmige Besatz, den der Mantel der Mutter aufweist, auf die unterschiedliche Bereitschaft der Frauen hinweist, sich hüllenlos zu präsentieren. Demnach benötigt Clara Tabody, so, wie ihr Verhältnis zur Nacktheit beschaffen ist, die aufwendige-

re Tarnung als die nicht unbekleidet vor Publikum auftretende Mutter mit ihrem erweiterten Kragenbesatz.

Ihr war das Wort »Nackttänzerin« glatt über die Lippen gekommen, es überrascht mich, sie so unerschrocken in Augenhöhe mit der anstoßerregenden Berufsbezeichnung zu sehen. Ihre Ungeniertheit erweckt den Eindruck, mit dem Ungehörigen und Unerhörten auf gutem Fuß zu stehen, das rechne ich ihr hoch an. Dennoch, ich ahne es schon, dass in dem Ganzen irgendein Pferdefuß steckt. Zu ruhig, zu gleichmütig hat die Mutter den Beruf von Frau Tabody ins Spiel gebracht. Zu unbekümmert lacht der Vater in die Kamera, von den beiden Frauen in die Mitte genommen.

Und ich habe mich nicht getäuscht, die Mutter setzt zu einer Erklärung an, die mir begreiflich machen soll, dass der Tanz der Tabody den weiblichen Körper in einem Licht sehen lässt, das seine Nacktheit nahezu zum Verschwinden bringt. Man sieht keinen nackten Körper mehr, sondern schaut einer Künstlerin bei ihrer Arbeit zu, sagt die Mutter.

Es war mir nicht gelungen, mir die splitterfasernackte Frau Tabody vorzustellen. Nun aber sehe ich sie vor mir, sehe, wie sie steifbeinig, als sei sie von einem Starrkrampf befallen, aus dem Hintergrund der Bühne nach vorne tritt, verwoben in Vorhänge und von der Decke hängende Stoffteile, die sie wie eine aus der Luft gegriffene Zeichnung, wie ein Trugbild aussehen lassen. Die beredten Nachbesserungen der Mutter und ihre wortreichen Respektsbekundungen für die Künstlerin sind dem tollkühnen Wort nicht gut bekommen; sie haben es geradezu zum Verschwinden gebracht.

Andererseits hat die in höhere Sphären verlagerte Nacktheit der Tänzerin etwas Beruhigendes an sich. Vater tut nichts Unrechtes, wenn er den Arm um die charmante Pelzträgerin legt, und die Mutter darf unbeschwert lächeln unter einer schwarzen Kappe auf blondem Haar.

Der Grammophonhund

Für die Firma GRAMMOPHON sei der kleine, vor dem Trichter hockende Foxterrier ein Gottesgeschenk gewesen, meinte der Vater. Sogar die überaus feinen, empfindlichen Ohren eines Hundes konnten davon überzeugt werden, *wirkliche* Musik zu hören. Das lauschende Tier sei der Garant, gewissermaßen der Bürge für die entscheidende Eigenschaft der Schallplatte: ihre Klangtreue. Nicht einmal ein Hund erkennt die Täuschung, erklärte der Vater voller Stolz, dies sei die unwiderlegbare Botschaft des *Labels*.

Einen anderen Grund für den Erfolg von Nipper, so heißt der Grammophonhund, nennt Mladen Dolar in seinem Buch *His Master's Voice*. Er erzählt, das Tier habe, zusammen mit seinem Herrchen, jeden Abend vor dem Trichtergrammophon gesessen und das Lied *After the ball was over* gehört. Nach dem Tod seines Herrchens übernimmt dessen Bruder, ein Maler, den vereinsamten Hund, ein bissiges, launisches Tier, das nur dann von seinen Quängeleien ablässt, wenn das vertraute Lied aus dem Grammophon ertönt. Dann nämlich hockt es minutenlang stumm vor dem Gerät, hingebungsvoll dessen Klängen lauschend; ein Idyll, das dem Maler so gut gefiel, dass er es im Bild festhielt. Es wurde allgemein so verstanden, dass der Hund die aus dem Trichter zu ihm dringende Stimme für die seines Herrchens hält: die Musik *ist* das Herrchen. Nippers Gläubigkeit, so die gute Nachricht des Bildes, überlistet das Sterben. Als ergebener Zuhörer des Schallplattenliedes schenkt er seinem Herrchen ewiges Leben. Ein wahrer Welterfolgshund, ein Held, der vor einem Trichtergrammophon den Tod besiegt hat.

Nicht auch nur einen Moment lang habe ich dieser Ge-

schichte Vertrauen geschenkt, der Grammophonhund als Wahrzeichen für den siegreichen Weg der Schallplatte hat mich von Anfang an nicht überzeugen können. Schon mit der Klangtreue-Version des Vaters stimmte etwas nicht. Der kleine Foxterrier war ein Tölpel, und so sah er auch aus: unschlüssig und belämmert. Einfacher wäre es für mich gewesen, dem Vater recht zu geben, dessen Urteil in diesen Dingen vertrauenswürdig war und sich vermutlich mit der gesamten Schallplatten hörenden Menschheit rund um den Globus in Übereinstimmung befand. Ich hätte gern darauf verzichtet, mich mit dem Gedanken herumschlagen zu müssen, mit meiner Betrachtungsweise in Widerspruch zum übrigen Teil der Erdkreisbewohner zu stehen; zu all denen jedenfalls, die dem vor dem Grammophon sitzenden Nipper sein beifälliges Horchen abnahmen. Und dabei hatte gerade dieses ihn genauso unsterblich gemacht, wie es ihm in den Augen der Welt mit seinem Herrchen gelungen war.
Ich sehe, wie der Kopf des Tieres abwägend, Rat suchend, sich halb zur Seite neigt. Wie beklommen es seine Vorderbeine, steil aufgerichtet, hölzern wie Tischbeine, direkt vor dem Trichter abgestellt hat, als müsste es sich abstützen. Die Augen, nachdenklich, ungläubig auf das Innere des Trichters gerichtet, der im Übrigen den komischen Anblick einer Schultüte bietet. Ich kann nicht erkennen, dass der Hund dem Betrachter ein Wesen vor Augen führt, dem eine folgenschwere Entdeckung gelungen ist. Nichts, das er, stellvertretend für die Menschheit, aufgespürt, in Erfahrung gebracht hätte. Nicht mit diesen Ohren, die entschlusslos aufgestellt, den inneren Widerstreit verraten. Das Tier scheint zu wissen und gleichzeitig das Wissen zu verwerfen. Einerseits der Stimme seines Herrn, his master's voice, Vertrauen zu schenken und sich andererseits mit einem Verdacht herumzuquälen. Wie es da unentschieden in den Trichter starrt, bildet

sein Körper ein einziges Fragezeichen, drückt eine Beunruhigung aus. Offenbart eine Verstörung, die auf den Vorstoß aus dem Nichts gerichtet ist. Ein Nichts, das geisterhaft in die Gegenwart eindringt: eine gestaltlose Wirklichkeit, vom Tod gezeichnet und von Sterblichkeit übermalt wie von einem Graffito.

Ähnlich wie mich selbst sehe ich den Grammophonhund Nipper, den diskreten Gefährten, festgehalten von einer Überrumpelung und den Eingang eines vertrackten Mysteriums auskundschaftend. Er, in einen Trichter starrend, und ich auf eine sich über den Schellackeinkerbungen auf und nieder senkende Schalldose. Beide sind wir auf die Fährte eines verschwiegenen Mangels gestoßen und richten den Blick auf eine Abwesenheit, von wem und von was auch immer. Joachim Ringelnatz hat es im Jubiläumsalbum *50 Jahre Lindström ODEON* so ausgedrückt: »Ein Spiel erklinge / Ein Sänger singe / Aus fernen Landen / Aus Nichtmehrvorhanden«.

Das Wunder der Schallplatte hatte seinen Preis. Das Geheimnis der betrügerischen Finsternis des Schalls gab es nicht umsonst; nicht die zu Materie gewordene Musik, nicht die zu schwarzem Lack gewordene Stimme. Jeder Ton schleppte die Ferne mit sich herum, hatte den Abstand des überwundenen Raumes auf dem Buckel. Eine Ferne, die den Zuhörer im Dunkeln tappen und fasziniert sein lässt. Ferne, die ihn streift: mit dem Leben und mit dem Tod.

Griebnitzsee

Ich hatte sofort einen Draht zu der Frau in dem gottverlassenen Wald, wir kannten beide den Schreck über ein unerwartet auftretendes Geräusch, den knackenden, schleifenden oder bedrohlich undefinierbaren Laut, der einem in die Seele fährt. Ganze Schwärme ängstlicher Kinder waren den nächtlichen Waldweg schon entlanggelaufen, sich im Dunkeln zu Tode fürchtende Jungen und Mädchen bei Andersen, Bechstein und den Gebrüdern Grimm. Oder Träumer, nachts zu Hause in ihren Betten, von denen auch ich einer war.
Es ist mir zur Gewohnheit geworden, von der Schule aus eine Runde mit der Straßenbahn zu drehen und im Musikhaus am Kurfürstendamm nach der bestellten Schallplatte zu fragen. Die Lieferung aus New York hätte schon vor Wochen eintreffen sollen, für die Verkäufer bin ich zu einem gewohnten Anblick geworden. Fast schon zu einem Bild, einer Nachbildung, die den Titel meiner Bestellung anschaulich wiedergibt: Arnold Schönbergs Monodram *Erwartung*. Ich habe Beschreibungen davon wieder und wieder gelesen, auch dann noch, als ich sie schon auswendig kannte, in der Hoffnung, mir immer noch eine weitere, bisher unentdeckte Seite der furchterregenden Geschichte zu erschließen: eine Frau begibt sich nachts in den Wald auf der Suche nach ihrem Geliebten, um ihn schließlich getötet in einem Gehölz zu entdecken. In meinen Augen stellt der Geliebte ein im Grunde unnötiges Zubehör der Geschichte dar, von mir aus wäre es auch ohne ihn gegangen. Mir genügt der Waldweg, die Dunkelheit und die sich durchs Dickicht ihren Weg bahnende Frau. Und der Gedanke, dass der Wiener Komponist eigens für sie ein ganzes Musikstück mit großem Orchester ge-

schrieben hat, ein Lied, das mir Gelegenheit gibt, endlich dahinterzukommen, was eigentlich vor sich geht bei Nacht. In einem dunklen Wald. Allein unterwegs. Wie es klingt, dieses Lied, das man im Dunkeln singt, wenn man sich fürchtet.

Die Bestellung geht nach New York, hatte der Verkäufer gesagt und einen Dollarpreis genannt. Zum ersten Mal taucht der Name der Stadt in einem Zusammenhang auf, der etwas mit mir zu tun hat, er bringt das Geräusch vielbefahrener Straßen mit, vermischt mit Saxophonsoli und Autohupen. Häuserschächte sind zu sehen, die sich in der einen Richtung bis hin zum Horizont erstrecken und in der anderen direkt bis zu dem Ladentisch, an dem ich dem Verkäufer gegenüberstehe. Für ihn scheint es selbstverständlich zu sein, dass seine Kunden sich in Währungsfragen auskennen. So oder so wird das Taschengeld nicht ausreichen, für diese Platte werde ich mich krummlegen, kein Kino, keine Schokolade, keine neuen Sandalen. Lieferzeit unbestimmt, Columbia Records, das kann dauern, sagt der Verkäufer.

In der Mathematikstunde ist von Trigonometrie die Rede, in Chemie von der Wertigkeit der Elemente, zwischen Tangente und Hypotenuse, zwischen Brom, Cobalt und Ruthenium tauchen Füße auf, die über einen Waldboden laufen, es ist ein grausiges Dunkel, auf das die Frau sich eingelassen hat. Deshalb stelle ich ihr schützend das Orchester zur Seite, eine Reihe abendlich gekleideter Musiker mit ihren Instrumenten, das kann auf keinen Fall schaden. Die entscheidende Stütze hat sie natürlich in dem Dirigenten, er heißt Dimitri Mitropoulos und wird das Geschehen nicht aus den Augen lassen und, während sie sich durchs Tannendickicht tastet, mit seinem Dirigentenstab jeden ihrer Schritte begleiten, auch in dem Moment, in dem sie am Fundort des toten Geliebten eintrifft.

So gut es geht, versuche ich den Hinweis zu ignorieren, dem zufolge, so steht es in den Musikbüchern, die Unglückliche zuletzt dem Wahnsinn verfällt. Ich höre auf zu lesen, kurz bevor es zu der entsetzlichen Diagnose kommt, auf keinen Fall sollen all die umsichtig eingeleiteten Rettungsversuche vergeblich gewesen sein, der Aufmarsch der Oboisten und Violinisten und der über allem kreisende und sich windende Arm von Herrn Mitropoulos. Ich möchte außerdem ungern wieder und wieder an die Möglichkeit erinnert werden, dass die Furcht vor der Dunkelheit geradewegs in eine Geisteskrankheit führen kann. Man wird ja wohl noch Angst haben dürfen, ohne gleich dem Wahnsinn zu verfallen. Vier Monate, sechs, sieben Monate. Endlich. Sie haben Glück, sagt der Verkäufer und reicht mir ein aus fester Pappe bestehendes Gebilde herüber. Es hat abgestoßene Ecken, und seine Ränder sind mit dürftigen Klebestreifen versehen. Ich erkläre mir das abgenützte Aussehen der Hülle mit dem langen Reiseweg, den sie zurückgelegt hat. Das Cover zeigt vor dem Hintergrund von Rot und Grau ein mit wütenden, schwarzen Linien gezeichnetes menschliches Gesicht. Die Augen starren aus kreisrunden, wie mit dem Zirkel gezogenen Höhlungen heraus, und eine geballte Faust bohrt sich buchstäblich durch die Stirn hindurch, als habe sie lange im Kopf darauf gewartet, auf diese Weise endlich ins Freie vorzustoßen.
In der S-Bahn vertiefe ich mich in die abgedruckten Informationen, *sung in German,* steht neben dem Namen der Sängerin, ich habe so lange den Traum dieser Musik geträumt, dass mir jedes Zeichen wie eine Erinnerung vorkommt und deshalb auch die Gebrauchsspuren der Hülle das Gefühl geben, ich könnte sie durch die fortwährende Benützung der Schallplatte selber verursacht haben. Draußen vor den Fenstern wischen Dächer, Bahndämme, Straßenkreuzungen vorbei. Kaum mehr als eine Linie, ein langgestreckter, am Fens-

ter vorbeihetzender Anhaltspunkt; Westberliner Vorstadtbezirke. Auf der Rückseite der Schallplatte ist das Libretto der Dichterin Marie Pappenheim in englischer Übersetzung wiedergegeben. »What a heavy air strikes from the wood ... like a storm standing still ... So dreadfully quiet and empty ... I alone into the gloomy shadow ... (Picking up courage, goes quickly into the wood): I want to sing, then he will hear me ...«

Der Zug steht still, er steht schon eine ganze Weile still da, ich habe aber keine Zeit, mich darüber zu wundern, weil ich mich Meter für Meter auf dem Waldweg vorarbeiten muss. »A tree shadow ... a ridiculous branch ... the moon is malicious ... cry of a night bird ...« Der Zug steckt in den Gleisen fest, als wäre er mit ihnen verschweißt. Ich sehe, dass er an einer brettervernagelten, menschenleeren Bahnstation haltgemacht hat, sie liegt genauso verlassen da wie Schönbergs Wald, sie könnte Teil des Waldes sein, eine vergessene Haltestelle, weit draußen, von Gesträuch und von Buchen, Tannen und Eiben umwachsen. Aber ich weiß, dass es nicht so ist, dass etwas Unbekanntes in diesem Augenblick seinen Anfang nimmt und ein Waldboden ganz anderer Art mich auf dem Bahnsteig erwartet.

Schönbergs erregte Nachtwandlerin kann wenigstens ihre Stimme erheben, ich halte es für besser, mucksmäuschenstill zu sein. Auf einem Schild lese ich ein mir unbekanntes Wort, es lautet Griebnitzsee, ich möchte am liebsten probeweise aussteigen, versuchsweise den leeren Bahnsteig betreten, aber das geht nicht, aussteigen heißt, sichtbar zu werden. Allein auf einem leeren Bahnsteig zu stehen bedeutet unübersehbar zu sein. Und schon nähern sich zwei grau uniformierte Männer, Grenzsoldaten; Militär. Ihre Käppi und Stiefel hat man in der Zeitung gesehen, auch die Gewehre, die wie mit den Schultern verwachsene, sehr gerade gezeichnete Äste aus-

sehen, eine körpereigene Entstellung beinahe, die schmal über den Schultern der beiden hervorschaut. Immerhin, es sind Menschen, es ist kein toter Geliebter. Bloß keine Fluchtbewegung, wohin auch, sie sollen wissen, dass ich Retter in ihnen sehe.
Wie sich herausstellt, verstehen sich die Retter als Hüter eines feindlichen Landes. Streng blickende Staatsdiener, aber doch unverkennbar lebendig und mit gut durchbluteten Gesichtern. Der eine, ein dicker, sächsisch redender Mann, belehrt mich darüber, dass ich widerrechtlich das Territorium der DDR betreten habe, der andere nimmt mir wortlos Schultasche und Schallplatte aus den Händen, man führt mich in eine Baracke, weist mir einen Stuhl zu, fragt mich nach meinem Namen und will wissen, was ich in Griebnitzsee zu suchen habe. In der Baracke riecht es nach Holz und Teer, die unsichtbare Gegenwart von Vorgesetzten, von Vorschriften und Vollstreckungen weiten den Raum, eher einen Schuppen, Zeitungsmeldungen schießen mir durch den Kopf, schon dehnt sich die Baracke aus bis hin zu einer unüberblickbaren Aneinanderreihung von Politbüros, die bis nach Sowjetrussland reichen.
Es mag viele Orte geben, die am Ende der Welt liegen, das hier ist einer davon. Ein Verschlag, in dem sich kalter Krieg und kalter Zigarettenrauch festgebissen haben. Die Schultasche liegt flach auf dem Tisch und obenauf wie auf einem Podest die Schallplatte aus New York. Mit ihrem furchterregenden Gesicht starrt sie in den Bretterverhau. Ich glaube zu wissen, wie den Soldaten zumute ist, eine Zeichnung wie diese habe auch ich bis vor einer Stunde nicht für möglich gehalten. Meine illegale Anwesenheit ist das eine Vergehen, das andere ist das Gesicht in seiner wortlosen Wucht, das sich in den Raum, in das ländliche DDR-Quartier mit Ofenrohr kämpferisch hineindrängt.

Offenkundig nicht bereit, sich von dem Eindruck, den der unerwünschte Anblick auf ihn gemacht hat, überwältigen zu lassen, greift »der Sachse« nach der Schallplatte und dreht sie um. Aber auch die Rückseite hat nichts Erfreuliches zu bieten, sein Blick fällt auf die Sprache des Klassenfeindes und auf das satztechnisch unruhige, verdächtig reich gegliederte Erscheinungsbild des Pappenheim-Monologs. English translation, ich zeige auf den Hinweis in der rechten unteren Ecke des Covers, eine Dichtung aus Österreich, vor dem Ersten Weltkrieg geschrieben, sage ich. Die Männer tauschen leise Bemerkungen aus, wo ham Se n diss da her?, fragt mich der andere Soldat, er erforscht mit kleinen Augen die Beschriftungen des Cover, ich nenne ihn heimlich »den Gründlichen« und berichte von dem gerade erfolgten Einkauf in dem Berliner Musikhaus. Seine Frage klingt, als würde er der Schallplatte nicht ansehen können, dass es eine Schallplatte ist. So, wie er sie in der Hand hält, könnte das Viereck aus Pappkarton auch etwas ganz anderes sein. Er weist auf die lädierte Hülle hin, auf ihre abgenutzte, fleckige Oberfläche. So sieht keine neue Schallplatte aus, er hat ja recht. Die Männer sind damit beschäftigt, man kann es ihnen ansehen, die Eindrücke zu sortieren, die sich in Gestalt einer Schallplatte mit Schülerin in den entlegenen Winkel ihres Einsatzgebietes eingeschlichen haben: Gestrandete auf einem menschenleeren Bahnsteig, die darauf warten, dass sich hin und wieder ein Fahrgast zeigt, der unerlaubt bis nach Griebnitzsee vorgedrungen ist, wo es nach vernagelten Brettern aussieht.

Eine Schallplatte konnte alles Mögliche gespeichert haben, Meldungen, Mitteilungen, verbotene Mitteilungen. Den westlichen Geheimdiensten, dekadent wie sie waren, konnte man alles zutrauen, so dachten die beiden Grenzschützer vielleicht, und mochten in mir und meiner offensichtlichen

Einfalt eine besonders abgefeimte Tarnung erblicken. Ich kann mir die Stadt, in der ich wohne, in diesem Augenblick nicht vorstellen. Weder sie noch den Ladentisch, vor dem ich eben noch gestanden habe, während man mir bei einem mühelosen und für alle Seiten erfreulichen Verkaufsgeschäft eine Schallplatte aushändigte. Wirklich, es ist nur Musik, sage ich auf gut Glück und merke, dass ich mich auf eine Aussage zurückziehe, die ich nicht gelten lasse und unter keinen Umständen jemals selber ins Feld zu führen gedachte. In diesem Augenblick kommt sie mir naheliegender als alles andere vor, ich bemühe mich sogar, ihr Nachdruck zu verleihen, indem ich die Namen der Mitwirkenden nenne. Ich trage sie wie ein Gedicht vor. Mitropoulos, Schönberg, Pappenheim. Dorothy Dow, die Sängerin. Namen, die in diesem Moment wie die Bezeichnungen von Himmelskörpern klingen. Man kann von ihnen kein Drachenblut erwarten, es darf auch Sternenstaub sein, eine zweite Haut aus Lichtpartikelchen. Wenn es nur die Eigenschaft hat, eine sofortige schützende Wirkung zu entfalten.

»Der Sachse« geht an die Schallplatte und ihre Umhüllung eher in einer aufs Allgemeine, aufs große Ganze gerichteten Weise heran. Er dreht und wendet sie in seinen Händen, er taxiert ihr Gewicht und zieht mit den Fingern die Ränder der quadratischen Verpackung nach. Dann wendet er sich dem auf der Rückseite abgedruckten Textbild zu und beginnt, einzelne Wörter buchstabenweise zu zerlegen. Er tut es nicht laut, eher unauffällig. Sein Versuch, sich auf diese Weise Klarheit über die Situation zu verschaffen, scheint ihm selbst nicht ganz geheuer zu sein, denn er greift energisch nach einer auf dem Tisch abgelegten Schere, um die geschlossene Hülle seitlich aufzuschlitzen und die Platte herauszuziehen. Ich sehe schon das empfindliche Vinylmaterial in seine Hände gleiten, das von Moment zu Moment in meiner Vorstellung immer luftiger, immer federleichter wird und schließlich im Zustand einer durchscheinenden, verletzlichen Zartheit landet, fast schon etwas Unsichtbares annimmt, wie Glas, wie flüssig Auslaufendes. Sehe, wie er mit Fingerspitzen und Fingernägeln die Rillen, eine nach der anderen nachzieht, sich in sie hineingräbt, furchtbare Dinge waren vorstellbar. Ein Geräusch löst sich aus meiner Kehle, aus der Kehle oder aus einem anderen, bisher nicht in Erscheinung getretenen Organ. Eine Vorrichtung im Brustbereich, die warnend einen Laut in den Raum, einen Ton ins Innere der Baracke aussendet, der Ton klingt, als habe die Brust gesprochen, eher, als habe sie geknurrt und schiene zum Äußersten entschlossen zu sein.

Dieser Laut steht selbstverantwortlich für sich ein, ich habe nichts damit zu tun. Von wo auch immer er seinen Ausgang genommen haben mag, ob eine Wirkung von ihm ausgeht oder nicht, »der Sachse« lässt es dabei bewenden, in die Hülle hineinzuschauen, eine halbe Ewigkeit auf die unberedte Schwärze der Scheibe zu stieren und dann die Platte zurück auf den Tisch zu legen: vielleicht aus der Überlegung heraus, den lächerlichen Anblick eines Menschen zu bieten, der sich einbildet, den feinen Rillen von außen ansehen zu können, ob sie verschlüsselte Nachrichten speicherten oder bloß unbekannte Musik. In Verbindung mit dem schaurig fremden Laut, den mein Brustkorb sich hat einfallen lassen, gibt dieser kleine Schub von Sinnlosigkeit und Ungelenkheit, der den Mann zögern lässt, dieser Anflug fast von Selbstbesinnung, der Situation eine Wendung, sie hat eine Farbe angenommen, die in der Stille wirkt. Die Farbe und die Stille arbeiten mir zu, sie machen es auf eine dritte Art. Jedenfalls bin ich auf einmal mutig genug, die scheue Kleinheit aufzugeben, die sich widerstandslos in die Vermutungen und Verdächte der beiden eingefügt hatte.

Man musste ihnen das Wie und Was dieser Musik erklären, nur so konnte es ja gelingen, ihren Argwohn zu zerstreuen, es gab nur diesen einen Weg. Man musste sie ansetzen auf das Abenteuer einer bei Mondlicht durch einen Wald pilgernden Frau. Einer weißgekleideten und rosenbestückten Frau, wie ich während der Zugfahrt gelesen hatte, »clothed in white, upon her dress red roses ...«. »Der Gründliche« stößt versehentlich eine der leer getrunkenen Bierflaschen um, die dicht nebeneinander auf dem Boden abgestellt sind. Die Männer schwitzen, der Teer schwitzt, es ist Sommer, und die Sonne steht über dem Dach der Baracke. Aber es muss sein, man kann es ihnen nicht ersparen. Nicht diese Frau, die Rosen durch den Wald trägt und nicht Marie Pappenheims Entscheidung, »they paint red blood«, die aus den Rosen rotes Blut werden lässt. Der Wald ist angsterregend, mal kommt das Mondlicht durch, mal nicht. Mal schreit die Frau, mal flüstert sie. Ein Albtraum, sage ich. »Der Sachse« hat sich eine Zigarette angezündet, »der Gründliche« erneut die Schallplatte zur Hand genommen. Alles das, sage ich, spielt sich nur in ihrer Stimme ab. Die Rosen. Und wie sie kaputtgehen zwischen den Sträuchern. Wie die Haare der Frau ihr am Schluss zottelig ins Gesicht fallen. Wie sie über Zweige stolpert und schließlich auf allen vieren über den Waldboden kriecht. Gesang und Flüstern, Schreie.
»Der Sachse« schaut dem Rauch seiner Zigarette hinterher. In einem Film über Krokodile habe ich gesehen, dass deren Augen verschiedene Richtungen einschlagen können; das eine beispielsweise blinzelt schläfrig, das andere beobachtet aufmerksam die Umgebung. Mit einem solchen Augenpaar habe ich es hier zu tun. Das eine Auge hat sich träge in die Nikotinschwaden vertieft, das andere wachsam über mich hergemacht. Der Kollege hat sich Pappenheims Libretto vorgenommen und gibt durch sein konzentriertes Starren zu er-

kennen, dass er den entscheidenden Beweis für ein staatstragendes Delikt gefunden hat. Ich möchte ihm zurufen, es ist der Waldweg, der hier verhandelt wird, der Sopran und der im Mondlicht aufgefundene Körper des Mannes. Nicht Griebnitzsee, die Grenzstation. Nicht Russland; inklusive Sibirien, wohin man die Spione verschleppt.

Der Augenblick braucht Schwung, Stimmung, Oper. Man musste den Soldaten etwas bieten, ein Erlebnis, das ihnen zu Kopf steigt, etwas Imposantes, etwas aus dem Rahmen Fallendes. Ein mitreißendes Detail, eine überraschende Wendung, die sie denken ließ, ja, wenn das so ist! Eine schnelle Entscheidung muss getroffen werden, ich beschließe, der Frau im Wald etwas anzuhängen, sie, die Furchtsame, als eine unerwartet schuldig Gewordene auszugeben, als eine Täterin, es muss sein. Sie oder ich, kurz entschlossen lasse ich mein Mitgefühl für die einsam Umherirrende fallen, deren nächtlicher Ausgang mich monatelang zu einer unkonzentrierten Schülerin, zu einer in Gedanken versunkenen Mitläuferin des Familienalltags gemacht hat. Ich werde Abbitte leisten, später. Jetzt, in Griebnitzsee, reicht es nicht aus, ängstlich durch einen Wald zu gehen und im Gebüsch einen toten Mann zu finden. Eilig gebe ich der Frau das Versprechen, ihr später alles zu erklären, ich werde ihr meine Beschämung mitteilen. Jetzt aber wird sie, nur für kurze Zeit, nur vorübergehend, als Verderben bringende Verbrecherin gebraucht, ich ziehe die Philharmoniker aus New York und ihren Dirigenten als Leibwächter von ihr ab, lasse sie wie eine heiße Kartoffel fallen und teile den Soldaten mit, dass ich ihr Lied für eine faustdicke Lüge halte und die Waldspaziergängerin zweifellos eigenhändig ihren Geliebten, dem ihre Suche nur zum Schein gegolten hat, zur Strecke brachte.

Nun ist sie heraus, die Nachricht, die den Soldaten einheizen und sie der Geschichte rückhaltlos unterwerfen soll. Was

konnte ihnen Besseres passieren in dieser Einöde, als Zeugen einer erregenden Entlarvung zu werden? Als hier, zwischen dem erbärmlichen Ofenrohr und den kleinen Fenstern, die auf einen leeren Bahnhof blicken, in ein aufwühlendes Abenteuer verwickelt zu werden? »Der Gründliche« scheint die überraschungsvolle Wende nicht recht würdigen zu können, denn er hämmert hartnäckig mit dem Finger in vielen kleinen Hieben auf den abgedruckten Text ein. Ich wiederhole meinen Verdacht, baue ihn zur Gewissheit aus. Sie hat ihn umgebracht, vielleicht aus Eifersucht, sage ich noch einmal und sende dabei der Frau im weißen Kleid einen reuevollen Gedanken zu. Jetzt muss sie stillhalten und die Mörderin sein. Ist sie es vielleicht sogar? Könnte sie es nicht sogar in Wirklichkeit sein, eine Mörderin, also genau das, was ich den Soldaten in diesem Augenblick weismachen will?
Es ist doch unglaublich, ich spreche lauter, weil mir der Stoff ausgeht und die Männer immer nichts sagen und weil die Spitzen ihrer Gewehre auf eine so naturgemäße Weise aus ihren Uniformen herausschauen, unglaublich, sage ich, was die Musik so mit sich machen lässt. Was man ihr zumuten kann, jeder Ton macht die Lüge mit, beteiligt sich an dem faulen Zauber. Ich schaue »dem Gründlichen« ins Gesicht und möchte ihn zu meinem Komplizen machen, zu einem Mitstreiter, der meinen Unwillen teilt. Ich weiß, dass er es nicht sein kann, aber ich muss es für möglich halten. Der Tisch steht zwischen uns und ein Weltkrieg mit seinen Verträgen und Gebietsaufteilungen. Ihnen zufolge habe ich an diesem Punkt des Erdkreises nichts zu suchen. Was is 'n das hier, fragt er, sein Zeigefinger stößt in alle Richtungen des abgedruckten Textes vor. Er meint die vielen zwischen den Wörtern stehenden Pünktchen, kein Satz, der nicht von ihnen durchlöchert wäre. Können Pünktchen, in bestimmten Abständen verwendet, verschlüsselte Nachrichten enthal-

ten? Im Verständnis »des Gründlichen« und des krokodiläugigen »Sachsen«, der aufgestanden ist und neben mir steht, haben die ausufernd eingesetzten Pünktchen das Schriftbild des Librettos offensichtlich in ein geheimdienstlich verdächtiges Dokument verwandelt.

Im Hintergrund, da, wo meine Empfindung kaum hinlangt, nehme ich eine Unschlüssigkeit wahr, sie sitzt in den Bewegungen, im Blick der Männer. Wenn nur die Pappenheim mit ihren Pünktchen nicht so wild und so unentwegt um sich geschmissen hätte, die Männer warten auf eine Erklärung. Die verräterischen Zeichen stehen vielleicht für Atemzüge, sage ich. Oder für Auslassungen, für nicht vorhandene Wörter. Die Pünktchen stammeln, die Frau ist in Panik. Wir blicken gemeinsam auf englische Wörter, ungezügelte Reihungen von Punkten, auf in Klammern eingefasste, kursiv gesetzte Szenenanweisungen.

Man hat in einer Baracke und in Gesellschaft von Grenzsoldaten, die ihrer Arbeit nachgehen, anders zu sprechen. Aber wie? Mit mir ist den beiden Staatsdienern ein fremdartiges Stück westliches Leben in die Bude geweht, was werden sie damit anfangen. »Der Gründliche« schaut zum »Sachsen« hinüber, ihm wird alles zu viel, warum ist er auch so gründlich. Er greift nach der Schultasche und breitet alles, was er finden kann, auf der Tischplatte aus, Notizhefte, Latein- und Gedichtbücher, ein Portemonnaie, Kugelschreiber, Stifte und Lippenstifte. Auf dem Boden der Tasche ist er auf vergessene Pausenbrote gestoßen. Säuberlich legt er die unansehnlichen Pakete neben den Schreibheften ab. Da, wo die beiden Hälften des Brotes zusammenstoßen, hat Leberwurstfett eine scharfe Linie in das Stullenpapier gezeichnet; eine korrekt gezogene Naht. Ein Geruch von Leber und Wurst und schimmeligem Brot hat sich in dem von der Mittagssonne aufgeheizten Raum ausgebreitet.

Sie scheinen wenig Hunger zu haben, sagt der »Sachse«, ich antworte lieber nicht darauf, die Brote reißen ein Loch in den Schutzwall, den ich wortreich errichtet habe. Sie lassen Mord und Wald, die weißgekleidete Sängerin und mich, das unerbetene Kind aus dem westlichen Ausland, in den Hintergrund treten. Eingepackte Wurststullen haben zweifellos die Eigenschaft, für überschaubare Verhältnisse zu sorgen. So können Rettungsanker aussehen; unansehnlich, ungenießbar und peinlich. Es sind schmutzige, kleine Packen ohne Wenn und Aber, denen ein abstoßender, geradezu gesundheitsschädigender Geruch entströmt. Mein Flug hat an Höhe verloren, ich bin keine Geheimnisträgerin mehr, nur noch eine zu schmuddeligen Ausrutschern fähige Göre. Dass auch die Sache mit den Broten eine Tarnung sein konnte, schlossen die beiden argwöhnischen Grenzschützer offenbar aus, einen so glänzenden Einfall trauten sie wohl keinem Geheimdienst der Welt zu.
Nach eindringlichen Ermahnungen, niemals wieder das Hoheitsgebiet der DDR unbefugt zu betreten, führt man mich auf den Bahnsteig hinaus. Sie werden mich von der Baracke aus durchs Fenster beobachten, bis ich den nächsten einfahrenden Zug bestiegen habe. Mit jedem Meter, jeder Station, die mich von ihnen weiter entfernt, verringert sich ihre Größe, schrumpft und läuft ein wie ein unsachgemäß behandeltes Wäschestück, schnurrt zusammen auf Spielfigurenformat, auf Liliputanergröße. Zuletzt sehe ich nur noch zwei Wichte vor mir, die in einer von der Sonne erhitzten Konservendose sitzen, nein, schon in ihr verschwunden sind. Unübersehbar weißgekleidet, hoch aufgerichtet dagegen die Frau, die ich über die Klinge habe springen lassen. Zwischen Wannsee und Nikolassee schaudert es mich bei dem Gedanken, wie rasch ich sie ans Messer geliefert und zur Mörderin erklärt habe, nur um meine Bewacher bei Laune zu

halten und ihre Aufmerksamkeit mit einem Gag, einem Knalleffekt in Anspruch zu nehmen; den vielberedeten Varietézutaten.

Schlimmer war, dass sich der Gag nicht, wie von mir geplant, verschwiegen wieder in nichts auflöste, sondern sich zu einer Idee verdichtet hatte, fast schon zur Gewissheit geworden war, als ich zu Hause eintraf und es für möglich hielt, dass die Erwartung der Frau von Anfang an nichts anderes als eine behauptete, eine von Beteuerungen getragene Scheinwahrheit gewesen ist und Stimme, Musik und ein ganzes Symphonieorchester daran beteiligt waren, sie als Unschuldslamm erscheinen zu lassen. Als eine zu nächtlicher Zeit hilflos Umherirrende, die in Wirklichkeit die eigene Tat unter den Teppich gekehrt, in diesem Fall in einem Gebüsch, unter Zweigen und Laubwerk verscharrt hatte.

Es ist doch nur Musik, höre ich die Mutter die von ihr so häufig geäußerten Worte sagen. Ja, aber die Musik, sie konnte etwas! Schon bevor sie auch nur einen einzigen Ton von sich gegeben hatte! Im Zeitraum von zwei Stunden vermochte sie eine Falle und ein Stein des Anstoßes zu sein, ein Rettungsmanöver und eine Lüge.

Galerie 8

Ein Tonstudio, man kann es an den Wandpaneelen erkennen. Ihre Lamellen dienen als Schallbrecher und geben dem Ton seine Festigkeit, verschlucken den Hall. Der Vater sitzt neben dem Tonmeister am Mischpult, beide schauen in die aufgeschlagene Partitur, beide auf die gleiche, offenbar ungeklärte, knifflige Stelle. Stehend zwei Herren, ein Musiker vielleicht der eine, ein schmächtiger Mensch; er sieht besorgt aus. Der andere, mit gelockerter Krawatte, die Arme breit in der Taille abgestützt, könnte Liedarrangeur sein, ein Handwerker, Praktiker. Ich rechne mit dem Schlimmsten, sagt seine Haltung, möchte aber ungern etwas damit zu tun haben. Aus verschiedenen Winkeln und Perspektiven sind aller Augen auf die Partitur gerichtet. Das Problem ist eingekreist, noch aber keine Lösung in Sicht. Der Vater macht einen abgekämpften Eindruck, seine Arbeit ist getan, die Musiker sind nach Hause gegangen, Korrekturen nicht mehr möglich, jetzt ist »die Technik« dran. Er muss Präsenz zeigen, sein aufmerksames Gesicht hinhalten und einen Blick, der nicht abweicht und nicht nachgibt, sondern auf Klärung dringt. Nun hängt alles davon ab, ob dem Tonmeister etwas einfällt. Sein Auge blickt so ruhig, so gefasst, als ahnte er schon, was zu tun ist, er weiß es aber noch nicht.

Herr Lakatos

Der Vater ist heikel im Umgang mit Künstlern und Mitarbeitern, überall wittert er Schmeichelei. Er verfügt über ein ausgefeiltes Frühwarnsystem, das ihm im Vorfeld bereits die Anzeichen des Schöntuns, Heuchelns und Hofierens signalisiert. Aus der Kindheit und der Nähe zu Polen bringt er das Wort »panie bracie« mit. Die ursprünglich in Adelskreisen gebräuchliche Anrede war an einen wertgeschätzten Bruder edler Herkunft gerichtet, hatte aber nach und nach die Bedeutung eines derben Schmähwortes, die des Süßholzrasplers und Herumscharwenzlers, angenommen.
Dagegen gibt er sich wohlwollend im Umgang mit seinen Arrangeuren. Ihnen wird die Aufgabe anvertraut, ein Musikstück mit »Pfiff« und »Pepp« auszustatten. Die Musik, die er sich wünscht, soll nach der Auftrittsfanfare klingen, mit der die Zirkusreiterin in der Manege Einzug hält; nach dem Trommelwirbel, bevor die Tiger aus ihren Käfigen geholt werden; nach dem Orchestertusch, der die geglückte Trapeznummer feiert und nach der aufgeregt kurzatmigen Pianomusik, die im Varieté den Jongleur begleitet. Die Arrangeure haben sich der Herausforderung zu stellen, die Musik um eine Pointe herum zu garnieren. Das kann ein im Hintergrund geheimnisvoll sich öffnender Echoraum sein oder das Geräusch knallender Sektkorken, das Getöse aufheulender Motoren oder winzige Instrumentaleinspielungen, die komisch entgleiste oder stakkatohaft überdeutliche Rhythmisierungen einbringen.
Besonderer Wertschätzung erfreut sich Herr Lakatos, der Geräuschimitator. Wenn er im Studio aufkreuzt, bin ich dabei und schaue ihm genau auf die Finger. Es ist ein Glück,

einen Mann wie Herrn Lakatos zu kennen. Seine Kunst bettet das Gondellied aus der *Nacht in Venedig* in das Geräusch von Ruderschlägen und sprinkelndem Gewässer ein, und es versteht sich von selbst, dass die *Petersburger Schlittenfahrt* durch ein sich aus weiter Ferne näherndes Schellengeläut eingeleitet wird. Das Milieu von Sägemehl und Bühnenrampe macht auch vor den Lied- und Opernkompositionen nicht halt, die Einspielungen des Vaters haben die Neigung, Hall und Nachhall einer Musik zu verkürzen, sie zu stutzen, wenn nicht gar abzuschneiden: ihr ausgetrockneter Klang stand der Vision von Manege und Zelt näher als der fatumsgesättigten Dimension großer Häuser. Und näher dem perfekten hocheffektiven Sound einer kleineren Truppe, dem Kolorit einer einzelnen Stimme, die ohne Umschweife das Ohr des Zuhörers trifft, als dem aufwühlenden Brio eines sich in alle Richtungen verströmenden musikalischen Weitblick-Panoramas.

Herr Lakatos tritt mit einem kleinen Koffer an und dem Ehrgeiz, die Wirklichkeit an Unmissverständlichkeit zu übertreffen. An einem Geräusch meißelt er wie der Bildhauer am Granit, bis es die Form eines akustischen Ereignisses angenommen hat. Er bettet das Aufklappen einer Damenhandtasche klangvoll in eine Komposition hinein, und er setzt Schritte auf ein verregnetes Schiffsdeck, die sich ins Unhörbare hinein verlängern und eine Ahnung davon mitbringen, dass man als Zuhörer nicht allein im Zimmer ist. Seine Spezialitäten sind das sich nähernde und allmählich sich wieder entfernende Pferd: der »Klabaster«-Effekt und der überraschte, dann allmählich verebbende Aufschrei einer Menschenmenge.

Die wirkliche Kunst von Herrn Lakatos aber liegt in der hundertprozentigen Sicherheit des pünktlichen Einsatzes, bei seiner Arbeit kommt es auf die Hundertstelsekunde an.

Seine Mitwirkung hat blitzschnell und nervenstark den Pfiff einer Lokomotive im Melodiebogen der Violinen abzusetzen; kurz vor dem Saxophonsolo, aber nicht vor dem Einsatz des Drummers. Seine abgezirkelte Kunst ist immer nur sekundenlang zu hören. Die Musiker finden sie entbehrlich, der Vater hält sie für das Herzstück seiner Musik.
Mit seinen präparierten Fahrradhupen, seinen Sandpapierkreationen kann Herr Lakatos das Wagnis eingehen, sich vor jedes Mikrofon der Welt zu stellen. Zwischen Handflächen zerriebenes Silberpapier hat den Klang eines vorbeiziehenden Ozeandampfers. Die Berührung zweier Brikettstücke hört sich an wie menschliches Herzklopfen.

Coda

Schnitt. Oder Cut. Oder einfach: eine andere Zeit. Ein Später. Ein Jetzt. Kein Benjamin vom Tauentzien und auch kein Flügel. Oder doch? Nichts bleibt und nichts verschwindet, sagt der chassidische Erzähler.
Ich bin nach langer Zeit aus dem Süden zurückgekommen und sitze im Frankfurter Kammermusiksaal. Der schwarz gekleidete Pianist nimmt auf seinem Schemel Platz, dies allein schon beeindruckt. Ein diskretes Gefüge. Der menschliche Körper, das Klavier, die Pianistenhände, die Tastatur. Alles dies weit, weit entfernt von jeglicher Sonnenewigkeit, von den Spuren der Austrocknung, den Hinterlassenschaften der Überreife, die die südliche Landschaft zu bieten hatte. Nichts erinnert hier an die toten Tiere, im Stein geborgen, in den üppigen Gärten zu Staub geworden. Nichts an die ausgezehrte Erde, die mich eben noch getragen hat, an die Häute, Tierhäute, schnell verkarstend unter der Einstrahlung einer sengenden Sonne. Ein Aufenthalt in einem überbordenden, lärmenden Diesseits: rote Zauberglut der Azaleen und Tabakpflanzen.
Der Pianist hat seine Hände entschlossen auf der Tastatur abgelegt, sie sehen aus, als würden sie gleich eine Rede halten. Aber, glücklicherweise, ist nun der Beginn einer Sonate von Franz Schubert zu hören; vertrauter Boden, westliches Europa, eine Lineatur bekannter Töne. Eine ganze Weile höre ich ihnen zu, bevor ich mich zu fragen beginne, was mit ihnen passiert sein könnte, was ihnen zugestoßen sein mag. Die Töne geben keinen Halt, sind nicht zu fassen, sie klingen so, als hätten sie es nicht bis auf die Welt geschafft. Verklungene Töne, die auf sich selber zurückblicken. Habe ich im

Süden das Musikhören verlernt? Hat die Musik mich fallenlassen? Mich ausgebürgert?
Ist es das Ohr, das Auge, das Herz? Das Herz. Noch nicht eingetroffen, im Süden festhängend, nur Bruchstücke wahrnehmend: unverfugte Form. Musik, in deren Fleisch eine Schere hineingeschnitten hat. Mein Gehör stößt auf lauter Zeichen der Verabschiedung, es stößt auf Milde statt auf Feuer wie bei den vulkanischen Böden des Südens. Auf Fernweh statt auf die Lust an der Ausschöpfung. Ich kann nichts tun als zuzusehen, wie sich die eben noch so sichtbar gewesene Welt aus »Kalk und Myrte«, wie Federico García Lorca es ausdrückt, aus »Zittergras, roten Wegen, verbrannten Schreien und kalten Sternen«, wie sich die Welt des Südens unter dem Eindruck der Schubert-Sonate in dünnen Schnüren langsam auflöst und wie ein Keks zerbröselt.
Der Übergang, das zögernde Zurückfinden auf den Boden dieser Musik hält keine freundlichen Nachrichten bereit. Deine Welt, wird mir mitgeteilt, schau sie dir an: ein unbegehbarer Ort. Wurzelboden, der sich entwindet durch Umdeutung und Verformung. Scharnier. Ahasverisch im Aufbruch, der auf Abbruch angelegt ist. Mein Zuhören, von den Klängen gedreht und gewendet, wird in den Strom der Modulationen gezogen, landet in Tonartenumdeutungen. »Dialekt ohne Erde« hat man diese Musik genannt. Doch wenn nicht Erde, was dann? In welchem Land, in welcher Höhe oder Tiefe ist dieser Dialekt denn dann zu Hause?
Manchmal halten die unbedeutenden, die beiseitegesetzten Schauplätze die Antwort bereit, manchmal ist sie nur in einer Tarnform zu haben. Eine Äußerung Peter Altenbergs fällt mir ein, der nach einem Kabarettbesuch den Auftritt dressierter Bären beschreibt. Ihre Darbietung habe darin bestanden, so fasst er in einer Zeitungskritik zusammen, sich mühsam auf kleinen Fahrrädern über die Bühne zu bewegen.

Bei Altenberg können die Bären sogar sprechen, und sie sagen: »Aus düsteren Wäldern hat man uns herausgezerrt, hat uns etwas lernen lassen, was wir für unser Leben nicht brauchen können.« Das Pathos dieser Stelle hat etwas Peinigendes an sich, es bringt mich, sobald ich daran denke, in Verlegenheit, dennoch tue ich es, ich muss daran denken, genau in diesem Augenblick, in einem Konzertsaal bei Klaviermusik. Dabei möchte ich Franz Schubert hören, keine keuchende Bärensprache. Ein Strang der Wahrnehmung hat sich abgesetzt, er hängt fest im Spruch der schwerfälligen Bühnentiere, eingerastet in Lauten, die man sich nur als grotesk vorstellen kann. Dennoch, sie werden in dieser stockenden, ihre Aufschwünge schlagartig immer wieder niederreißenden Musik plötzlich hörbar wie ein mitgedachter Liedtext: Entfernung und Abstand ausmessend zwischen der Kreatur und einem Leben, das ihr entsprechen könnte.

Der Pianist, der aus dem Gedächtnis spielt und in den Anblick seiner auf- und niederfahrenden Finger vertieft ist, bringt an diesem Morgen im Gesang der Sonate eine Kabarettkritik zum Klingen: die ewige Gewissheit eines Spalts, eines Dazwischen, eines nicht zur Deckung Gebrachten in unserem Aufderweltsein. Sie wirft ein Licht auch auf die eigenen, ersten Erfahrungen in Flügelnähe. Als die Mutter Stein und Stahl beschwor und der Vater lieber gern ein leichtes als ein schweres Herz gehabt hätte. Fremde sind wir, sagt uns diese Musik. Fremd eingezogen, unverwurzelt geblieben. Und daran wird sich niemals etwas ändern. Wir möchten Losgelöste, Leichtgewichtige sein. Aufsteigen, schwerelos: aber wir würden stürzen und zerschellen. Zum Fliegen sind wir nicht gemacht, wir haben keinen anderen Himmel als die Erde. Und deshalb schreibt Franz Schubert keine nahtlose, keine durchkomponierte Musik.

Inhalt

Aus einem Guss	9
Still wie die Nacht	12
Schauder und Schauspiel	17
Ausgeschickt, von wo?	19
Schlingernder Kurs	23
Stauraum	27
Geh ich weg von dem Fleck 1	31
Glück der Sägespäne	34
Urgeräusch	36
Fantasy-Welt	40
Otshi tshornýe, otshi strastnýe	47
Geh ich weg von dem Fleck 2	56
Ufa und Ufer	60
Zeitungslektüre	65
Wie immer zur Nacht	67
Galerie 1	72
Auswärtiges Dasein	74
Sekundentakt	79
Glockenhelle Stimme	82
An Fäden schweben	87
Schnelle Cuts	90
Galerie 2	92
Man müsste Klavier spielen können	94
Es sind doch nur Lieder	98
Galerie 3	104
Galerie 4	105
Tongetreu	107
Hitzige Presswerke, Kühlwasserfluten	112
Nicht näher feststellbar	115
Löwentod	118

Rittaus Terrasse	121
Glasaugen	125
Drei Adressaten	128
Gestorben in London	130
Der Tempel, ein Karussell	141
Gedanken-Straße	143
Galerie 5	146
Malen Sie mir mein Kind	147
Ein immer geöffneter Mund	150
Schlabbriges Beutestück	153
Zwei Gesänge	155
Verkehrt herum	162
Der Knalleffekt	166
Schwarze, weiße, rote Autos	172
Schallplattenaufnahme	177
Hände wie Vögel	193
Unter allen Umständen	195
Galerie 6	198
Offenstehende Häuser	199
Blitzschnell, Konturen	205
Endlosband	207
Krokodil-Lied	210
Foxtrott	215
Die gläsernen Schuhe	219
Große Töne	222
Galerie 7	227
Mitlaufende Zeit	228
Clara Tabody	230
Der Grammophonhund	232
Griebnitzsee	235
Galerie 8	249
Herr Lakatos	250
Coda	253

suhrkamp taschenbücher
Eine Auswahl

Tschingis Aitmatow. Dshamilja. Erzählung. Mit einem Vorwort von Louis Aragon. Übersetzt von Gisela Drohla.
st 1579. 123 Seiten

Isabel Allende
- Eva Luna. Roman. Übersetzt von Lieselotte Kolanoske.
  st 1897. 393 Seiten
- Fortunas Tochter. Roman. Übersetzt von Lieselotte
  Kolanoske. st 3236. 486 Seiten
- Das Geisterhaus. Übersetzt von Anneliese Botond.
  st 1676. 500 Seiten
- Im Reich des Goldenen Drachen. Übersetzt von Svenja
  Becker. st 3689. 337 Seiten
- Paula. Übersetzt von Lieselotte Kolanoske.
  st 2840. 488 Seiten
- Die Stadt der wilden Götter. Übersetzt von Svenja Becker.
  st 3595. 336 Seiten

Ingeborg Bachmann. Malina. Roman. st 641. 368 Seiten

Jurek Becker
- Amanda herzlos. Roman. st 2295. 384 Seiten
- Der Boxer. Roman. st 2954. 304 Seiten
- Jakob der Lügner. Roman. st 774. 283 Seiten

Samuel Beckett
- Warten auf Godot. Deutsche Übertragung von Elmar Tophoven. Vorwort von Joachim Kaiser. Dreisprachige Ausgabe. st 1. 245 Seiten

Louis Begley
- Lügen in Zeiten des Krieges. Roman. Übersetzt von Christa Krüger. st 2546. 223 Seiten
- Mistlers Abschied. Roman. Übersetzt von Christa Krüger. st 3113. 288 Seiten
- Schiffbruch. Roman. Übersetzt von Christa Krüger. st 3708. 288 Seiten
- Schmidt. Roman. Übersetzt von Christa Krüger. st 3000. 320 Seiten
- Schmidts Bewährung. Roman. Übersetzt von Christa Krüger. st 3436. 314 Seiten

Thomas Bernhard
- Alte Meister. Komödie. st 1553. 311 Seiten
- Heldenplatz. st 2474. 164 Seiten
- Holzfällen. st 1523. 336 Seiten
- Wittgensteins Neffe. st 1465. 164 Seiten

Peter Bichsel
- Eigentlich möchte Frau Blum den Milchmann kennenlernen. 21 Geschichten. st 2567. 73 Seiten
- Kindergeschichten. st 2642. 84 Seiten

Ketil Bjørnstad. Villa Europa. Übersetzt von Ina Kronenberger. st 3730. 536 Seiten und st 4012. 535 Seiten.

Volker Braun. Unvollendete Geschichte. st 1660. 112 Seiten.

Bertolt Brecht
- Dreigroschenroman. st 1846. 392 Seiten
- Geschichten vom Herrn Keuner. st 16. 108 Seiten
- Hundert Gedichte. Ausgewählt von Siegfried Unseld. st 2800. 188 Seiten

Lily Brett
- Einfach so. Roman. Übersetzt von Anne Lösch. st 3033. 446 Seiten
- New York. Übersetzt von Melanie Walz. st 3291. 160 Seiten
- Zu sehen. Übersetzt von Anne Lösch. st 3148. 332 Seiten

Antonia S. Byatt. Besessen. Roman. Übersetzt von Melanie Walz. st 3718. 632 Seiten

Truman Capote. Die Grasharfe. Roman. Übersetzt von Annemarie Seidel und Friedrich Podszus. st 1796. 208 Seiten

Clarín. Die Präsidentin. Roman. Übersetzt von Egon Hartmann. Mit einem Nachwort von F.R.Fries. st 3390. 864 Seiten.

Sigrid Damm. Ich bin nicht Ottilie. Roman. st 2999. 392 Seiten

Marguerite Duras. Der Liebhaber. Übersetzt von Ilma Rakusa. st 1629. 194 Seiten

Karen Duve. Keine Ahnung. Erzählungen. st 3035. 167 Seiten

Hans Magnus Enzensberger
- Ach Europa! Wahrnehmungen aus sieben Ländern. Mit einem Epilog aus dem Jahre 2006. st 1690. 501 Seiten
- Gedichte. Verteidigung der Wölfe. Landessprache. Blindenschrift. Die Furie des Verschwindens. Zukunftsmusik. Kiosk. Sechs Bände in Kassette. st 3047. 633 Seiten

Hans Magnus Enzensberger (Hg.). Museum der modernen Poesie. st 3446. 850 Seiten

Laura Esquivel. Bittersüße Schokolade. Mexikanischer Roman um Liebe, Kochrezepte und bewährte Hausmittel. Übersetzt von Petra Strien. st 2391. 278 Seiten

Max Frisch
- Andorra. Stück in zwölf Bildern. st 277. 127 Seiten
- Biedermann und die Brandstifter. Ein Lehrstück ohne Lehre. st 2545. 95 Seiten
- Homo faber. Ein Bericht. st 354. 203 Seiten
- Mein Name sei Gantenbein. Roman. st 286. 288 Seiten
- Montauk. Eine Erzählung. st 700. 207 Seiten
- Stiller. Roman. st 105. 438 Seiten

Carole L. Glickfeld. Herzweh. Roman. Übersetzt von Charlotte Breuer. st 3541. 448 Seiten

Fattaneh Haj Seyed Javadi. Der Morgen der Trunkenheit. Roman. Übersetzt von Susanne Baghestani. st 3399. 416 Seiten

Peter Handke
- Die drei Versuche. Versuch über die Müdigkeit. Versuch über die Jukebox. Versuch über den geglückten Tag. st 3288. 304 Seiten
- Kindergeschichte. st 3435. 110 Seiten
- Der kurze Brief zum langen Abschied. st 3286. 208 Seiten
- Die linkshändige Frau. Erzählung. st 3434. 102 Seiten
- Mein Jahr in der Niemandsbucht. Ein Märchen aus den neuen Zeiten. st 3887. 628 Seiten
- Wunschloses Unglück. Erzählung. st 3287. 96 Seiten

Christoph Hein
- Der fremde Freund. Drachenblut. Novelle. st 3476. 176 Seiten
- Horns Ende. Roman. st 3479. 320 Seiten
- Landnahme. Roman. st 3729. 357 Seiten
- Willenbrock. Roman. st 3296. 320 Seiten

Marie Hermanson
- Muschelstrand. Roman. Übersetzt von Regine Elsässer. st 3390. 304 Seiten
- Die Schmetterlingsfrau. Roman. Übersetzt von Regine Elsässer. st 3555. 242 Seiten

Hermann Hesse
- Demian. Die Geschichte von Emil Sinclairs Jugend. st 206. 200 Seiten
- Das Glasperlenspiel. Versuch einer Lebensbeschreibung des Magister Ludi Josef Knecht samt Knechts hinterlassenen Schriften. st 2572. 616 Seiten
- Siddhartha. Eine indische Dichtung. st 182. 136 Seiten
- Unterm Rad. Erzählung. st 52. 166 Seiten
- Steppenwolf. Erzählung. st 175. 280 Seiten

Ödön von Horváth
- Geschichten aus dem Wiener Wald. st 3336. 266 Seiten
- Glaube, Liebe, Hoffnung. st 3338. 160 Seiten
- Jugend ohne Gott. st 3345. 182 Seiten
- Kasimir und Karoline. st 3337. 160 Seiten

Bohumil Hrabal. Ich habe den englischen König bedient. Roman. Übersetzt von Karl-Heinz Jähn. st 1754. 301 Seiten

Uwe Johnson
- Mutmassungen über Jakob. st 3355. 310 Seiten

James Joyce
- Dubliner. Übersetzt von Dieter E. Zimmer. st 2454. 228 Seiten
- Ulysses. Roman. Übersetzt von Hans Wollschläger. st 2551. 988 Seiten

Franz Kafka
- Amerika. Roman. st 2654. 311 Seiten
- Der Prozeß. Roman. st 2837. 282 Seiten
- Das Schloß. Roman. st 2565. 424 Seiten

André Kaminski. Nächstes Jahr in Jerusalem. Roman. st 1519. 392 Seiten

Ioanna Karystiani. Schattenhochzeit. Roman. Übersetzt von Michaela Prinzinger. st 3702. 400 Seiten

Wolfgang Koeppen
- Tauben im Gras. Roman. st 601. 210 Seiten
- Der Tod in Rom. Roman. st 241. 187 Seiten
- Das Treibhaus. Roman. st 78. 190 Seiten

Else Lasker-Schüler. Gedichte 1902-1943. st 2790. 439 Seiten

Gert Ledig. Vergeltung. Roman. Mit einem Nachwort von Volker Hage. st 3241. 224 Seiten

Stanisław Lem
- Der futurologische Kongreß. Übersetzt von I. Zimmermann-Göllheim. st 534. 139 Seiten
- Sterntagebücher. Übersetzt von Caesar Rymarowicz. Mit Zeichnungen des Autors. st 3534. 528 Seiten

H. P. Lovecraft. Cthulhu. Geistergeschichten. Übersetzt von H. C. Artmann. Vorwort von Giorgio Manganelli. st 29. 239 Seiten

Amin Maalouf
- Die Reisen des Herrn Baldassare. Roman. Übersetzt von Ina Kronenberger. st 3531. 496 Seiten
- Samarkand. Roman. Übersetzt von Widulind Clerc-Erle. st 3190. 384 Seiten

Andreas Maier
- Klausen. Roman. st 3569. 216 Seiten
- Wäldchestag. Roman. st 3381. 315 Seiten
- Sanssouci. Roman. st 4165. 298 Seiten

Angeles Mastretta. Emilia. Roman. Übersetzt von Petra Strien. st 3062. 413 Seiten

Robert Menasse
- Selige Zeiten, brüchige Welt. Roman. st 2312. 374 Seiten
- Sinnliche Gewißheit. Roman. st 2688. 329 Seiten
- Die Vertreibung aus der Hölle. Roman. st 3493. 496 Seiten
- Das war Österreich. Gesammelte Essays zum Land ohne Eigenschaften. st 3691. 455 Seiten

Eduardo Mendoza. Die Stadt der Wunder. Roman. Übersetzt von Peter Schwaar. st 3925. 512 Seiten

Alice Miller
- Am Anfang war Erziehung. st 951. 322 Seiten
- Das Drama des begabten Kindes und die Suche nach dem wahren Selbst. st 950. 175 Seiten
- Wege des Lebens. Sechs Fallgeschichten. st 3935. 231 Seiten

Magnus Mills
- Die Herren der Zäune. Roman. Übersetzt von Katharina Böhmer. st 3383. 216 Seiten
- Indien kann warten. Roman. Übersetzt von Katharina Böhmer. st 3565. 230 Seiten

Adolf Muschg
- Der Rote Ritter. Eine Geschichte von Parzivâl. st 3420. 1104 Seiten
- Sutters Glück. Roman. st 3442. 336 Seiten

Cees Nooteboom
- Allerseelen. Übersetzt von Helga van Beuningen.
  st 3163. 440 Seiten
- Die folgende Geschichte. Übersetzt von Helga van Beuningen. st 2500. 148 Seiten
- Philip und die anderen. Roman. Übersetzt von Helga van Beuningen. st 3661. 168 Seiten
- Rituale. Roman. Übersetzt von Hans Herrfurth.
  st 2446. 231 Seiten

Sylvia Plath. Die Glasglocke. Übersetzt von Reinhard Kaiser. st 3676 262 Seiten

Ulrich Plenzdorf. Die neuen Leiden des jungen W. st 300. 140 Seiten

Marcel Proust. Auf der Suche nach der verlorenen Zeit. Frankfurter Ausgabe. Herausgegeben von Luzius Keller. Übersetzt von Eva Rechel-Mertens. Sieben Bände in Kassette. st 3641-3647. 5300 Seiten

Patrick Roth
- Die Nacht der Zeitlosen. st 3682. 150 Seiten

Ralf Rothmann
- Hitze. Roman. st 3675. 292 Seiten
- Junges Licht. Roman. st 3754. 238 Seiten
- Milch und Kohle. Roman. st 3309. 224 Seiten
- Feuer brennt nicht. Roman. st 4173. 304 Seiten

Carlos Ruiz Zafón. Der Schatten des Windes. Übersetzt von Peter Schwaar. st 3800. 565 Seiten

Jorge Semprún. Was für ein schöner Sonntag! Übersetzt von Johannes Piron. st 972. 395 Seiten

Andrzej Stasiuk. Die Welt hinter Dukla. Übersetzt von Olaf Kühl. st 3391. 175 Seiten

Jürgen Teipel. Verschwende Deine Jugend. Ein Doku-Roman. Über den deutschen Punk und New Wave. Vorwort von Jan Müller. Mit zahlreichen Abbildungen. st 3271. 336 Seiten

Hans-Ulrich Treichel
- Der irdische Amor. Roman. st 3603. 256 Seiten
- Tristanakkord. Roman. st 3303. 238 Seiten
- Der Verlorene. Erzählung. st 3061. 175 Seiten

Galsan Tschinag
- Der blaue Himmel. Roman. st 2720. 178 Seiten
- Die graue Erde. Roman. st 3196. 288 Seiten
- Der weiße Berg. Roman. st 3378. 290 Seiten

Mario Vargas Llosa
- Das Fest des Ziegenbocks. Roman. Übersetzt von Elke Wehr. st 3427. 540 Seiten
- Das grüne Haus. Roman. Übersetzt von Wolfgang A. Luchting. st 342. 429 Seiten
- Der Krieg am Ende der Welt. Roman. Übersetzt von Anneliese Botond. st 1343. 725 Seiten
- Das Paradies ist anderswo. Roman. Übersetzt von Elke Wehr. st 3713. 496 Seiten
- Tod in den Anden. Roman. Übersetzt von Elke Wehr. st 2774. 384 Seiten

Martin Walser
- Brandung. Roman. st 1374. 319 Seiten
- Ehen in Philippsburg. st 1209. 343 Seiten
- Ein fliehendes Pferd. Novelle. st 600. 151 Seiten
- Ohne einander. Roman. st 3907. 197 Seiten
- Ein springender Brunnen. Roman. st 3100. 416 Seiten

- Seelenarbeit. Roman. st 901. 295 Seiten
- Meßmers Reisen. st 3700. 191 Seiten

Robert Walser
- Der Gehülfe. Roman. st 1110. 316 Seiten
- Geschwister Tanner. Roman. st 1109. 381 Seiten
- Jakob von Gunten. Ein Tagebuch. st 1111. 184 Seiten